Lothar Seiwert

# ZEIT IST LEBEN
# LEBEN IST ZEIT

Lothar Seiwert

# ZEIT IST LEBEN
# LEBEN IST ZEIT

Die Probleme mit der Zeit lösen

ARISTON

FSC
www.fsc.org
MIX
Papier aus verantwortungsvollen Quellen
FSC® C014496

*Classic 95*
Verlagsgruppe Random House FSC®-DEU-0100
Das für dieses Buch verwendete FSC®-zertifizierte Papier *Classic 95*
liefert Stora Enso, Finnland.

Bibliografische Information der Deutschen Bibliothek

Die Deutsche Bibliothek verzeichnet diese Publikation
in der Deutschen Nationalbibliografie; detaillierte bibliografische
Daten sind im Internet unter http://dnb.ddb.de abrufbar.



Umschlaggestaltung: Büro Überland, Schober & Höntzsch,
unter Verwendung eines Motivs von shutterstock/Jan Haas

Illustrationen: Wolfgang Pfau | www.pfau-design.de
Satz | Grafik: Christiane Schuster | www.kapazunder.de
Druck und Bindung: GGP Media GmbH, Pößneck
Printed in Germany 2013

ISBN 978-3-424-20075-1

START
FLUXX
Kompensator
TIME-TUNNEL
MARK III

# Inhalt

## Das Problem Zeit

Auf dem Schreibtisch türmen sich die Stapel, ein Termin gibt dem nächsten die Klinke in die Hand, das Telefon läutet mit dem Handy um die Wette, der Posteingang droht mit über 100 ungelesenen Mails, Druckertoner ist alle, der kranke Kollege muss bei einem Meeting vertreten werden, Elternabend in der Schule, abends laden die neuen Nachbarn zum Glas Wein, die Schwiegereltern kündigen ihren Besuch an, das Finanzamt mahnt die Steuererklärung an – und der Tag hat nur 24 Stunden …

Das Gefühl, dass sich endlich alles zum Besseren wendet, will sich nicht einstellen. Im Gegenteil: *Das ganze Leben wird rasanter und flüchtiger.* Man spürt geradezu den Luftzug der Monate und Jahre, kommt immer weniger zu sich selbst, sucht kurzzeitige Betäubung vor dem Fernseher, im Glas Wein und delegiert die Wünsche in die Zukunft: Irgendwann komme ich schon noch mal zum Töpferkurs. Irgendwann mache ich die Reise auf die Galapagosinseln. Die ungelesenen Bücher füllen die Regale. Und immer mehr Kollegen und Freunde leiden unter dieser *beschleunigten Kultur* – wo man hinhört: Schlaflosigkeit, Magengeschwür, Migräne, Hörsturz, Ausgebranntsein, Depressionen.

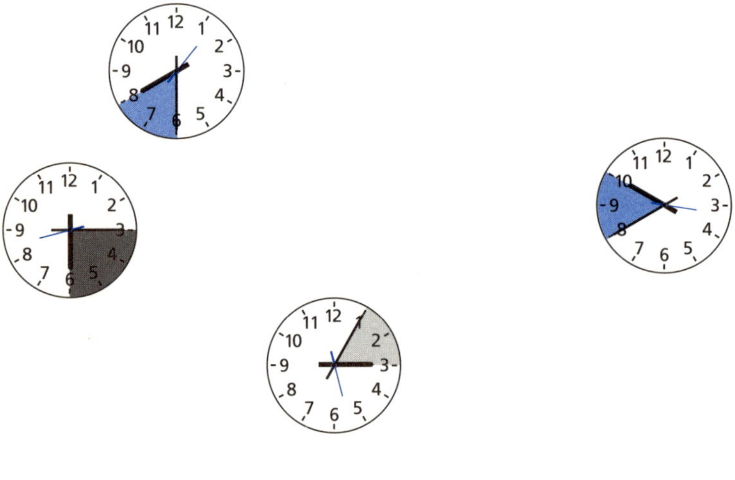

Was bedeutet für Sie *»Zeitmangel«*? Denken Sie nicht zuerst an die Anzahl von Stunden und Minuten, die Sie zusätzlich benötigten, um Ihre Aufgaben ohne Hast zu erledigen? So sehr haben wir uns an den kleinen Despoten am Handgelenk gewöhnt. Wir kommen nicht einmal mehr auf den Gedanken, dass die 24 Stunden zu je 60 Minuten ein willkürlich gewähltes Maß sind. Damit werden unsere Tage in ebenso willkürliche Bruchstücke zerhackt, genannt »Termine«, die auf unseren inneren Rhythmus keine Rücksicht nehmen.

> *»Wer nicht mit der Zeit geht, geht mit der Zeit.«*

Wir müssen unsere Eigenzeit – jene Dauer, die unsere Handlungen nun einmal benötigen, und den Zeitpunkt, der für uns der richtige ist – in Übereinstimmung bringen mit äußeren Taktgebern wie Kalendern, Fahrplänen, Chefs, Familienmitgliedern oder Weckern. Ob wir Zeitsklave sind oder Zeitbeherrscher, liegt nur daran, ob wir der Tyrannei der Uhren und äußeren Taktgeber unterliegen oder uns die Stunden und Tage dienstbar machen.

*Liebe Leserinnen und Leser,*

mein Name ist *Linda Lucky* und ich bin Ihre Begleiterin während dieser Lektüre. Ich bitte Sie um Ihre Aufmerksamkeit für einige wichtige Hinweise hinsichtlich der Nutzung dieses Buches.

Bitte vergewissern Sie sich, dass Sie sich in einer ungestörten Umgebung befinden und über ausreichend Zeit verfügen. Ich möchte Sie darüber informieren, dass Mobiltelefone oder Tablet-PCs während der Lesezeit ausgeschaltet bleiben müssen. Dies dient Ihrer eigenen Ungestörtheit. Gerne können Sie diese elektronischen Geräte wieder in Betrieb nehmen, sobald Sie die Lektüre beendet haben.

Sie finden in diesem Buch *sechs Kapitel,* die Sie mit den Problemen mit der Zeit vertraut machen. Bitte beachten Sie besonders die Tests, Übungen und Denkanstöße, die sich jeweils am Ende der Teilkapitel befinden und mit dem Wort *»Park-*

*zeit«* gekennzeichnet sind. Wir empfehlen, an dieser Stelle anzuhalten und entsprechend der Anweisungen vorzugehen.

Da Herr Prof. Seiwert Sie mit den wesentlichen Erkenntnissen des Zeitmanagements vertraut machen wird, ist Hektik zu keiner Zeit der Lektüre erlaubt. Das schließt auch die Pausen ein, die Sie während des Lesens machen. Zu Ihrer eigenen Zufriedenheit sollten Sie unmittelbar nach Beendigung der Lektüre eine kurze Ruhepause einlegen, um das Erfahrene zu verarbeiten.

Zum Start legen Sie nun Stift und Papier auf einem Beistelltisch bereit und nehmen eine entspannte Sitzhaltung ein. Vielen Dank für Ihre Aufmerksamkeit. Ich wünsche Ihnen eine angenehme Lektüre und bedanke mich auch im Namen des Autors für Ihr Interesse an der Zeit.

*Ihre Linda Lucky*

***Man kann dem Leben nicht mehr Tage geben, aber den Tagen mehr Leben.***

Chinesische Weisheit

***Der Mensch von heute hat nur ein einziges wirklich neues Laster erfunden: die Geschwindigkeit.***

Aldous Huxley

***Eile ist die Mutter der Unvollkommenheit.***

Brasilianisches Sprichwort

# 1. TEMPO

## 1.1 Leben Sie gern im Tempoland?

In Finnland sagt man: »Gott hat den Menschen die Zeit gegeben, aber von Eile hat er nichts gesagt.« Doch wir leben in einer chronometrischen Gesellschaft. Wir glauben an *Chronos,* den Gott der sequenziellen Zeit, der linearen Zeit, der deutschen Zeit: pünktlich, zuverlässig, ordentlich, verplant. Wir glauben, alles zu erreichen, wenn wir nur genug beschleunigen. Die Folge: Über 41 Millionen Erwerbstätige in Deutschland kommen auch zu Hause nicht zur Ruhe. Das Leben im Tempoland wird von einem Hormon namens Adrenalin regiert.

In einer Werbung des internationalen Konzerns ABB fand ich einmal folgenden Text: »Denk schneller! Die Idee, die Du heute hast, ist in fünf Jahren veraltet. Du hast die ganze Welt als Konkurrent. Was Du kaufen kannst, musst Du nicht erfinden. Finde raus, wo das Problem liegt. Such nicht das, was Du für perfekt hältst. Fang an zu machen. Lieber nur 98,5 % als 1,5 Jahre zu spät – oder zu teuer. Perfektion ist Zeitlupe, Phantasie ist Lichtgeschwindigkeit. Wie schnell warst Du heute?«

Ziemlich *schnell.* Der Wecker holt uns aus den Federn. Blitzschnell wird geduscht. Höchstens Zeit für eine Tasse Kaffee. Kurz ein Blick in die Zeitung. Ab ins Auto, schnell ins Büro. Mist, geblitzt worden. Die Geschwindigkeit übertreten. Warum braucht der Aufzug nur so lange, die warten doch schon alle. Zwischen den Zimmern, den Terminen, den Aufgaben hin und her fetzen. Kaum Zeit für die Kantine. Essen runterschlingen. Abends schnell heim. Halt, vorher noch schnell was einkaufen. Blitzschnell die Sporttasche packen. Schnell noch Mutter anrufen. Ins Auto, zum Fitnesscenter rasen. Schnell was für die Gesundheit tun. Pizza in die Mikrowelle. Schnell essen, schnell noch den Krimi gucken. Schnell ins Bett. Der Tag ist eine einzige Rushhour. Das Leben auch. »Wer immer schneller zu laufen versucht, ist deswegen noch lange nicht da, wo er hinwill«, meint Management-Guru Stephen Covey.

**Parkticket-No. 1**

**Wir brauchen ein allgemeines Tempolimit.**

**Fast Lane**

Wir leben in einer Ex-und-hopp-Gesellschaft. Alles wird immer *schneller:* Arbeiten, Essen, Informieren, Unterhalten, Reisen, Erholen. Sportler müssen immer schneller werden, genauso wie Autos, Flugzeuge, Bahn, Kommunikation. Spezialisten treiben die Technik des Zeitsparens bis zur Perfektion – und Controller schleichen wie Momos graue Herren von der Zeit-Sparkasse durch die Betriebe und holen noch mehr Zeit raus. *Fast Life*. Ein schreckliches Leben. Weil uns die Zeit abhanden kommt, weil wir nicht mehr erleben. Kurz: ***Wir brauchen ein allgemeines Tempolimit.***

Was passiert, wenn wir einen Gang runterschalten und ein bisschen mehr Zeitlupe in unser Leben einbauen? Wir sehen auf dem Weg zur Post leuchtende Kinderaugen und die rosa Blüten des Kastanienbaums, wir lächeln über den Hund, der im Brunnen badet. Wir spüren den Wind durch die Haare zausen. Wir riechen den Espressoduft vom Eckcafé. Wir er-leben.

***Zurücklehnen und er-leben***

*Schauen Sie einfach mal zu, wie andere arbeiten. Beobachten Sie eine Stunde lang einen Ameisenhaufen. Oder, wenn Sie in der Stadt wohnen, wo Ameisenhaufen rar sind, dann schauen Sie sich eine Baustelle an. Er-leben Sie, wie die anderen schuften, machen Sie in Gedanken keine Verbesserungsvorschläge, sondern nehmen Sie sich ganz zurück – und schauen Sie. Seien Sie einmal Teil eines Arbeitsprozesses, ohne produktiv zu sein. Das schult den Geist und entspannt den Körper.*

## 1.2 Machen Sie mit bei der Hetzjagd um Macht und Erfolg?

Wir leben unter der *Diktatur des Adrenalins*. Und hasten atemlos durchs Tempoland. Wir glauben, alles erreichen zu können, wenn wir nur beschleunigen. Zum Beschleunigen brauchen wir Adrenalin. Es ist das Hormon der High-Speed-Gesellschaft, unserer Non-Stop-Kultur. Mit Smartphone und Laptop ist immer Rushhour.

Wir sind stets und überall erreichbar, hochwachsam, rund um die Uhr. Wir hetzen, mobil und flexibel, wie wir sind, weil es von uns verlangt wird, rund um die Welt. Politiker sind heute in Chicago, morgen in Peking. Unsere Manager heute in Chelsea und morgen in Prag, unsere Verkäufer heute in Celle und morgen in Pirmasens.

Wir wechseln den Job, den Arbeitgeber, den Ort – und nicht immer, aber immer öfter den Partner. Die Familie ist sauer – denn der Job frisst uns auf. 66 Prozent der Arbeitnehmer empfinden ihr Arbeitspensum als zu hoch, resümiert ein Studie der Personalberatung von Rundstedt HR Partners. 88 Prozent der Deutschen haben keinen klassischen Feierabend mehr, wie eine Umfrage des IT-Branchenverbandes Bitkom ergab. Immer ist etwas los, immer ist etwas zu tun. Das Leben ist gefüllt, nur eben nicht erfüllt. Vielen geht vieles, wenn nicht fast alles, viel zu schnell. Wir müssen ständig auf dem Laufenden sein. Der Schnelle frisst den Langsamen, der Bewegliche den Schwerfälligen. Sogar unsere Sprache ist von der Hetze infiltriert: Ich geh mal *schnell* telefonieren. Ich geh rasch Pause machen. Kannst du mal schnell meinen Mantel holen? Als ob man das nicht langsam tun könnte. Nichts läuft ohne Adrenalin, das Hormon der Nebenniere, das uns antreibt und beschleunigt.

Neuere Technologien verlangen, in immer schnellerem Tempo unter stärkerem Druck mit weniger Budget und weniger Personal in kürzerer Zeit immer mehr zu schaffen. Die Erwartungen an sich und an andere sind gestiegen – und damit das Risiko, sie nicht zu erfüllen. Heute zählen weniger handwerkliche Fertigkeit oder Kraft und körperliche Ausdauer als Kreativität, höchste Konzentration, psychologisches Geschick, emotionale Intelligenz, situative Kompetenz, Flexibilität, ständiges Dazulernen. Diese treffen auf: Informationsflut, Leistungsdruck, schlechtes Betriebsklima, mangelnde Aufstiegschancen, Mobbing, Burn-out. Angst um den Job.

**Parkticket-No. 2**

**Erfolg ist das Ergebnis steten, geplanten Handelns und einem ausbalanciertem Leben – und stellt sich jeden Tag neu ein.**

**Fast Lane**

Die Kluft zwischen Arm und Reich gibt es immer noch. Allerdings werden wir nicht mehr so stark wie noch vor 100 Jahren in unsere Rolle in der Gesellschaft hineingeboren. Der Sohn übernimmt nicht automatisch die Schreinerei des Vaters. Meist muss er sich seinen Platz in der Gesellschaft selbst schaffen.

Das Arbeitsumfeld hat sich verändert – vom Acker zum Schreibtisch. Statt körperliche Schwerarbeit leisten wir Kopfarbeit. Da sind stabile Nerven gefragt. Wir fehlen nicht mehr so oft in der Arbeit, weil der Körper krankt, sondern viel häufiger, weil die Seele das alles nicht mehr verkraftet.

Viele Menschen setzen sich zum Ziel: Wohlstand, Macht oder Erfolg. Weil sie meinen, Mächtige und Reiche seien glücklichere Menschen. Um dieses Ziel zu erreichen, ackern sie sich auf der Karriereleiter ab. Auf dem mühsamen Weg steil nach oben fragen sie zu wenig nach den eigenen Bedürfnissen. Und stolpern.

*Erfolg* heißt für mich: Zufriedenheit mit der eigenen Leistung, mit dem eigenen Leben. ***Erfolg ist das Ergebnis steten, geplanten Handelns in einem ausbalancierten Leben – und stellt sich jeden Tag neu ein.*** Die Hetzjagd nach Erfolg kann fatale Auswirkungen haben: Der Adler endet als Suppenhuhn. Denn viele stellen sich nicht die Frage: Wie hoch ist hoch genug für mich? Und alles endet nach dem Peter-Prinzip:

Der Amerikaner Laurence J. Peter stellte Anfang der 1970er-Jahre die These auf, dass die meisten Menschen so weit in der Hierarchie aufsteigen, bis sie ihre jeweilige persönliche Stufe der Unfähigkeit erreicht haben (*Peter-Prinzip).* Überforderung und Inkompetenz führen dann zu schweren Belastungen und Konflikten mit sich und den Kollegen. Die Folgen: Neurosen, Alkoholmissbrauch, Herzinfarkt, Magengeschwüre.

Das Hinaufklettern ist so lange kein Übel, solange es wirklich Spaß macht, den eigenen privaten Beziehungen keinen Abbruch tut und einem selbst das Gefühl der Sicherheit vermittelt. Eine Beförderung sollte man niemals aus Eitelkeit annehmen, wenn man sich nicht hundertachtzigprozentig sicher ist, dass der Aufstieg einen nicht aus der Balance bringt.

### *Die Symptome der Hetzkrankheit*

*Welche der folgenden Aussagen treffen auf Sie zu? Kreuzen Sie diese an:*

☐ *Ich fahre häufig schneller als erlaubt.*

☐ *Ich unterbreche andere, wenn sie sprechen, oder beende ihre Sätze.*

☐ *In Arbeitssitzungen oder im privaten Gespräch werde ich schnell ungeduldig, wenn jemand vom Thema abweicht.*

☐ *Auf eine Verspätung von fünf Minuten reagiere ich mit Ungeduld.*

☐ *Wenn ich auf den Ober mehr als drei Minuten warten muss, beschwere ich mich.*

☐ *Eine Verkäuferin, die mit einer Kundin vor mir ein Gespräch führt, ärgert mich.*

☐ *Wenn ich in einer Warteschlange stehe, steigt Zorn in mir auf. Ich wechsle oft zum anderen Schalter in der Hoffnung, dass es dort schneller geht.*

☐ *Menschen, die langsam sprechen, handeln und entscheiden, halte ich für weniger kompetent.*

☐ *Herumgammeln ist reine Zeitverschwendung.*

☐ *Ich treibe meinen Partner, meine Kinder, Freunde häufig zur Eile an.*

*Wie viele Kreuzchen haben Sie gemacht? Tragen Sie die Summe hier ein.*

*SUMME: .............*

***Die Auswertung***

*0–3 PUNKTE:*
*Sie lassen sich nicht hetzen, Sie wirft nichts aus der Bahn, Sie sind die Ruhe in Person. Herzlichen Glückwunsch! Warum aber haben Sie sich dieses Buch gekauft?*

*4–6 PUNKTE:*
*Sie neigen eher zum HB-Männchen. Die Hetzkrankheit setzt bereits ihre Schrauben an. Sie sollten sich um mehr Ausgeglichenheit bemühen.*

*7–10 PUNKTE:*
*Die Hetzkrankheit hat Sie im Griff. Höchste Zeit, Ihr Leben zu entschleunigen.*

## 1.3 Was (be)drückt Sie?

Wir sind einer ständigen Zunahme von Informationsmengen, Vernetzungsgraden und Verarbeitungsgeschwindigkeiten ausgesetzt. Und je größer die Zahl der Menschen ist, die auf engem Raum zusammenleben, desto mehr nehmen auch Geschwindigkeit und Komplexität zu. Der Fachbegriff für dieses Phänomen lautet *»Dynaxity«*, die Kombination aus der Dynamik und der Komplexität unseres Lebens, die in den letzten Jahrzehnten rasant angestiegen sind. Immer mehr Termine, immer mehr Informationen – das zunehmende Lebenstempo setzt die Menschen unter extremen Druck. Doch die Grenze des Verkraftbaren ist erreicht: Entweder wir treten selbst auf die Bremse oder wir werden vom Burn-out ausgebremst.

**Parkticket-No. 3**

Der Verlust der Lebensbalance ist ein schleichender Prozess.

**Fast Lane**

***Der Verlust der Lebensbalance ist ein schleichender Prozess.*** Und erst auf der Intensivstation wacht man auf – und ist bereit, etwas zu ändern. Die Amerikaner haben einen Namen dafür: Hurry-Sickness-Syndrom. *Hetzkrankheit.* Ein Symptom dafür ist, dass wir immer alle alles sofort haben wollen. Viele Menschen lassen sich von diesem allgemeinen Wunsch nach »Sofort« beherrschen und sind nicht mehr Herr ihrer Zeit, sondern die Zeit beherrscht sie.

So, wie Sie alles sofort erledigt haben wollen, setzt man auch Sie gern unter *Druck.* Und starker Druck auf Menschen verursacht immer *Stress.* Sie drücken zurück, damit sie nicht umfallen. Sie verteidigen Standpunkte, die ihnen gar nicht so wichtig sind. Druck verbraucht Ihre Energie und erzeugt eine Gegenenergie. Wenn Sie stärker sind, haben Sie im besten Falle einen Zentimeter gewonnen. Das ist unökonomisch.

***Druck löst unangenehme Gefühle aus, die uns auf Dauer schwer schaden.*** Da ist zunächst einmal die Angst, die viele Gesichter hat. Sie beginnt mit der Furcht, Fehler zu machen, die Existenz zu verlieren. Sie macht uns manchmal so unruhig, dass wir keinen klaren Gedanken mehr fassen können, und schickt uns irgendwann zum Therapeuten: Circa jeder Zehnte leidet unter behandlungsbedürftigen Panikattacken. Auch Wut und Zorn sind typische Ventilgefühle. Lange hieß es: Rauslassen! Heute weiß man, dass negative Emotionen – dazu zählen auch Misstrauen, Neid und Missgunst – über kurz oder lang zum Herzinfarkt führen können. Oder es stellt sich eine innere Unruhe ein, Termin- und Konkurrenzdruck machen nervös. Diese Unruhe kann so weit gehen, dass sie uns den Schlaf raubt. Denn wer sich keine Zeit für sich nimmt, verkümmert.

**Parkticket-No. 4**

Druck löst unangenehme Gefühle aus, die uns auf Dauer schwer schaden.

**Fast Lane**

Der britische Psychologe Richard Wiseman fand in einer Langzeitstudie heraus, dass sich die Gehgeschwindigkeit der Menschen innerhalb von 10 Jahren um ungefähr 10 Prozent beschleunigt hat. Die Menschen haben offensichtlich wesentlich mehr Druck als früher, der sie dazu zwingt, ihr Lebenstempo zu erhöhen. Doch das ist noch nicht alles: Je größer die Stadt ist, in der wir leben, desto größer die Geschwindigkeit.

In den letzten zehn Jahren ist die *Dynaxity-Kurve* derartig steil angestiegen, dass die Belastungsgrenze der Menschen überschritten wird. Unser Tempo hat sich in allen Lebensbereichen so stark beschleunigt, dass sich in einer Grafik dargestellt eine exponentielle Kurve ergibt. Doch diese Kurve kann nicht unendlich ansteigen.

## Dynaxity-Spirale

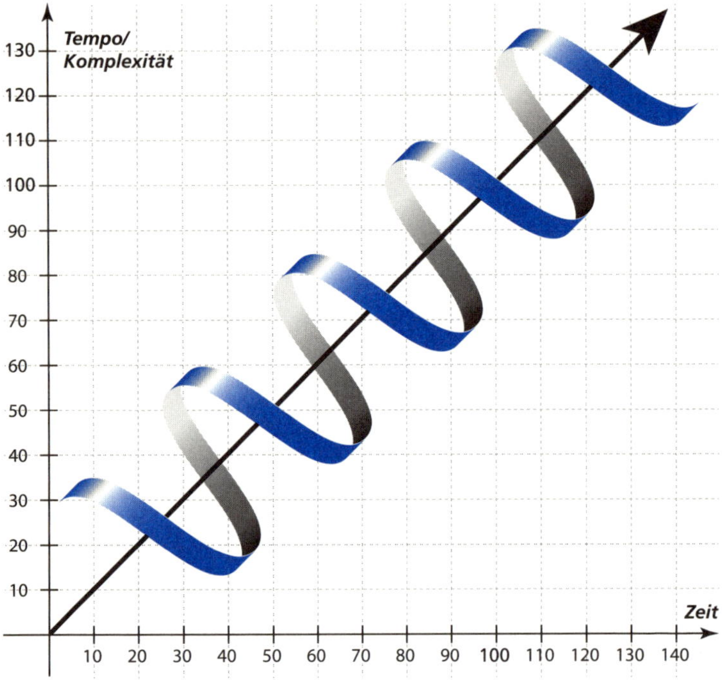


Es braucht Mut, um aus der Dynaxity-Aufwärtsspirale auszusteigen, Informationen bewusst nicht aufzunehmen, Termine zu vermeiden, Verpflichtungen aus dem Weg zu gehen und unsere Sprache und unser Denken zu vereinfachen. Es braucht Mut zur Lücke. ***Jeder Mensch kann und muss die Komplexität und das Tempo seines Lebens selbst festlegen.*** Wer sich vergegenwärtigt, was ihn bedrückt und welche Ursachen dieser Druck hat, kann sich frei machen vom Diktat der äußeren Zwänge.

**Parkticket-No. 5**

Jeder Mensch kann und muss die Komplexität und das Tempo seines Lebens selbst festlegen.

**Fast Lane**

***Was macht Ihnen Druck?***

*Holen Sie sich einen Stift und ein Blatt Papier, nehmen Sie sich etwa 30 Minuten Zeit und denken Sie bitte über die folgenden Fragen nach:*

- *Für was hätte ich gern endlich mehr Freiräume?*
- *In welchen Lebensbereichen nehmen mir andere Freiräume weg?*
- *Welche Aufgaben erzeugen bei mir Druck?*
- *Welches Verhalten anderer Menschen verursacht bei mir Druck?*
- *Warum lasse ich mir überhaupt Druck machen?*
- *Was würde ich tun, wenn ich keine Angst hätte?*

## Fast Lane

**Parkticket-No. 1**
***Wir brauchen ein allgemeines Tempolimit.***

**Parkticket-No. 2**
***Erfolg ist das Ergebnis steten, geplanten Handelns und einem ausbalanciertem Leben – und stellt sich jeden Tag neu ein.***

**Parkticket-No. 3**
***Der Verlust der Lebensbalance ist ein schleichender Prozess.***

**Parkticket-No. 4**
***Druck löst unangenehme Gefühle aus, die uns auf Dauer schwer schaden.***

**Parkticket-No. 5**
***Jeder Mensch kann und muss die Komplexität und das Tempo seines Lebens selbst festlegen.***

***Wenn man seine Ruhe nicht in sich selbst findet, ist es zwecklos, sie andernorts zu suchen.***

François de La Rochefoucauld

***Der Gelassene nutzt seine Chance besser als der Getriebene.***

Thornton Wilder

***Für den Stress im modernen Alltag ist nicht die Gesellschaft verantwortlich. Dann müssten alle an Stress erkrankt sein. Die Ursache für Stress liegt stattdessen in der Einstellung jedes Einzelnen. Wer nur an sich selbst denkt, leidet bald unter vielen unerfüllten Wünschen: Dies führt zu innerer Schwäche.***

Dalai Lama

# 2. STRESS

## 2.1 Wie gestresst sind Sie?

Stress ist ein Massenphänomen. Wir schuften wie die Hamster im Rad, und das dreht sich schneller und schneller. Die Weltgesundheitsorganisation (WHO) erklärte Stress zu einer der größten Gesundheitsgefahren des 21. Jahrhunderts. Die Folgen: Das Ausgebranntsein verbreitet sich wie eine Epidemie. Nach einer Studie der AOK haben sich die Krankschreibungen aufgrund von Erschöpfungssymptomen seit dem Jahr 2004 verneunfacht. 54 Millionen Fehltage aufgrund psychischer Störungen wurden zuletzt bundesweit verzeichnet. Ein Krankheitstag kostet das Unternehmen etwa 400 Euro. Die jährlichen Einbußen, die Unternehmen jährlich durch psychische Krankheiten verzeichnen, belaufen sich den Berechnungen der Bundesregierung zufolge auf 26 Milliarden Euro.

Man muss nur an die Arbeit denken – und schon reagiert der Körper mit Stress, fanden britische Forscher heraus. Die Wissenschaftler vom University College London nahmen Speichelproben von 75 Testpersonen. Sie stellten fest: Das Stresshormon Cortisol ist eine halbe Stunde nach dem Aufstehen nur an Arbeitstagen erhöht, am Wochenende ist der Spiegel niedriger.

***Jede psychische Belastung löst im Körper eine Stressreaktion aus, die mit dem Gefühl der Angst einhergeht.*** Man arbeitet mehr, als einem guttut. Die Zahl der Überstunden wächst mit der Angst um den Job. Für einen Austausch mit Kollegen und Kaffee ist keine Zeit mehr. Druck fördert die Boshaftigkeit am Arbeitsplatz. Und Mobbing macht krank.

Kein Wunder: Globalisierung, Technisierung, Flexibilisierung, Outsourcing, Just-in-Time-Produktion führen dazu, dass immer weniger Menschen immer mehr arbeiten müssen. Jeder zweite Arbeitnehmer sagt, der Stress habe in den letzten Jahren zugenommen. Für viele ist die Grenze des Erträglichen längst überschritten. Der Arbeitsplatz ist Stressfaktor Nummer eins, so eine DGB-Umfrage, jeder fünfte Arbeitnehmer kommt auf zehn Überstunden pro Woche aufgrund der wachsenden Arbeitsbelastung, 52 Prozent fühlen sich gestresst und gehetzt.

**Parkticket-No. 6**

Jede psychische Belastung löst im Körper eine Stressreaktion aus, die mit dem Gefühl der Angst einhergeht.

**Wall Street**

Sie kennen das wahrscheinlich: Sie müssen nur Ihren Computer anmachen, Ihren Posteingang sichten oder Ihre Mailbox abhören: doppelt so viele E-Mails wie früher, doppelt so viele Anrufe ... Das heißt aber auch: Wir müssen doppelt so viel arbeiten – und uns doppelt so oft entscheiden, welcher Schritt als nächster zu tun ist.

Nicht nur das Berufsleben, auch der Alltag verlangt laufend überlegte Entscheidungen: Welche Telefon- oder Stromgesellschaft, welcher Mobilanbieter ist am günstigsten? Welche Waschmaschine arbeitet ökologisch? Welche Versicherung ist die richtige für mich? Ständig muss man up to date sein. Ein Software-Update jagt das nächste. Stress pur.

Weil viele das nicht ertragen, nehmen sie Drogen – sie dopen sich, um im Tempoland mitrasen zu können, mit Ecstasy oder Kokain. Oder mit Alltagsdrogen wie Kaffee, Nikotin und Energydrinks. Andere beruhigen sich mit Alkohol (»Alcoholics«), Schokolade (»Schokoholics«) oder noch mehr Arbeit (»Workaholics«) um vom hohen Stresslevel herunterzukommen.

Sogar die Freizeit läuft nach der Stoppuhr. Im Takt des Adrenalins. Was zuerst tun? Wie viele Aktionen bringe ich in meinem Freizeitpaket namens Wochenende unter: Einkaufen, Wäsche waschen, Großeltern besuchen, Kino, Fitnessstudio, Wildwasser-Rafting, Kneipe gehen, Motivationsseminar, Yogakurs?

Virtuelle Kontakte (SMS, Mail, Facebook & Co.) ersetzen die reale Kommunikation, das Gespräch mit dem Freund, der Freundin – weil es schneller und unverbindlicher geht. Im Urlaub jettet man mal eben ans Ende der Welt, um dort schnell viel zu erleben. Abgestumpft durch die ständige Reizüberflutung, holt man sich die Extraportion Adrenalin im Bootcamp-Training oder am Bungee-Seil. Bereits den Kindern fehlt es an Zeit zum Spielen, Träumen und Nachdenken.

Häufig erschöpft, morgens schon todmüde; oft unkonzentriert, ängstlich oder konfus; Schlafstörungen, Magenschmerzen, Nackenverspannung, Depressionen, Herzrasen. So zeigt sich chronischer Stress – und der führt zum Burn-out, der totalen Erschöpfung. Im Stress verliert die Seele die Balance, und der Körper rotiert mit in diesem Strudel.

Hat der Arbeitsstress Sie im Griff? Ja, wenn Sie Ihr Mittagessen am Schreibtisch essen und länger in der Arbeit bleiben, um fertig zu werden. Ja, wenn Sie schlecht einschlafen, weil Sie immer noch an die Arbeit denken. Ja, wenn Sie lieber vor dem Fernseher versacken, statt

Ihre freie Zeit in die schönen Dinge des Lebens zu investieren. Ja, wenn Sie sich oft nicht gut fühlen – obwohl Sie nicht krank sind.

Stress hat aber auch eine sinnvolle Seite, denn wir können ohne Stress nicht leben. Früher brauchten wir ihn, um vor dem Säbelzahntiger zu fliehen. Heute brauchen wir ihn, um unser Verhalten an eine sich ständig wandelnde Umwelt anzupassen, um flexibel zu reagieren, um Neues zu lernen. ***Ein gewisses Maß an Stress weckt den Geist, aktiviert den Körper und gibt uns die Energie, eine Aufgabe zu bewältigen.*** Hat man sie geschafft, lehnt man sich zurück, ist zufrieden und entspannt. Der sogenannte Eustress ist die Voraussetzung für das Glück des Augenblicks. Das Sein im Hier und Jetzt, wie ein Kind mit seinem neuen Spielzeug, ein Jazzmusiker am Saxofon. Ziel ist, dass Sie Ihr Stresspotenzial für sich nutzen, es umwandeln in eine Antriebsfeder. Dafür brauchen Sie Wege aus dem *Disstress,* dem chronischen, belastenden Stress.

Man sitzt auf dem Fahrrad, tritt träumerisch dahin. Plötzlich sieht man aus dem Augenwinkel einen Mercedes, der einem die Vorfahrt nimmt. Signal zum Gehirn: Gefahr! Der Hypothalamus setzt CRH (Corticotropin-releasing Hormon) frei. Dieses löst eine Hormonkaskade aus, Hunderte von biochemischen Prozessen, die die körperliche Stressreaktion ausmachen. Das sympathische Nervensystem setzt im ganzen Körper den Botenstoff Noradrenalin frei. Das Nebennierenmark stößt Adrenalin aus. Beide Stoffe mobilisieren sekundenschnell Energie. Die Nebennierenrinde produziert das Stresshormon Cortisol. Vorbei das Träumen: Das Herz schlägt schneller, Blut schießt in die Muskeln, in das Gehirn. Aufwachen, Lenker rumreißen, vom Rad springen. Dem Autofahrer die Faust zeigen. Hinsetzen. Geschafft. Entwarnung. Ausatmen. Lächeln. Entspannen. Stress vorbei.

**Parkticket-No. 7**

**Ein gewisses Maß an Stress weckt den Geist, aktiviert den Körper und gibt uns die Energie, eine Aufgabe zu bewältigen.**

**Wall Street**

Die Reaktion unseres Körpers auf Bedrohung ist uralt. Ein Relikt aus der Zeit, als es jagend und sammelnd nur darum ging, den Tag zu überleben. Und dafür gab es zwei Möglichkeiten: »fight or flight«, Angriff oder Flucht. Heutzutage bedroht uns nicht mehr der Säbelzahntiger, sondern das Kündigungsschreiben, der Computerabsturz, der brüllende Chef oder schon der pure Gedanke daran.

Noch heute macht Stress den modernen Großstadt-Neandertaler bereit für Angriff (ziemlich sinnlos, wenn der Gegner ein Auto ist) und Flucht (in diesem Fall der erfolgreichere Weg). Fliehen, Fahrrad retten, entspannen, und alles ist gut. Es gibt Menschen, die ihr neues Leben feiern. Im Geiste mit einem Glas auf ihren Schutzengel anstoßen, im Körper auf »Entwarnung« schalten. Die mit sich, der Welt und ihren kleinen Schicksalsschlägen in Balance sind. Die auf ihren Körper hören. Denn der wünscht sich nach vollbrachter Höchstleistung wieder zurück in die Normalität.

| *Manche Menschen reagieren gelassen, andere unterliegen dem Tanz der Stresshormone. Woran liegt das?* | |
|---|---|
| **Gene:** | Stressforscher schätzen, dass Stressanfälligkeit zu 30 Prozent genetisch bedingt ist. |
| **Mutter:** | Frauen, die während der Schwangerschaft hohe Cortisolwerte aufweisen, bekommen stressanfälligere Babys. |
| **Kindliche Erfahrungen:** | Traumatische Erlebnisse in den ersten sieben Lebensjahren, der Entwicklung unserer Identität, können lebenslänglich stressanfälliger machen. |
| **Persönlichkeit:** | Erfolgsorientierte, ehrgeizige, sehr engagierte, ungeduldige und unruhige Menschen sind besonders stressanfällig. |
| **Charakter:** | Feindseligkeit, Zynismus, Wut, Reizbarkeit und Misstrauen erhöhen das Infarktrisiko um 250 Prozent. Humor hingegen zieht dem Stress den Stachel. Eine Studie an 300 Harvard-Absolventen zeigte: Menschen mit ausgeprägtem Sinn für Humor bewältigen Stress besser. |
| **Selbstbestimmung:** | Der wichtigste Faktor, der über Stressanfälligkeit bestimmt, ist die Kontrolle über das eigene Tun. Je mehr man den Entscheidungen anderer ausgeliefert ist, desto höher das Infarktrisiko. |
| **Wertschätzung:** | Wer für seine Arbeit Anerkennung in Form von Lob oder einem angemessenen Gehalt bekommt, verfügt über eine bessere Stressresistenz. |
| **Status:** | Wer eine gute Stellung in der Gesellschaft hat, verfügt auch über einen Panzer gegen Stress. Das ist auch bei Pavianen zu beobachten: Gerät das Leittier durch einen Konkurrenten in eine Stresssituation, schnellt der Cortisolspiegel hoch, normalisiert sich aber rasch wieder. Bei den Rangniedrigeren ist der Cortisolspiegel ständig erhöht. |

| | |
|---|---|
| **Gruppendruck:** | Fehlende Unterstützung im Betrieb bis hin zum Mobbing erhöhen das Krankheitsrisiko. |
| **Beziehungen:** | Studien zeigen, dass Menschen, die viele Freunde und Verwandte haben und sich in diesem Kreis wohlfühlen, weniger schwer und weniger häufig erkranken als Menschen, die viel allein sind oder Probleme in der Familie haben. |
| **Glaube:** | Einer der stärksten Stresskiller ist das Gebet. Studien belegen: Der Glaube an eine höhere Macht, die das Schicksal zum Guten wenden wird, beugt vielen Krankheiten vor. |

Es gibt aber auch Menschen, die das Gefahrenlämpchen weiter rot blinken lassen. Die sich hinsetzen und grübeln: »Ich fahr lieber nicht mehr mit dem Rad in die Arbeit. Immer muss mir das passieren. Bestimmt hab ich mir ein Nackentrauma zugezogen. Ich hätte mir das Nummernschild merken sollen.« Der Stress geht weiter. Das Cortisol kreist weiter. Der Körper läuft weiter auf Stress. Und das macht krank. Denn Cortisol-Spritzchen beschert uns das Leben jeden Tag. Es kommt also ganz darauf an, wie wir Stress erleben.

*Positiv-Denker* sind vor negativen Stressfolgen gefeit, ergab eine Studie der Universität von Kalifornien an 700 Managern. Jene Führungskräfte, die Stress als Herausforderung ansahen, waren gesünder und biologisch jünger als die eher pessimistischen Teilnehmer der Studie.

Eigentlich spricht die Psychologie heute nicht mehr von negativem und positivem Stress, von Eu- und Disstress. Es gibt nur einen Stress – entscheidend ist die Art, wie man ihn bewältigt. Das heißt in der Fachsprache »*Coping*«. Für den einen ist eine Rede zu halten eine Herausforderung: Die Stresshormone putschen zur Höchstleistung auf. Für den anderen ist eine Rede zu halten eine Katastrophe: Die Stresshormone blockieren, machen ihn zum Neandertaler, der vorm Mammut flieht und unter Angst, Anspannung und Machtlosigkeit leidet.

***Spüren Sie auf, was Ihnen Stress bereitet***

*Schreiben Sie auf, was Sie belastet.*
*Bitte beantworten Sie dazu folgende Fragen:*

- *Was stresst mich aus meiner Umwelt?*
- *Wie reagiere ich, wenn ich gestresst bin?*
- *Warum fühle ich mich überhaupt gestresst?*
- *Wie setze ich mich selbst unter Druck?*
- *Was könnte ich ändern?*
- *Wie möchte ich künftig reagieren?*
- *Wie kann ich mich entspannen?*

## 2.2 Welcher Stress ist gefährlich?

Der Tod eines Angehörigen oder der Ärger mit der Kundschaft? Die Antwort ist verblüffend, aber wahr: Die täglichen kleinen Nadelstiche, die kleinen Cortisol-Spritzchen machen uns krank. Denn die in den Genen verankerte Lebensversicherung »fight or flight« ist für ein paar Minuten gedacht. Aber nicht für 80 Jahre. Heute wissen die Stressforscher, dass Gefahr nicht von den großen Ereignissen im Leben ausgeht. Sondern von den kleinen, alltäglichen Ärgernissen. Der verlegte Schlüssel, der misstrauische Nachbar, der jähzornige Chef, die tuschelnden Kollegen, die unzähligen kleinen

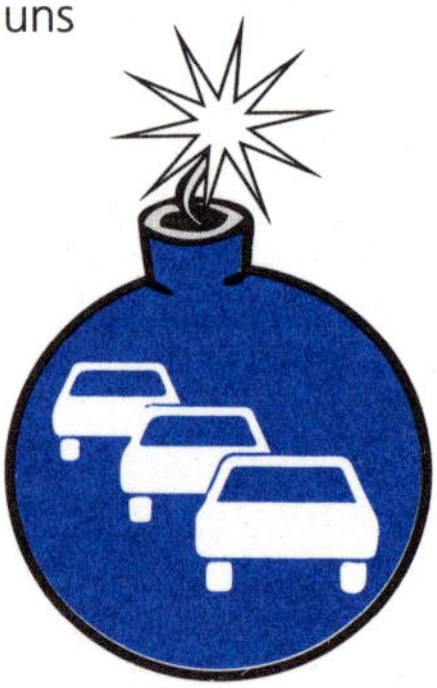

Verpflichtungen, das Warten beim Arzt, an der Kasse, im Stau, die Vorwürfe vom Partner, die greinenden Kinder ... ***Der Alltag ist eine sprudelnde Stressquelle.*** In der manche erfrischend baden und andere untergehen.

***Das Gedächtnis funktioniert unter Stress um ein Drittel schlechter,*** so die Studien der Universität Zürich. Stress hindert am Erinnern von Informationen, die im Gehirn abgespeichert sind. Chronisch erhöhte Cortisolwerte rauben biologische Ressourcen. Sie machen den Körper kaputt. Sie verhindern, dass der Körper wieder auf normal runterschaltet. Der Daueralarm schädigt das Immunsystem, begünstigt Diabetes und Übergewicht und lässt den Blutdruck und die Blutfettwerte ansteigen. Das führt zu Arterienverkalkung, Herzinfarkt und Schlaganfall. Cortisol zerstört bestimmte Gehirnareale, das führt zu Konzentrationsschwäche und frühzeitiger Demenz. Manche Menschen reagieren auf chronischen Stress auch mit gedrosselter Cortisolproduktion, das macht stress- und schmerzempfindlicher, führt zu Krankheiten wie Angst, Burn-out, Depressionen. Häufig greift man auch in der Meinung, Stress zu mindern, zu Drogen wie Zigaretten, Alkohol oder Tabletten. Das wirkt nur scheinbar gegen Stress. Tatsächlich belasten sie den Organismus zusätzlich.

**Parkticket-No. 8**

Der Alltag ist eine sprudelnde Stressquelle.

**Wall Street**

Soll man nun dem Stress aus dem Weg gehen? Um Himmels willen, nein. ***Stress aktiviert uns zu Höchstleistungen.*** Er treibt Körper und Geist an. Er lässt den Sprinter kurz vor dem Ziel noch schneller werden. Er lässt uns einen wichtigen Test rasant lösen. Er puttet den Golfball exakt ins Loch. Er hält wach, bis das Manuskript zum Abgabetermin fertig ist. In der Zeitschrift »Geo« fand ich eine sehr bildliche Erklärung: Stress stimuliert die Ausschüttung bestimmter Neurotransmitter, jener Botenstoffe, die dem Hippocampus, also dem Pförtner unseres Gedächtnisses, helfen, sich auf wichtige Informationen zu konzentrieren. Stress aktiviert uns zu optimaler Leistung, bei der wir uns wohlfühlen. Nur ein Zuviel ist nicht gut.

**Parkticket-No. 9**

Das Gedächtnis funktioniert unter Stress um ein Drittel schlechter.

**Wall Street**

Der Psychologe Eberhardt Hofmann beschreibt das folgendermaßen: »Bei einer mittleren Aktivierung ist das Verhalten am effektivsten und flexibelsten, wir haben dann die Fähigkeit, unsere Erfahrung und unser Wissen am besten zu nutzen. Wir sind dann zu optimaler Leistung fähig und fühlen uns dabei wohl. Steigt die Aktivierung über den optimalen Bereich weiter an, so wird unser Verhalten ineffektiver. Die Wahrnehmung engt sich auf die Bedrohung ein, das Denken wird starr und unflexibel, wir können unser Wissen und die Fähigkeiten, die uns im Prinzip zur Verfügung stehen, nicht mehr einsetzen, sie sind wie verschüttet, momentan nicht mehr zugänglich.« (Stressmanagement, in: Management & Training 4/2002, S. 20f.) Jeder kennt das: Wenn man in einer Rede den roten Faden verliert. Wenn einem in der Prüfung einfach nichts mehr einfällt. Zittern, Schwitzen, Blockade im Kopf. Man möchte weglaufen.

**Parkticket-No. 10**

Stress aktiviert uns zu Höchstleistungen.

**Wall Street**

***Am effektivsten arbeiten und leben Sie also, wenn es Ihnen gelingt, den Stress auf dem optimalen mittleren Niveau zu halten und mit ein bisschen Gelassenheit in optimale Balance zu kommen.*** Dort befinden Sie sich auch auf dem richtigen Level und gehen auf in Ihrer Tätigkeit. Die Herausforderung ist minimal höher als Ihr Können. Wenn wir übertreiben, befinden wir uns bereits wieder auf dem absteigenden Ast.

**Parkticket-No. 11**

Am effektivsten arbeiten und leben Sie also, wenn es Ihnen gelingt, den Stress auf dem optimalen mittleren Niveau zu halten und mit ein bisschen Gelassenheit in optimale Balance zu kommen.

**Wall Street**

*Negativer Stress* entsteht immer dann, wenn Menschen eine schlechte, eine falsche oder sogar überhaupt keine Zeit- und Zielplanung betreiben. Negativer Stress ist ein Ungleichgewicht zwischen Wollen und Können. Wenn Sie in einer für Sie zur Verfügung stehenden Zeit mehr tun wollen, als Sie können, gefährden Sie Ihre Gesundheit.

***Wenn wir Chaos, Hektik und Stress in den Griff bekommen wollen, müssen wir zuallererst bei uns selbst beginnen.*** Es sind weniger die äußeren Umstände, denen wir so gern die Verantwortung zuschieben. Wir entscheiden selbst, was wir tun und was nicht. Doch selten fragen wir nach den Gründen, warum wir etwas so und nicht anders tun. Im Laufe des Lebens haben wir uns Denkschablonen zurechtgelegt, nach denen wir oft unbewusst entscheiden und handeln.

Ob Sie nun Ihre Arbeit, Ihr Leben als positiven Stress erleben, der Sie beflügelt, oder als negativen Stress, der Ihnen jegliche Lebensfreude raubt, Sie krank macht, das hängt von Ihrem inneren Dialog ab. Wie reagieren Sie selbst auf Erlebnisse, Geschehnisse und Eindrücke von außen? Mit Grübeln und Sorgen – oder mit einem »Mensch, das schaff ich schon«? ***Wer Herausforderungen als Chance begreift, den stresst Stress nicht.*** Den führt Stress zum Erfolg.

Denn Stress ist wie gesagt nicht nur Bedrohung. Stress ist auch Herausforderung. Stress macht den Geist hellwach, den Körper bereit zum Handeln. Und hat man dann alles geschafft, freut man sich, ist zufrieden und entspannt. Und lebt im Serotonin-Zeitalter. In Ihrem Gehirn, genauer: im synaptischen Spalt zwischen den Nervenzellen, tummeln sich kleine Moleküle, Botenstoffe des Glücks namens Serotonin. Zumindest sollten sie sich da tummeln, denn dann geht es Ihnen gut.

Das weiß auch die Pharmaindustrie, deswegen produziert sie »Serotonin-Wiederaufnahmehemmer«. Also Antidepressiva, die dafür sorgen, dass viel Serotonin im synaptischen Spalt verweilt, damit man nicht traurig ist und die Welt fröhlicher sieht. Circa jeder zweite Manager in den USA schluckt solche »Glückspillen«, die seine Seele in das chemische Serotonin-Zeitalter beamen. Das hat nur einen Nachteil: Sein Körper verweilt noch im Tempoland, im Adrenalin-Zeitalter. Das geht vielleicht eine Zeit lang gut. Doch dann zeigen sich die Kerben, die das Stresshormon ungebremst in seine Adern schlägt in Form eines Herzinfarktes, eines Schlaganfalls. Oder das chemische Trostpflaster wirkt nicht mehr. Er ist ausgebrannt. *Burn-out.* Und dann geht er in eine der vielen Kliniken, die sich auf ausgebrannte Führungskräfte spezialisiert haben. Er lernt, seinen Körper zu entspannen, Zeit mit Muße zu verbringen, sein Glück selbst in die Hand zu nehmen, also sein Serotonin selbst zu produzieren. Das geht. Nehmen wir zum Beispiel Endorphine: Diese Botenstoffe des Gehirns übertragen Signale von Nervenzelle zu Nervenzelle, betäuben Schmerz und versetzen uns in einen Glücksrausch. Endorphine produziert die Mutter, die ein Kind zur Welt bringt, der Läufer, der seinen »Runner's High« erlebt, der Freeclimber, der Bungee-Springer. Endorphine produziert aber auch, wer seine Lieblingsmusik hört. Leider hält die Hochstimmung nicht lange an, weil körpereigene Enzyme die Endorphine binnen weniger Minuten abbauen.

**Parkticket-No. 12**

**Wenn wir Chaos, Hektik und Stress in den Griff bekommen wollen, müssen wir zuallererst bei uns selbst beginnen.**

**Wall Street**

Gefühle entstehen in unserem *limbischen System* zwischen Großhirn und Hirnstamm. Hier sitzen Neugierde und Motivation sowie die Schaltstelle euphorischer Stimmungen. Hier arbeitet der Botenstoff Dopamin. Der Vermittler tiefer Zufriedenheit, seliger Momente. Dopamin ist der Grund, warum Sie lachende Kinderaugen unter dem Weihnachtsbaum nie vergessen. Warum Sie der Anblick eines Picasso oder einer schönen Landschaft mit Gänsehaut überzieht. Warum Sie schöne Augenblicke immer wieder genießen wollen. Gehetzte Menschen sammeln keine glücklichen Augenblicke, sie erleben beim Anblick eines wunderbaren Bildes auch kein Dopamin-Glücksgefühl.

**Parkticket-No. 13**

**Wer Herausforderungen als Chance begreift, den stresst Stress nicht.**

**Wall Street**

**_Life-Balance:_**
**_Testen Sie Ihre Ausgeglichenheit*:_**

*Stehen Sie häufig unter Druck? Sind Sie ein Perfektionist? Der folgende Test macht deutlich, wie es um Ihre persönliche Ausgeglichenheit steht. Und so wird's gemacht: Gehen Sie die nachfolgenden Aussagen zügig ihrer nummerierten Reihenfolge nach durch. Bitte seien Sie bei der Beantwortung der Fragen so ehrlich wie möglich. Geben Sie jeder Aussage eine Punktzahl – je nachdem, was zutrifft:*

***0 = nie, 1 = selten, 2 = manchmal, 3 = häufig, 4 = immer***

*Anschließend zählen Sie die Punkte zeilenweise zusammen. Zum Beispiel addieren Sie die Fragen 1, 13, 25 und schreiben die Summe in das dazugehörige Kästchen »Effektivität« am Ende der Testfragen.*

1. *Ich schaffe mir genügend Freiräume für wirklich wichtige Tätigkeiten.* ☐
2. *Ich orientiere meine tägliche Zeitplanung an mittel- und langfristigen Zielen.* ☐
3. *Ich stelle für jeden Tag oder jede Woche eine To-do-Liste mit Prioritäten auf.* ☐
4. *Ich habe Spaß am Erfolg und will zu den Besten und Erfolgreichsten gehören.* ☐
5. *Je ungeduldiger und gestresster meine Umwelt agiert, desto ruhiger werde ich.* ☐
6. *Ich habe genügend Zeit für meine Familie, Freunde, Hobbys etc.* ☐

7. *Meine Planung ist so straff – für Störungen und Überraschungen ist kein Platz.* ☐
8. *Für brandeilige Aufgaben lasse ich sehr schnell alles stehen und liegen.* ☐
9. *An meinem Arbeitsplatz kann nur ich mich in der Unordnung zurechtfinden.* ☐
10. *Es belastet mich, wenn ich mehrere Dinge gleichzeitig erledigen muss.* ☐
11. *Ich bin in Eile oder weiß vor Termindruck weder ein noch aus.* ☐
12. *Ich habe den Eindruck, mich für meinen Job kaputtzumachen.* ☐
13. *Ich erarbeite mir gezielte Strategien, um mich auf meine Zukunft vorzubereiten.* ☐
14. *Ich erledige Arbeiten konsequent, entsprechend ihrer Wichtigkeit.* ☐
15. *Ich fasse ähnliche Aufgaben zu Blöcken zusammen und arbeite sie ab.* ☐
16. *Durch berufliche oder private Herausforderungen laufe ich zur Höchstform auf.* ☐
17. *Ich kann mich gezielt entspannen und auch nach der Arbeit gut abschalten.* ☐
18. *Ich arbeite, um zu leben, und lebe nicht, um zu arbeiten.* ☐
19. *Ich mache etwas entweder richtig oder gar nicht.* ☐
20. *Ich habe so viel um die Ohren – ich kann nur noch auf Tagesereignisse reagieren.* ☐
21. *Ich werfe meine Tagesplanung mehrfach um, weil immer wieder Neues passiert.* ☐

22. *Mir gehen auch in der Freizeit berufliche Probleme und Pläne durch den Kopf.* ☐
23. *Ich werde ungeduldig, wenn Dinge zu langsam vorangehen.* ☐
24. *Ich frage mich, wie ich das alles überhaupt noch schaffen soll.* ☐
25. *Ich delegiere Arbeiten, die von anderen erledigt werden sollen.* ☐
26. *Ich richte mir Zeitfenster für langfristig wichtige, nicht dringliche Aufgaben ein.* ☐
27. *In meinem Tagesplan reserviere ich mir Pufferzeit für unerwartete Ereignisse.* ☐
28. *Ich habe eine positive Grundstimmung und sehe optimistisch in die Zukunft.* ☐
29. *Wenn mich etwas aufregt, atme ich erst mal tief durch, bevor ich reagiere.* ☐
30. *Ich kann wirklich sagen, in innerer Balance und Zufriedenheit zu leben.* ☐
31. *Ich lege auch unter Zeitdruck Wert auf äußerst genaue Arbeit.* ☐
32. *Dringende Kleinigkeiten halten mich von wichtigen Aufgaben ab.* ☐
33. *Ich muss Dinge erledigen, die ich eigentlich schon am Vortag tun wollte.* ☐
34. *Ich leide häufig unter Spannungskopfschmerzen oder Muskelverspannungen.* ☐
35. *Ich »funktioniere« am besten, wenn besonders viel unter Zeitdruck zu tun ist.* ☐
36. *Ich arbeite auch dann weiter, wenn ich mich schlapp oder krank fühle.* ☐

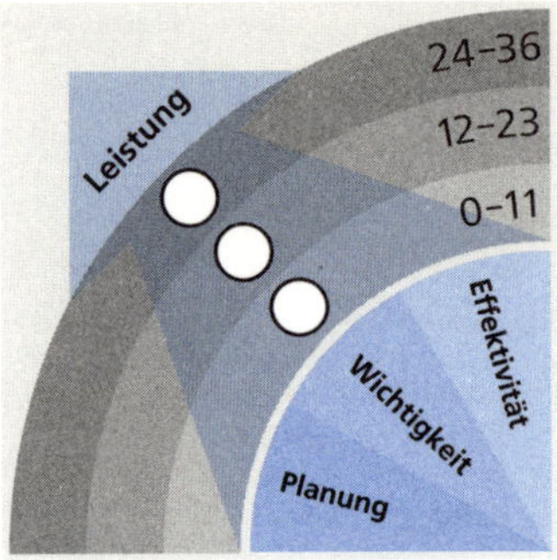


| | | |
|---|---|---|
| *Effektivität:* | Summen aus 1, 13, 25 | ☐ |
| *Wichtigkeit:* | Summen aus 2, 14, 26 | ☐ |
| *Planung:* | Summen aus 3, 15, 27 | ☐ |
| | **Summe Leistung** | ☐ |

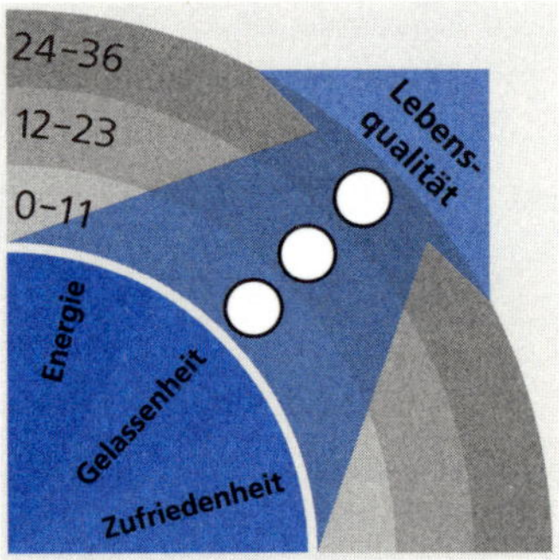


| | | |
|---|---|---|
| *Energie:* | Summen aus 4, 16, 28 | ☐ |
| *Gelassenheit:* | Summen aus 5, 17, 29 | ☐ |
| *Zufriedenheit:* | Summen aus 6, 18, 30 | ☐ |
| | **Summe Lebensqualität** | ☐ |

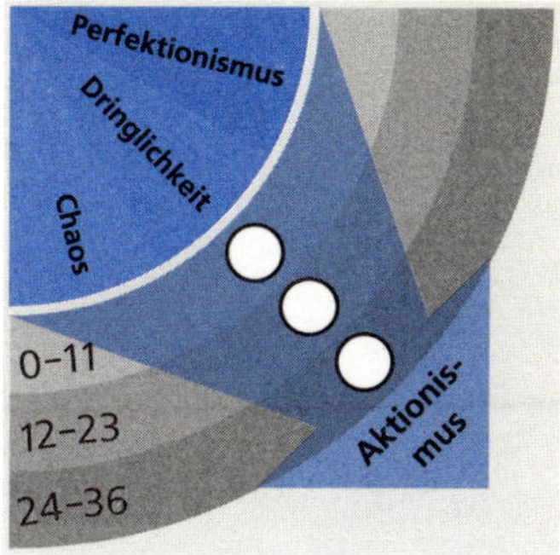


| | | |
|---|---|---|
| *Perfektionismus:* | Summen aus 7, 19, 31 | ☐ |
| *Dringlichkeit:* | Summen aus 8, 20, 32 | ☐ |
| *Chaos:* | Summen aus 9, 21, 33 | ☐ |
| | **Summe Aktionismus** | ☐ |

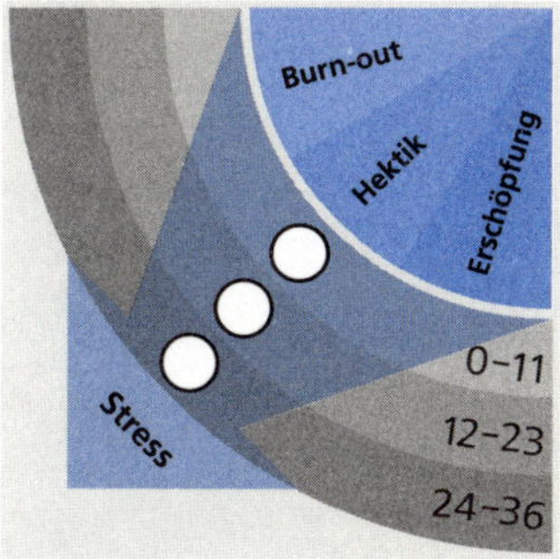


| | | |
|---|---|---|
| *Erschöpfung:* | Summen aus 10, 22, 34 | ☐ |
| *Hektik:* | Summen aus 11, 23, 35 | ☐ |
| *Burn-out:* | Summen aus 12, 24, 36 | ☐ |
| | **Summe Stress** | ☐ |

### *Die Auswertung*

*Haben Sie etwa bei »Effektivität« 7 Punkte oder mehr (maximal 12 sind möglich), dann deutet das darauf hin, dass Sie Ihre Zeit eher effektiv nutzen. 10 Punkte bei »Hektik« weisen Sie hingegen als potenziellen Aktionisten aus. Addieren Sie nun die einzelnen Punktzahlen in den vier dafür vorgesehenen Kästchen. Also zum Beispiel die Punkte für »Effektivität«, »Wichtigkeit« und »Planung« im darunter liegenden Feld »Summe Leistung«.*

*Mit den vier Summen für »Leistung«, »Lebensqualität«, »Stress« und »Aktionismus« können Sie Ihren persönlichen Zeitmanagement-Kompass erstellen.*

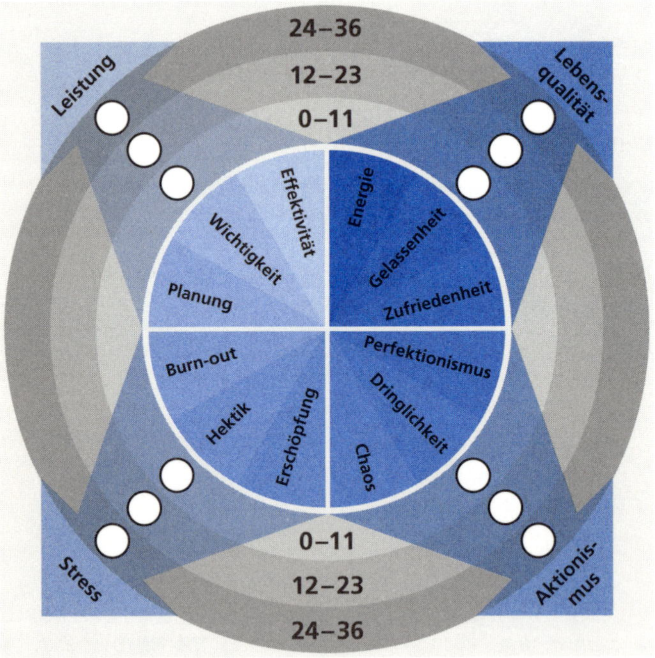


***Lebenskompass***

*Er zeigt Ihnen, wie gut Sie insgesamt mit Ihrer Zeit umgehen. Kreuzen Sie dazu an jedem der vier Pfeile die erreichte Punktzahl an und lesen Sie den Kompass ab:*

*Haben Sie viele Punkte bei Leistung (24–36), wenige Punkte bei Aktionismus (0–11)? Herzlichen Glückwunsch! Sie gehen intelligent mit Ihren Ressourcen um.*

*Haben Sie viele Stress-Punkte (mindestens 25)? Dann aufgepasst: Hektik setzt Ihnen zu, Erschöpfung und Burn-out drohen.*

*Haben Sie nur wenig Lebensqualität (0–11 Punkte)? Dann fehlen Ihnen Energie, Gelassenheit und Zufriedenheit.*

***Was Sie tun können, um Ihre Werte zu verbessern:***

*Die folgenden Tipps gehen auf vier besonders häufige »Zeit-Typen« ein. Wo haben Sie die meisten Punkte? Lesen Sie, wie Sie typgemäß mehr Lebensqualität und Leistung erreichen können, ohne ständig in Zeitnot zu sein.*

***Hohe Leistung***

Sie erzielen eine hohe Leistung (ab 24 Punkte), konzentrieren sich also aufs Wesentliche und gehen planvoll und effektiv vor – wichtige Grundlagen, um erfolgreich zu sein.

**A** Haben Sie zusätzlich noch eine hohe Lebensqualität (ab 24 Punkte), sind Sie zu beglückwünschen! Sie haben Ihre Zeit und damit Ihr Leben bestens im Griff. Dennoch zwei Tipps für Sie:

- Überprüfen Sie immer wieder ganz besonders die Zeit-Balance zwischen Berufs- und Privatleben.
- Schriftlich formulierte Ziele helfen Ihnen, im turbulenten Alltag die Richtung auch langfristig nicht aus den Augen zu verlieren.

**B** Haben Sie zugleich viele Stress-Punkte (ab 24) oder wenig Punkte bei »Lebensqualität« (bis 11), so gilt für Sie: Weniger ist mehr! Sie können einen angenehmeren Alltag bei gleicher Leistung haben, wenn Sie immer wieder mal das Tempo in Ihrem Leben drosseln, Ihren Aktionismus reduzieren und sich weniger von Ihrer Umwelt hetzen lassen.

- Verordnen Sie sich täglich Mußestunden, die ohne Zeitdruck ablaufen (ausgedehnte Mahlzeit, kreative Denkpause, Nickerchen). Und nutzen Sie die Chance, auch mal faul zu sein.
- Haben Sie mehr Mut zu Ruhe und Gelassenheit, vor allem am Arbeitsplatz.

### *Hohe Lebensqualität*

Eine hohe Punktzahl bei der »Lebensqualität« (ab 24 Punkte) weist darauf hin, dass Sie genügend Energie besitzen, gelassen sind und persönlich zufrieden.

**C** Haben Sie zusätzlich auch noch eine hohe Leistung (ab 24 Punkte), gilt für Sie A.

**D** Haben Sie daneben eine höchstens mittlere Leistung bis 24 Punkte) und zeigen eher wenig Aktionismus (bis 11 Punkte), dann gehören Sie wahrscheinlich zur Gruppe der Lebenskünstler. Sie planen eher wenig und lassen die Dinge geschehen. Sie sind in Ihrer Arbeit großzügig, vor allem beim Delegieren. Sie verstehen es, sich elegant durchzuwursteln. Wollen Sie in Zukunft jedoch mehr erreichen, dann beachten Sie Folgendes:

- Packen Sie Unangenehmes sofort an und schieben Sie es nicht ständig auf die lange Bank.
- Nehmen Sie Unterbrechungen nicht zum Anlass, sich Tagträumereien hinzugeben.
- Erstellen Sie einen Tagesplan und bringen Sie damit mehr Struktur in Ihren Arbeitstag.
- Formulieren Sie Ziele schriftlich und vereinbaren Sie feste Erledigungstermine.
- Engagieren Sie sich in Meetings und nehmen Sie Wichtiges gleich in Angriff.

### *Hoher Stress*

Mit vielen Stresspunkten (ab 24) haben Sie wesentliche Anlagen für ein unvorteilhaftes Lebensmanagement: Sie sind oft erschöpft und gehetzt und fühlen sich ausgebrannt.

**E** Haben Sie außerdem viele Punkte für eine hohe Leistung (ab 24 Punkte), gilt für Sie B.

**F** Haben Sie außerdem viele Aktionismus-Punkte (ab 24) lesen Sie I.

**G** Erzielen Sie zusätzlich nur eine niedrige Leistung (bis 11), dann reagieren Sie wahrscheinlich häufig hilflos auf Ereignisse. Sie werden regelrecht gearbeitet, wollen es allen recht machen und fühlen sich ständig unter Druck. Meine Tipps:

- Suchen Sie nach neuen Wegen, um schneller zu gewünschten Ergebnissen zu kommen, statt an bewährten Abläufen festzuhalten.
- Nehmen Sie die Dinge einfach selbst in die Hand. Fangen Sie mit kleinen Dingen an. Halten Sie sich an das Prinzip der kleinen Schritte.
- Geplante Veränderungen können Ihr Leben bereichern.
- Verbessern Sie die Effizienz Ihrer zeitlichen Abläufe, beschleunigen Sie Prozesse. Geben Sie Gas.
- Trauen Sie sich mehr zu – und sagen Sie öfter mal Nein.
- Denken Sie weniger an den Arbeitsaufwand als an das Ziel.

### *Hoher Aktionismus*

Viele Aktionismus-Punkte (ab 24) deuten darauf hin, dass Sie einen Hang zur Perfektion haben und Dringendem hinterherhetzen, statt sich mit dem Wichtigen zu beschäftigen.

**H** Haben Sie zusätzlich eine höchstens mittlere Punktzahl bei »Lebensqualität« und »Stress« (jeweils bis 23 Punkte), tun Sie des Guten wahrscheinlich eher zu viel. Sie machen die Dinge lieber richtig und ordentlich – oder gar nicht.
Drei Tipps:

- Konzentrieren Sie sich auf Ergebnisse, nicht auf Perfektion in der Erledigung.
- Setzen Sie sich für die Erledigung Ihrer Aufgaben unbedingt ein striktes Zeitlimit.
- Lernen Sie, flexibler zu werden und Dinge – auch in Ihrem Leben – einfach loszulassen.

I Haben Sie hingegen außerdem viel Stress (ab 24 Punkte), sind Chaos und Hektik für Sie wahrscheinlich enge Vertraute. Sie setzen Zeitplanmethoden zu wenig ein, sind häufig unter Druck; vieles wird erst in letzter Minute fertig. Sie arbeiten mehr als andere und geben auch nicht viel Arbeit ab. Ihr Engpass ist die Selbstdisziplin. Meine Empfehlungen:

- Entfliehen Sie der Dringlichkeitsfalle und fokussieren Sie sich auf die Wichtigkeit eigener Ziele.
- Verabschieden Sie sich vom Perfektionismus.
- Schalten Sie Ihre Drehzahl einen Gang zurück. Entschleunigen Sie Ihr Leben, entdecken Sie die Muße und die Langsamkeit und genießen Sie die Kunst, nichts zu tun.



## 2.3 Angst vor der Burn-out-Falle?

Oder anders gefragt: Von Ihren 168 Wochenstunden verbringen Sie wie viel mit Arbeit? 40, 50, 60 oder gar 80? Tut Ihnen das gut? Oder nimmt die Arbeit zu viel Platz in Ihrem Leben ein? Dann verlassen Sie die optimale Lebensbahn. Nur durch ständigen Wechsel zwischen den Extrempunkten kommt es zu einer geradlinigen Vorwärtsbewegung. Eine Lexmark-Umfrage unter europäischen Managern zeigte: Deutsche Manager sind generell überlastet. Die europäischen Kollegen in Spanien oder Frankreich arbeiten weniger und verwenden ihre Freizeit seltener für Kundenpflege oder Geschäftsreisen.

Aber Vielarbeiter findet man nicht nur unter Managern. Arbeitssucht ist zu einem gefährlichen Massenphänomen in Deutschland geworden. Hunderttausende rackern sich maßlos und selbstzerstörerisch in ihrem Job ab. Viele sind unzufrieden mit ihrer Arbeit und nehmen sie auch noch nach Dienstschluss mit nach Hause. Mehr als ein Viertel der Arbeitnehmer können kaum richtig abschalten, so die DGB-Umfrage *»Gute Arbeit«* (www.dgb-index-gute-arbeit.de) , weil sie für ihr Unternehmen auch nach Feierabend und am Wochenende erreichbar sein müssen. Die Folgen sind oft: Herzinfarkt, Hörsturz, Burn-out.

Es gibt Menschen, die arbeiten, weil es sie glücklich macht, weil es sie erfüllt, weil sie eins sind mit ihrer Tätigkeit. Der Psychologe Dr. Steven Reiss sagt: Ein Workaholic muss nicht deswegen jede Menge arbeiten, weil er eine innere Leere ausfüllen oder vor Lebensproblemen flüchten will. Sondern er hat vielleicht ein ausgeprägtes Interesse an Macht, Leistung oder Status. ***»Nichts zu tun erschöpft mich«,*** meinte beispielsweise Pablo Picasso, ***»wenn ich arbeite, entspanne ich mich.«***

Lang die Arbeitstage, kurz die Wochenenden. Die Arbeit macht Spaß. Ein unerschöpflicher Energiestrom treibt zu Höchstleistungen an. Und plötzlich scheint jemand den Stecker rauszuziehen. Der Kopf ist schwer, die Nackenmuskeln schmerzen, bleierne Erschöpfung macht sich in jeder Körperzelle breit. Die Batterie ist leer, die Seele ist Asche. Alles ist einem zu viel, nichts geht mehr: *Burnout.* Treffen kann es jeden, die Hausfrau und Mutter, den Politiker und die Ärztin, den Lehrer und die Managerin – in Deutschland leiden rund fünf Millionen Menschen an totaler Erschöpfung, und täglich werden es mehr. Sie haben die Balance zwischen ihren Lebensbereichen verloren.

Meist dauert es sieben Jahre, bis einen die Überforderung im Job und/oder Privatleben plötzlich in den Zustand extremer Erschöpfung katapultiert. Auf dem Weg dorthin treten viele Symptome auf, die meist nicht ernst genommen werden, wie Schlafstörungen, Rückenbeschwerden, Tinnitus, Migräne, Magenprobleme, geschwächtes Immunsystem, Asthma, Bluthochdruck, Herzprobleme, Depressionen, Ängste.

Wen trifft es? Die besonders Tüchtigen. Menschen mit ausgeprägtem Pflichtbewusstsein. Kopfmenschen, die ihre Gefühle unterdrücken. *Ich-muss-perfekt-sein-Menschen,* die so lange mit ihrem eigenen Leistungsanspruch ringen, bis es eben nicht mehr geht.

| ***Burn-out ist ein langwieriger Prozess, der unerbittlich voranschreitet und sich in der Regel in sieben Schritten vollzieht. Kommt Ihnen etwas davon bekannt vor?*** | |
|---|---|
| **Erster Schritt** | Es beginnt alles mit dem Wunsch, sich zu beweisen. Dieser aber treibt einen in den Zwang, sich noch mehr anzustrengen, noch mehr zu leisten bzw. es allen recht zu machen. Man nimmt jeden Auftrag an, sagt immer seltener Nein. Jettet von Termin zu Termin. Und nimmt abends die Arbeit mit nach Hause. |
| **Zweiter Schritt** | Man nimmt seine eigenen Bedürfnisse nicht mehr wahr. Schläft zu wenig, isst hastig oder gar nichts. Sagt den Kinobesuch mit Freunden ab. |
| **Dritter Schritt** | Man missachtet die Warnsignale des Körpers, wie Schlafstörungen, Verspannungen, Kopfschmerzen, hoher Blutdruck, flaches Atmen, Konzentrationsschwäche. |
| **Vierter Schritt** | Um wieder funktionieren zu können, greifen manche zu Drogen wie Schmerzmitteln, Schlaftabletten, Alkohol, Aufputschern. |
| **Fünfter Schritt** | Das eigene Wertesystem verändert sich. Die Freunde sind langweilig, der Besuch mit dem Kollegen im Café verschwendete Zeit. Die Probleme mit dem Partner oder mit der Familie nimmt man einfach nicht mehr wahr. Man zieht sich zurück aus gesellschaftlichen Kontakten. Und endet oft in völliger Isolation. |

| | |
|---|---|
| **Sechster Schritt** | Die Persönlichkeit verändert sich. Alles dreht sich nur noch darum, zu funktionieren, zu arbeiten. Gefühle und Emotionen werden verdrängt. Man verliert den Humor, reagiert mit Schärfe und Sarkasmus, empfindet Verachtung für Menschen, die das Faulsein genießen. Man verhärtet. |
| **Siebter Schritt** | Man verliert das Gefühl für die eigene Persönlichkeit. Spürt nur noch Gereiztheit, Schmerzen, Erschöpfung, Überlastung, Angst vor einem Zusammenbruch. Und sonst nichts mehr. Keine Freude, keine Fröhlichkeit, keine Neugierde. Der Mensch funktioniert wie eine Maschine. Die Seele erstarrt. |
| **Achter Schritt – ins Aus** | Die wachsende innere Leere, genährt von dem Gedanken »Wenn ich nicht arbeite, was bin ich dann?«, führt zur Depression, zur völligen Erschöpfung, zum Zusammenbruch, zum Ausgebranntsein. |

Wollen Sie raus aus der *Burn-out-Falle?* Das ist ebenfalls ein langwieriger Prozess. Erst müssen die körperlichen Symptome gelindert werden. Und dann braucht die Seele Hilfe. »Wir sind keine Panzerknacker«, sagt Tilla Fischer, Psychotherapeutin der Habichtswald-Klinik in Kassel (www.ayurveda-klinik.de). Dorthin kommen viele Führungskräfte, aber auch durch Beruf und Familie überlastete Frauen, die ausgebrannt sind. »Wir brauchen Zeit, um den harten Panzer abzubauen, zu den Gefühlen durchzudringen und die Emotionen wieder freizulegen.«

Behandelt wird das Syndrom mit Schulmedizin, Traditioneller Chinesischer Medizin, Ayurveda, Homöopathie, psychotherapeutischen Methoden, Bewegung und natürlich Entspannungstechniken: Atemtherapie, Tanztherapie, Yoga, Meditation. Das Ziel: Die Betroffenen müssen ihre eigenen seelischen und körperlichen Interessen wiederentdecken, sich spüren, Gefühle zulassen, lachen und weinen. Sie lernen, ihre Bedürfnisse zu äußern, Nein zu sagen, um Hilfe zu bitten, den Perfektionismus abzulegen. Und sie lernen, das eigene Tempo neu zu bestimmen – sie entdecken ihre individuelle Langsamkeit.

Einen Schutz gegen Burn-out haben Menschen, die es schaffen, sich auf ihre Wohlfühl-Zeitinseln zurückzuziehen. Sie können zwar 16 Stunden durcharbeiten, suchen aber immer wieder ihre kleinen Inseln auf, wo sie auftanken: abends beim Wein mit Freunden. Beim verlängerten Wochenende in den Bergen. Sie spüren sich, ihre Emotionen, ihre Bedürfnisse, den Sinn ihres Lebens – und verlieren auch nie den Bezug zu den anderen Menschen, der Kraftquelle des Lebens. Das sind Menschen, die Sinn empfinden in dem, was sie tun. Die mit dem Herzen, mit Freude dabei sind. Die sich nicht hundertprozentig funktionalisieren lassen. Denn: ***Menschen, die nach ihrem individuellen Tempo leben, brennen nicht aus.***

**Parkticket-No. 14**

Menschen, die nach ihrem individuellen Tempo leben, brennen nicht aus.

**Wall Street**

***Testen Sie, wie gefährdet Sie für einen Burn-out sind***

*Stress erleben wir tagtäglich: Zeitdruck, Termine, Hektik, Beruf, Familie, Haushalt, Hausaufgaben etc. Niemand kann immer ausgeglichen und gelassen bleiben. Stress ist auch eine wichtige intelligente Reaktion unseres Organismus, um Probleme besser bewältigen zu können. Früher konnten wir z. B. dem Säbelzahntiger schnell entfliehen oder sofort angreifen und kämpfen. Zu hoher Stress aber führt zu dauerhafter Überbelastung in Beruf und Familie bis hin zum totalen Zusammenbruch, dem Burn-out-Syndrom. Bitte kreuzen Sie an, was auf Sie zutrifft:*

| | oft | manchmal | fast nie |
|---|---|---|---|
| ***ARBEIT*** | | | |
| 1. Arbeiten Sie in Eile oder unter Zeit- bzw. Termindruck? | ☐ | ☐ | ☐ |
| 2. Wollen Sie im Job zu den Besten gehören? | ☐ | ☐ | ☐ |
| 3. Herrscht an Ihrem Arbeitsplatz Unordnung, die nur Sie verstehen? | ☐ | ☐ | ☐ |
| 4. Verlassen Sie sich am liebsten auf sich selber? | ☐ | ☐ | ☐ |
| 5. Gibt es Streit mit Kollegen, Kunden, Vorgesetzten? | ☐ | ☐ | ☐ |
| 6. Sind Sie im Job frustriert? | ☐ | ☐ | ☐ |
| 7. Fühlen Sie sich überlastet, überfordert? | ☐ | ☐ | ☐ |
| 8. Nehmen Sie sich Arbeit mit nach Hause? | ☐ | ☐ | ☐ |
| ***PRIVATLEBEN*** | | | |
| 9. Werden Sie ungeduldig mit Ihrem Partner oder Ihren Kindern wenn Dinge zu langsam vorangehen? | ☐ | ☐ | ☐ |
| 10. Sind Sie unkonzentriert, gereizt? | ☐ | ☐ | ☐ |
| 11. Sind Sie traurig, deprimiert, niedergeschlagen? | ☐ | ☐ | ☐ |
| 12. Haben Sie Probleme, abends abzuschalten? | ☐ | ☐ | ☐ |
| 13. Sind Sie unzufrieden mit Ihrem Sex-Leben? | ☐ | ☐ | ☐ |
| 14. Erscheinen Ihnen Wochenende und Urlaub zu kurz, um sich richtig zu erholen? | ☐ | ☐ | ☐ |
| ***GESUNDHEIT*** | | | |
| 15. Lassen Sie aus Zeitnot Mahlzeiten ausfallen? | ☐ | ☐ | ☐ |
| 16. Trinken Sie große Mengen Kaffee oder Alkohol? | ☐ | ☐ | ☐ |
| 17. Leiden Sie nachts unter Schlafstörungen? | ☐ | ☐ | ☐ |
| 18. Fühlen Sie sich müde, obwohl Sie ausreichend schlafen? | ☐ | ☐ | ☐ |
| 19. Sind Sie eher ein Sportmuffel? | ☐ | ☐ | ☐ |
| 20. Haben Sie Nacken-, Rücken- oder Kopfschmerzen? | ☐ | ☐ | ☐ |

## *Auswertung: So krank macht Sie Ihr Job*

Zählen Sie nun Ihre Punktzahl zusammen:
**Oft** = 2 Punkte **Manchmal** = 1 Punkt **Fast nie** = 0 Punkte

**ROT**

**31–40 Punkte: Stress-Alarm!**
Sie arbeiten gern und viel, sind aber zu häufig in Hektik und Zeitnot. Drehzahl senken, sonst hängen Sie in der Stress-Falle. Wichtig: Lernen Sie, Nein zu sagen. Unterscheiden Sie wirklich wichtige Aufgaben von »nur« dringenden! Bewegung an frischer Luft, gesunde Ernährung und »Zeitinseln« für Hobbys entstressen am wirksamsten!

**GELB**

**21–30 Punkte: Stress-Gefahr!**
Sie lassen sich gern ablenken, schieben Unangenehmes auf. Treffen Sie lieber Sofort-Entscheidungen, planen Sie den nächsten Tag abends schon vor. Wenn Hetze droht, ist bewusste Kurzentspannung das beste Gegenmittel: z. B. Augen schließen, tief durchatmen, in Ruhe ein Glas Wasser trinken. In der Ruhe liegt die Kraft!

**GRÜN**

**0–20 Punkte: Stress-Entwarnung!**
Gratulation! Sie bleiben meist gelassen, haben den Alltag im Griff, die Schwerpunkte bei der Zeiteinteilung stimmen. Tipp: Zum Vorbeugen aber trotzdem als feste Regel mindestens drei kleine Pausen von zehn Minuten am Tag einlegen – z. B. einen Spaziergang in Muße oder ein Nickerchen (Power-Nap).

## 2.4 Beherrschen Sie den Stress oder beherrscht er Sie?

*Stressoren* kann man nicht ausschalten. Man kann dem Chef nicht kündigen, das Telefon nicht abstellen, den Stau nicht vermeiden, quengelnde Kinder nicht abschieben. Aber man kann mit ihnen leben. Und manche Menschen können das eben besser. Woran das liegt? Ganz einfach: Negativer Stress entsteht erst, wenn man meint, keinen Einfluss auf die Situation nehmen zu können. Wenn man sich dem Stress als Opfer ausliefert. Stresssituationen, die wir in der Kindheit erlebten, begleiten uns oft ein ganzes Leben lang. Wir pinkeln mit elf ins Bett, blamieren uns in der Tanzschule, verlieren den Faden bei einer Rede … das frisst sich in die Erinnerungsschubladen ein – und taucht immer wieder auf in ähnlichen Situationen. Wir brauchen nur ein Rednerpult zu sehen. Und schon schaltet der Körper um auf Stress: Das Herz rast, die Hände schwitzen, der Mund ist trocken, der Kopf blockiert.

**Parkticket-No. 15**

Wer zum Grübeln neigt,
ist weniger stressresistent.

**Wall Street**

»Mir geht sowieso alles schief, ich pack das nicht, das halt ich nicht aus, keiner liebt mich, keiner darf merken, dass ich …« Menschen, die sich Sätze wie diese sagen, sind immer gestresst. Solche *Glaubenssätze* wurzeln sehr tief, wurden früh in unser Unterbewusstsein programmiert. Menschen, die sich hingegen sagen: »Das schaffe ich schon«, die an ihre Selbstwirksamkeit glauben, wie Psychologen das nennen, von ihr überzeugt sind, auf ihre Fähigkeiten und Einflussmöglichkeiten vertrauen, besitzen ein hohes Maß an Stressresistenz. Wer kein so starkes Ego hat, kann es trainieren. Studien zeigen: Stressmanagement-Training baut Blockaden ab. Und das funktioniert über den Kopf. Denn Stress kochen wir selbst aus, im Gehirn, mit negativen Gedanken. Eine alte chinesische Weisheit sagt: »Du kannst nicht verhindern, dass die Vögel der Besorgnis über deinen Kopf fliegen. Aber du kannst verhindern, dass sie sich in deinem Kopf ein Nest bauen.«

Negativer Stress wird durch geistiges Wiederkäuen am Leben erhalten. ***Wer zum Grübeln neigt, ist weniger stressresistent.*** Immer wieder ruft das Gehirn eine Kritik hoch, neidische Gedanken, Zorn. Immer wieder kochen der Ärger, die Angst im Kopf auf. Die Gedanken wühlen in emotionalen Wunden. Und das führt zu körperlichen Reaktionen. Anhaltende Stressgefühle machen krank, sie schlagen auf Herz und Magen.

Deshalb braucht der Geist *Entspannung:* Er muss aufhören, über das Gestern zu Grübeln und sich um das Morgen zu sorgen. Man muss lernen, den Augenblick zu genießen – und einsehen: ***Nichts ist so wichtig, dass es lohnend wäre, sich darüber aufzuregen.***

Meditation ist das wirkungsvollste Mittel, um abzuschalten, die Zeit in den Griff zu bekommen, den Moment zu fangen. Meditation im buddhistischen Sinne heißt: Achtsamkeit herstellen. Man konzentriert sich bewusst auf den Moment, versinkt in Aufmerksamkeit. Meditation macht immun gegen Stress. Studien belegen: Wer meditiert, stärkt sein Immunsystem, ist zufriedener durch ein Mehr der Glücksbotenstoffe Serotonin und Endorphine. Wer drei Jahre regelmäßig meditiert, ist biologisch zehn Jahre jünger.

Wörtlich bedeutet meditieren »in die Mitte kommen«. Meditation kann Lösungen auf die Fragen bringen: »Was und wo ist meine innerste Mitte, mein Lebensmittelpunkt, mein eigentliches Lebensziel?« Oder einfacher: »Warum und wozu lebe ich?« Oder noch einfacher: *»Wer bin ich?«*

**Parkticket-No. 16**

**Nichts ist so wichtig, dass es lohnend wäre, sich darüber aufzuregen.**

**Wall Street**

Nur im Rückzug vom stressigen Alltag finden wir Antworten auf diese ewigen inneren Fragen. Der Geist muss dazu ruhig und leer werden – denn erst dann können wir die Stimme unserer inneren Weisheit hören. Weil uns das *Stillwerden* so schwerfällt, hat jede Kultur der Menschheit vielfältige Meditationstechniken entwickelt: zum Beispiel monotone Gebete wie den Rosenkranz oder Mantren oder körperliche Rituale wie Yoga- oder Qigong-Übungen. Egal welche äußere Form der Ausstieg aus der Zeit hat: Es gibt dafür Regeln, die kultur- und religionsübergreifend sind. *Die drei Grundregeln der Meditation:*

1. Mäßig, aber absolut regelmäßig.
2. Meditation ist überall und immer machbar, man braucht keine besondere Umgebung oder Voraussetzungen dafür.
3. Nichts erwarten, sondern abwarten …

***Stress hat uns nur im Griff, wenn wir das Gefühl haben, Opfer zu sein, etwas nicht zu meistern.*** Im Grunde brauchen wir die Antriebsfeder Stress, die richtige Dosis verleiht uns Flügel. Ein gewisses Maß an Stress weckt den Geist, aktiviert den Körper, schenkt uns Energie, eine Aufgabe zu bewältigen. *Nur zu viel ist eben zu viel.* Drücken Sie rechtzeitig den »Reset«-Knopf. Jeder hat ihn im Körper. Sich Zeit nehmen und Muße tanken – das tilgt den Stresscocktail aus der Blutumlaufbahn. Der Blutdruck sinkt, der Puls schlägt langsamer – innere Ruhe kehrt ein, die Seele kommt ins Lot.

**Parkticket-No. 17**

**Stress hat uns nur im Griff, wenn wir das Gefühl haben, Opfer zu sein, etwas nicht zu meistern.**

**Wall Street**

### *Meditieren Sie den Stress weg*

*Sie können jederzeit und an jedem Ort kurz »aussteigen«, egal ob im Auto, am Schreibtisch, in der Supermarktschlange oder während eines Telefongesprächs: Spüren Sie Ihre Füße fest auf dem Boden, atmen Sie in den Bauch und lassen Sie die Schultern fallen. Dann stellen Sie sich vor, dass mit jedem Atemzug strahlend goldene Energie in den Unterbauch strömt.*

*Oder Sie suchen Sie sich einen* stillen Ort zur Meditation. *Atmen Sie erst einmal richtig tief durch. Legen Sie die Hände auf den Bauch, atmen Sie tief ein und aus. Tiefes Atmen veranlasst Ihren Körper, mehr Endorphine, die beruhigenden Glücksbotenstoffe, auszuschütten. Zudem wird der Solarplexus massiert; dieses Nervennetz im oberen Bauchraum baut nervöse Spannungen ab. Konzentrieren Sie sich auf Ihre Atmung, bis sie ruhig und gleichmäßig ist, und dann denken Sie einfach ein monotones Wort, etwa »Om«. Das schaltet im Gehirn die Sorgen aus, weil dort dann Alpha-Wellen schwingen, die den Geist aktivieren und zugleich entspannen. Am besten funktioniert Meditation, wenn Sie der folgenden Schritt-für-Schritt-Anleitung folgen:*

1. Bestimmen Sie, wann genau Sie im Tagesablauf eine Ruhepause einlegen wollen, und halten Sie sich strikt daran. Ideal: morgens, mittags und abends.
2. Nehmen Sie sich anfangs nicht zu viel vor. Es reichen nach dem Aufstehen 8 Minuten, in der Mittagspause 2 Minuten und vor dem Einschlafen 4 Minuten. Erst wenn Sie vier Wochen lang regelmäßig meditiert haben, können Sie die Phasen um 1, 2 Minuten erhöhen.
3. Sie brauchen nur einen ruhigen Ort, an dem Sie ungestört sind, und einen Stuhl. Stellen Sie sich einen ganz leisen Wecker, zum Beispiel das Handy, bevor Sie sich aus der Zeit zurückziehen.

4. Setzen Sie sich aufrecht auf einen Stuhl, die Füße flach am Boden. Legen Sie die Handrücken auf die Oberschenkel, Hände locker geöffnet, und schließen Sie die Augen. Ziehen Sie die Zehen an, als wollten Sie sie in die Erde krallen. Dann entspannen Sie Ihre Füße und fühlen die ganzen Fußsohlen am Boden. Stellen Sie sich vor, dass aus ihnen lange Wurzeln wachsen, die Sie ganz fest und sicher mit der Erde verbinden. Fühlen Sie, wie nährende Erdenergie durch Ihre Füße aufsteigt und Ihren ganzen Körper versorgt.
5. Kiefer lockern, Mundwinkel leicht nach oben. Augen, Stirn, Schläfen entspannen. Aufrichten, Kinn leicht zur Brust ziehen, Schultern sinken lassen.
6. Lassen Sie den Bauch ganz locker. Lenken Sie Ihre Aufmerksamkeit zum Unterbauch – dorthin, wo beim Verliebtsein die Schmetterlinge fliegen. Fühlen Sie die Wärme, das Kribbeln? Verankern Sie Ihr Bewusstsein in diesem Zentrum.
7. Atmen Sie locker durch die Nase ein und aus. Die Luft einfach immer tiefer einströmen lassen, in den Brustkorb, in den Magen bis in den Unterbauch.
8. Bleiben Sie ruhig und mit Ihrer Aufmerksamkeit im Bauch, atmen Sie entspannt ein und aus. Erwarten Sie nichts, nehmen Sie einfach nur wahr.
9. Auftauchende Gedanken und Gefühle nicht unterdrücken. Bleiben Sie zentriert, hören Sie sich Ihr inneres Gebrabbel ganz ruhig und wertfrei an, als wäre es ein Film. Lassen Sie alles zu, lassen Sie alles kommen, lassen Sie alles gehen.
10. Wenn Sie den Wecker aus weiter Ferne hören, streichen Sie mit den Händen sanft einige Male über Ihr Gesicht und durch Ihre Haare. Dann öffnen Sie die Augen, gähnen, rekeln und strecken sich.

## Wall Street

**Parkticket-No. 6**

*Jede psychische Belastung löst im Körper eine Stressreaktion aus, die mit dem Gefühl der Angst einhergeht.*

**Parkticket-No. 7**

*Ein gewisses Maß an Stress weckt den Geist, aktiviert den Körper und gibt uns die Energie, eine Aufgabe zu bewältigen.*

**Parkticket-No. 8**

*Der Alltag ist eine sprudelnde Stressquelle.*

**Parkticket-No. 9**

*Das Gedächtnis funktioniert unter Stress um ein Drittel schlechter.*

**Parkticket-No. 10**

*Stress aktiviert uns zu Höchstleistungen.*

**Parkticket-No. 11**

*Am effektivsten arbeiten und leben Sie also, wenn es Ihnen gelingt, den Stress auf dem optimalen mittleren Niveau zu halten und mit ein bisschen Gelassenheit in optimale Balance zu kommen.*

**Parkticket-No. 12**

*Wenn wir Chaos, Hektik und Stress in den Griff bekommen wollen, müssen wir zuallererst bei uns selbst beginnen.*

**Parkticket-No. 13**

*Wer Herausforderungen als Chance begreift, den stresst Stress nicht.*

**Parkticket-No. 14**

*Menschen, die nach ihrem individuellen Tempo leben, brennen nicht aus.*

**Parkticket-No. 15**

*Wer zum Grübeln neigt, ist weniger stressresistent.*

**Parkticket-No. 16**

*Nichts ist so wichtig, dass es lohnend wäre, sich darüber aufzuregen.*

**Parkticket-No. 17**

*Stress hat uns nur im Griff, wenn wir das Gefühl haben, Opfer zu sein, etwas nicht zu meistern.*

***Man kann nicht zwei Ziele mit einem Pfeil treffen.***

Arabisches Sprichwort

***Ein Mensch erhofft sich fromm und still,***
***dass er einst das kriegt, was er will.***
***Bis er dann doch dem Wahn erliegt***
***und schließlich das will, was er kriegt.***

Eugen Roth

***Die Menschen bringen täglich ihre Haare in Ordnung, aber selten ihre Gedanken.***

Indische Weisheit

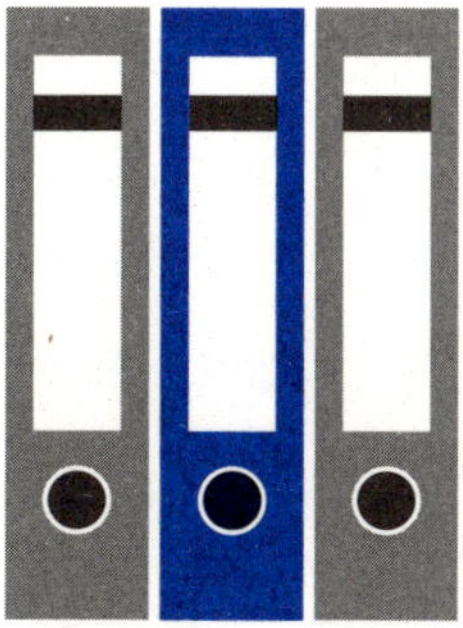

# 3. ORDNUNG

## 3.1 Haben Sie ein klares Ziel vor Augen?

Die seefahrenden Völker wissen, was klare Ziele wert sind. »Weiß man nicht, welchen Hafen man anlaufen will, ist kein Wind günstig«, sagte der Römer Seneca. Ein englisches Sprichwort meint lapidar: »Das Schiff, das dem Steuer nicht gehorcht, wird den Klippen gehorchen müssen.«

Wissen, was man will, und seine Ziele verfolgen. Hört sich das nicht gut an? Aber so unbeirrt sind die wenigsten. Außerdem hört sich das alles ziemlich groß an, nach »Lebenskonzept«, dauernd anstrengen und ganz ohne Pause. Es ist aber ganz anders.

Was würde ein Erfolgsmensch tun, der weiß, was er will? Der würde garantiert den Schreibtisch frei fegen und sich das Wichtigste vorknöpfen, nämlich das Große Aufgeschobene: Tür zu, Telefon auf die Kollegin umgestellt, Meeting abgesagt und 4 Stunden konzentriert geackert. Wetten, dass danach das Konzept, die Analyse, die Präsentation fertig ist – oder zumindest ein gutes Stück weiter? Danach: Kopf aus dem Zimmer stecken, »War was Wichtiges?«, dann erst Mails, Post und Kleinkram.

***Erfolgreiche Menschen zerlegen große Ziele in kleine Zielchen.*** Natürlich setzen sie sich große Ziele. Vielleicht haben sie eine Vision oder das Wollen und Erreichen in den Genen … Aber egal wie, die meisten haben klein angefangen. Mit *Zielchen.* Wer merkt, dass er sich in kleinen Dingen auf sich selbst verlassen kann, wird auch größere Sachen in Angriff nehmen.

Welche Projekte haben Sie in Ihrem Leben zum Erfolg gebracht? Diplomarbeit geschrieben, Kind erzogen, einen Marathon gelaufen? Im Verein eine Jugendmannschaft aufgebaut? Eine Familie versorgt? Wir vergessen so leicht, was wir erreicht haben, wenn uns genügend Zeit gelassen wurde. Gut, wenn Sie sich das hin und wieder einmal in Erinnerung rufen.

Sie haben eine Idee, ein Ziel oder eine Aufgabe? Erschaffen Sie sich ein Bild im Kopf: wie es aussieht, wenn es fertig ist. Das Werbeplakat der Litfaßsäule. Wie der Chef Sie lobt für Ihre Leistung. Wie alle auf Ihren Aufstieg zum Abteilungsleiter anstoßen. Damit fängt es immer an: mit einem Bild.

Und dann denken Sie: Was mache ich jetzt? »Eine Reise von 1000 Meilen beginnt mit dem ersten Schritt«, sagen die Chinesen. Wenn Ihnen etwas zu groß erscheint, dann lassen Sie sich nicht einschüchtern. Schauen Sie sich an, wie Sie das Problem in kleine Teilaufgaben zerbröseln können. Immer einen Schritt nach dem anderen. Das Ziel bleibt im Blick, damit Sie sich nicht verlaufen. Aber entscheidend ist immer der nächste Schritt.

**Parkticket-No. 18**

**Erfolgreiche Menschen zerlegen große Ziele in kleine Zielchen.**

**Milchstraße**

***Wollen oder nicht wollen, das ist die Frage!***

*Kreuzen Sie an, was auf Sie zutrifft:*

***Was wollen Sie?***

- *Ich will nicht immer unter Zeitdruck stehen.* ☐
- *Ich will nicht ständig Überstunden machen.* ☐
- *Ich will nicht den ganzen Tag viele Dinge gleichzeitig machen.* ☐
- *Ich will nicht von Familie, Kunden, Kollegen, Telefon und Mail auf Trab gehalten werden.* ☐
- *Ich will nicht allein für den Haushalt zuständig sein.* ☐

Haben Sie etwas gemerkt? Das sind alles Dinge, die Sie *nicht* wollen. Fallen Ihnen noch mehr ein, schreiben Sie auch diese auf, das befreit. Das könnte so aussehen: Ich will nicht permanent Kreuzweh haben; ich will nicht nur für den Job leben.

***Was wollen Sie wirklich?***

*Ich will Zeit für meine Familie haben.* ☐

*Ich will mehr mit Freunden unternehmen.*
*Ich will mein Hobby aufleben lassen.* ☐

*Ich will was für meine Gesundheit tun.*
*Ich will innerlich zur Ruhe kommen.* ☐

Bestimmt fällt Ihnen noch mehr ein. Sie werden stutzen – weil es plötzlich sehr privat wird, wenn man sich auf das Wollen einlässt.

***Aber was wollen Sie im Beruf?***

*Ich will meine Zeit nicht mit Kleinkram verplempern.* ☐

*Ich will in Ruhe arbeiten und mich mit dem wirklich Wichtigen beschäftigen.* ☐

*Ich will mir Zeit für die Arbeiten nehmen, die mich meinen Zielen näherbringen.* ☐

*Ich will Störfaktoren in den Griff kriegen und selbst steuern, wann ich mit wem rede.* ☐

*Und ich will in einer normalen Arbeitszeit mein Pensum schaffen, Überstunden sind für Sonderfälle da.* ☐

*Ich will … Welche Wünsche haben Sie noch?* ☐

Wenn Sie wirklich mehr Zeit für Familie, Freunde, Interessen und Gesundheit finden wollen, müssen Sie Ihrem gewohnten Tag gewaltig etwas abluchsen. Begeben Sie sich auf die Suche nach der verlorenen Zeit.

***Was klaut Ihnen eigentlich Stunde um Stunde?***

*Mail, Post, die Hälfte Werbemüll – schon bin ich im ferngesteuerten Trott drin.* ☐

*Das Telefon klingelt ständig, und die Gespräche dauern zu lang.* ☐

*30-mal am Tag steht jemand in meiner Tür und will mit mir quatschen.* ☐

*Eine Besprechung nach der anderen, und es kommt kaum etwas dabei heraus.* ☐

*Ich vertue viel Zeit mit Suchen in meinem ganzen Papierkram.* ☐

*Ich kann nicht Nein sagen, wenn mir jemand was aufs Auge drückt.* ☐

*Ich nehme mir generell zu viel vor und bin abends frustriert.* ☐

*Größere Aufgaben schiebe ich halb angefangen vor mir her, bis sie brandeilig werden.* ☐

## 3.2 Wie wäre es mit einem Kompass fürs Leben?

Ich bekomme weit über 100 E-Mails pro Tag. Die meisten erledigen sich von selbst – sie sind zwar dringend und interessant, aber nicht wirklich wichtig. Ich lasse mich nicht zum Sklaven machen. Wenn das Mail-Symbol blinkt, reagiert das Zwischenhirn wie bei unseren Vorfahren, wenn sie von einem Säbelzahntiger angegriffen wurden. Der Adrenalinpegel steigt, man liest die Mail aus Neugier und ärgert sich über den Mist, der drinsteht. *Hurry-Sickness,* der zwanghafte Drang, sich zu beeilen, wird durch E-Mails noch verschärft. Niemand hat Verständnis, wenn ich auf eine Mail nicht spätestens nach einer halben Stunde reagiere. Dadurch fühle ich mich immer in der Bringschuld. Der Weg aus der Zeitfalle: Blöcke bilden. Vormittags, wenn das Leistungsvermögen am höchsten ist, sollte man sich abschotten und die wichtigen Dinge erledigen. Mails lesen und beantworten kann man am Nachmittag, wenn man schon etwas müde wird.

**Parkticket-No. 19**

Auf dringende Dinge reagieren wir, in wichtigen Dingen agieren wir, mit dem Kompass in der Hand führen wir.

**Milchstraße**

Der US-General und -Präsident *Dwight D. Eisenhower* – auch ihm standen täglich nur 24 Stunden zur Verfügung – war ein sehr praktischer Mann. Da er laufend folgenreiche Entscheidungen treffen musste, gewöhnte er sich an zu unterscheiden, wie wichtig sie waren und wie dringend. Der folgende Kompass schärft Ihren Blick für klare Prioritäten:

## Eisenhower-Matrix (Prioritäten-Portfolio)

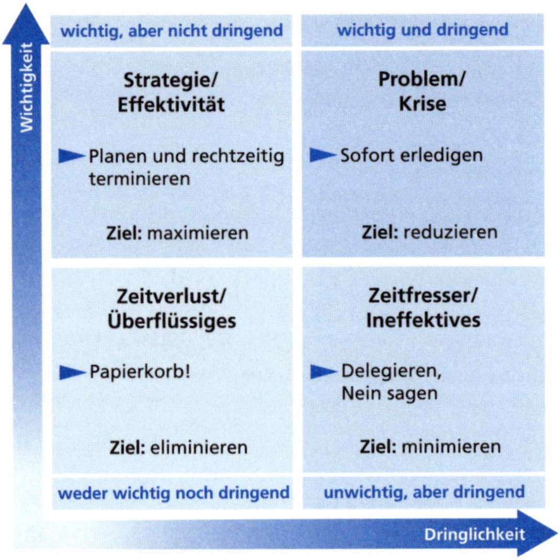


**Problem/Krise:** Handelt es sich um eine kritische Situation, die sofortiges Handeln erfordert, um Schlimmes zu verhindern oder um Verluste zu begrenzen? Dann ist das Problem wichtig und dringend zugleich und muss meist selbst in die Hand genommen und gelöst werden.

**Zeitfresser/Ineffektives:** Handelt es sich um drängende Geschäfte, die aber nicht unbedingt wichtig sind? Meist geht es dabei um terminierte Routineaufgaben und Verwaltungsakte, um nicht wenige Telefonate und Konferenzen, die man reduzieren und delegieren kann.

**Zeitverlust/Überflüssiges:** Viele Beschäftigungen sind bei genauerer Betrachtung weder wichtig noch dringend. Sie kann man guten Gewissens eliminieren – das heißt: Ab in den Müll.

**Strategie/Effektivität:** Ziele setzen, die Zukunft planen, Werte definieren, Projekte vorbereiten, Problemen vorbeugen, sich und seine Mitarbeiter entwickeln, die Beziehung zu Menschen verbessern, sich wirklich erholen: Hier befinden Sie sich im Bereich des Wichtigen. Diese Zone ist ständig gefährdet, weil solche Tätigkeiten immer wieder durch das Dringende verdrängt werden – bis sie selbst akut problematisch werden und nur noch weit unterhalb unserer Möglichkeiten erledigt werden.

Es liegt auf der Hand, dass wir unseren besten Beitrag im Bereich *Strategie/Effektivität* leisten. ***Auf dringende Dinge reagieren wir, in wichtigen Dingen agieren wir, mit dem Kompass in der Hand führen wir.***

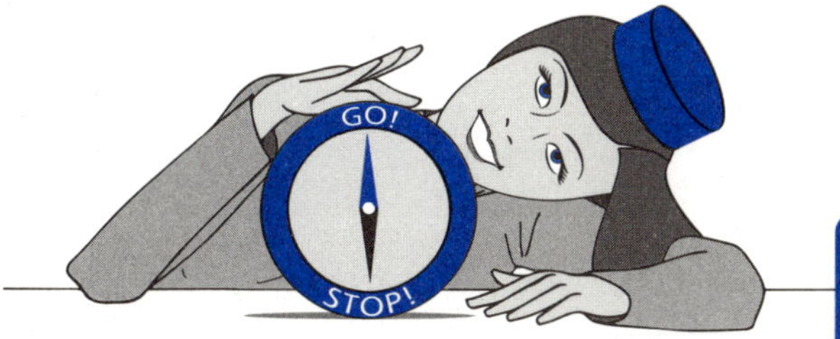

***Formulieren Sie Ihre Ziele***

*Das ist der erste Schritt: Nehmen Sie Stift und Zettel und schreiben Sie auf, was Ihnen dazu einfällt. Als Nächstes fragen Sie jemanden, dem Sie etwas zutrauen, was er täte und wie er es täte. Schreiben Sie alles auf, stichwortartig, wie es kommt. Danach machen Sie die ersten Anrufe, Erkundigungen, Besorgungen, Gespräche. Im Laufe der Zeit fallen Ihnen alle möglichen To-do's ein? Machen Sie ein Konzept, einen Ablaufplan für Ihr Projekt. Schreiben Sie alles in ein Notizheft. In ruhigen Minuten überprüfen Sie die alten Seiten, ob Sie etwas vergessen haben oder noch mal angehen müssen, und schreiben das auf eine neue Seite. Wie beim Vokabeln-Lernen.*

***Machen Sie gleich eine konkrete Liste. Und zwar so:***

1. *Ziel formulieren;*
2. *Gesamtaufgabe in Teile zergliedern, Reihenfolge festlegen, Termine setzen;*
3. *Step by Step erledigen;*
4. *Ergebnis prüfen und genießen.*

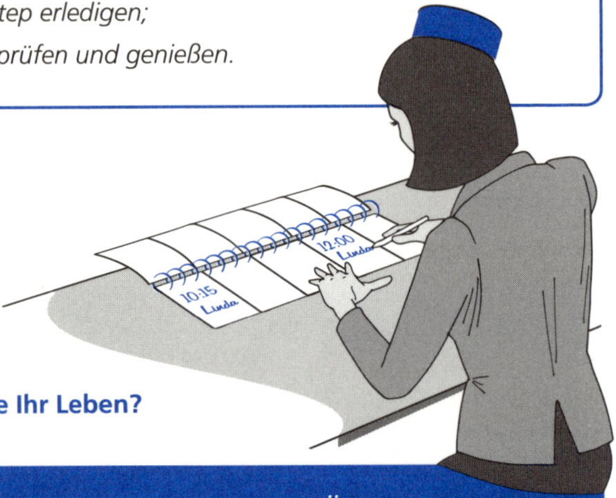


### 3.3. Planen Sie Ihr Leben?

## *DIE 10 SCHLIMMSTEN ZEIT-SÜNDEN*

- Sie versuchen, zu viel auf einmal zu tun.
- Sie stellen keine Ziele, Prioritäten, Tagespläne auf.
- Sie lassen sich vom Telefon und von Kollegen ablenken.
- Sie nehmen an langwierigen und überflüssigen Besprechungen teil.
- Sie überhäufen Ihren Schreibtisch mit Papierkram und Lesestoff.
- Sie lassen sich stören von unangemeldeten Besuchern.
- Sie schieben unangenehme Aufgaben vor sich her.
- Sie können partout nicht Nein sagen.
- Sie wollen perfekt sein und alles wissen.
- Sie sind nicht konsequent, es fällt Ihnen schwer, Disziplin zu halten.

***Gegen die Flut des Dringlichen gibt es nur ein Mittel: Termine mit sich selbst.*** Räumen Sie sich für das Wichtige *regelmäßige Zeitfenster* ein, die Sie egoistisch verteidigen gegen äußere Einflüsse. Sie werden feststellen: Je konsequenter Sie als Kompassarbeiter führen, desto unnötiger wird akutes Krisenmanagement werden.

Die meisten von uns schauen morgens, was für den Tag ansteht, ordnen die Termine und Erledigungen nach Prioritäten – und halten das für Zeitmanagement. Der Haken dabei: Sie richten sich nach den Dringlichkeiten. Wenn wir unserem Leitstern folgen wollen, gehen wir umgekehrt vor: Wir entscheiden, was uns wichtig ist, was wir dafür tun wollen, und räumen uns entsprechende Termine ein. Dafür reicht natürlich die Spanne des Tages nicht aus. ***Eine effektive Wochenplanung schlägt die Brücke zwischen der langfristigen Vision (wichtig) und dem Tagesgeschäft (dringlich).***

Hört sich alles gut und schön an. Zu gut, finden Sie? Wie das in der Praxis aussieht? Nun, ein bisschen Courage brauchen Sie, Sie müssen sich schon ein wenig stemmen gegen die Zumutungen, die dafür sorgen, dass nicht Sie arbeiten, sondern »gearbeitet werden«. Und sich überfordert fühlen durch Termindruck und Arbeitspensum. Es ist wichtig, diese *Zeiträuber* zu erkennen, wenn sie sich anschleichen. Aus Erfahrung aber weiß ich, dass es nicht viel hilft, wenn Sie sich einfach das Gegenteil vornehmen: nicht mehr alles auf einmal tun, den Schreibtisch frei räumen, öfters mal Nein sagen, sich nicht mehr so viel ablenken lassen … So funktionieren wir nicht, das speichern wir ab als Sonntagsreden.

**Parkticket-No. 20**

Gegen die Flut des Dringlichen gibt es nur ein Mittel: Termine mit sich selbst.

**Milchstraße**

Sie können all diesen Versuchungen nur widerstehen, wenn Sie die leuchtende Alternative unmittelbar vor Augen haben. Und deren Schöpfer sind Sie selbst. Das ist das ganze Geheimnis. Sie zweifeln noch? Schon recht. Zweifeln Sie, aber halten Sie sich an das Nike-Motto »Just do it«:

- Den kommenden Tag am Vorabend planen – ob zu Hause oder als letzte Arbeitsphase im Büro. So kann das Unterbewusste über Nacht schöpferisch wirken.
- Unbedingt schriftlich planen, um jederzeit vor Augen zu haben, was wichtig ist für einen selbst – nicht für andere.

- Für jede Tätigkeit den Zeitbedarf schätzen und diese Limits in den Kalender einsetzen.
- Nur 50 Prozent der Zeit verplanen. Der Rest ist Pufferzeit für den Alltagskram, dessen man sich nicht entledigen kann.
- Zeit-Blöcke bilden. Zum Beispiel so: 1,5 Std. konzentriertes Arbeiten ohne Störung. 1,0 Std. Kommunikationspause – Mitarbeiter, Telefonate, Mails, Briefe. 1,0 Std. Stoppuhrzeit – zum Beispiel ein Meeting. 1,0 Std. Mittagspause (Essen & Siesta). 1,0 Std. Post, Zeitschriften, Verwaltung, Schwätzchen. 1,0 Std. Planung, Konzeption, Strategisches, strikt keine Unterbrechungen oder Anrufe. 1,0 Std. Kommunikationspause. 1,0 Std. Mitarbeiter-Coaching, Besprechungen. 0,5 Std. Tageskontrolle, Plan morgen.

Ihnen ist bestimmt aufgefallen, dass ich das Wort »*Tageskontrolle*« in diesen Beispieltag hineingeschmuggelt habe. Sobald Sie mit Ihrer Vorausplanung eine kurze Rückschau verknüpfen, passiert ein kleines psychologisches Wunder: Wenn Sie morgens schon wissen, dass Sie abends Ihr Tun protokollieren, gehen Sie automatisch einen starken Pakt mit sich selbst ein: Self-Commitment – Sie fühlen sich Ihren Vorsätzen und Zielen verbunden und verpflichtet. Wie das geht? Ich empfehle die »Tagesschau«.

**Parkticket-No. 21**

Eine effektive Wochenplanung schlägt die Brücke zwischen der langfristigen Vision (wichtig) und dem Tagesgeschäft (dringlich).

**Milchstraße**

### *DIE TAGESSCHAU*

Fragen Sie sich jeden Abend:

- Hat mich der heutige Tag meinen Zielen nähergebracht?
- Was habe ich heute gelernt, was mache ich künftig ebenso – oder anders?
- Auf was hätte ich verzichten können?
- Wie kann ich mich für heute belohnen?
- Was ist das Schönste, das ich noch tun könnte?
- Was plane ich für morgen?

### *Planen Sie Ihre Woche frühzeitig*

*Nehmen Sie sich am Wochenende nur eine halbe Stunde Zeit und überlegen Sie, welchen Schritt Sie in der kommenden Woche in der jeweiligen Rolle tun wollen. Und für jeden dieser Schritte tragen Sie einen Termin in Ihren Kalender ein. So haben Sie die Gewähr, dass Sie allem, was Ihnen wichtig ist, in dieser Woche den angemessenen Platz einräumen – der Rest der Woche füllt sich von ganz allein mit dem üblichen Aktionismus.*

Die Planung betrifft übrigens alle Bereiche Ihres Leben: körperliches Wohlbefinden, berufliches Weiterkommen, Kontakt zu Familie und Freunden, mentales und spirituelles Wachstum.

Machen Sie Termine mit sich selbst, die Sie in Ihren Terminplan eintragen und einhalten wie Geschäftstermine – egal ob für das Tennisspiel, das Schachspiel mit dem Sohn oder ein Projekt, das Ihnen sehr am Herzen liegt.

So planen Sie Ihren Tag in fünf Schritten
mit der ***ALPEN-Methode PLUS:***

***A*** = *Aufgaben aufschreiben*

***L*** = *Länge der Aktivitäten einschätzen*

***P*** = *Pufferzeiten reservieren*

***E*** = *Entscheidungen über Priorität, Delegation oder Weglassen sofort treffen*

***N*** = *Nachkontrolle und Übertrag oder Streichen nicht erledigter Jobs.*

Und das »PLUS«? Ganz einfach. Sie planen die Zeit fürs Füßehochlegen gleich mit ein.

## 3.4 Keine Lust auf Ordnung?

Der Arbeitsberg ist riesig, das Spanischbuch lächelt einen so gar nicht an, draußen regnet es – Joggen ausgeschlossen, die Postflut müsste erledigt werden ... Wenn Sie sich nun zwingen, sinkt die Motivation in den Keller, Ihr innerer Schweinehund hat jede Nervenfaser im Griff. Tricksen Sie ihn einfach aus.

**Überlisten Sie Ihr linkes Gehirn:** Geben Sie Ihrer linken Gehirnhälfte nach, die Stress vermeiden will. Sie ist der Sitz der Kritik, des Null-Bock. Überlisten Sie diese Blockade, indem Sie ihr zuflüstern: »Ich muss nichts. Völlig okay, wenn ich das jetzt nicht tue.« Dann legen Sie eine CD ein, die Sie in heitere Stimmung bringt. Gehen kurz an die frische Luft, um den Energietreiber Sauerstoff in Ihren Körper zu locken. Und dann tasten Sie sich locker und unverkrampft an die Materie heran.

**Belohnen Sie sich mit schönen Gedanken:** Gehen Sie den Ablauf der lästigen Pflicht im Kopf durch. Spüren Sie kurz nach, wie Sie sich dabei fühlen. Mies, stimmt's? Und dann machen Sie in Gedanken einen Sprint nach vorn. Und führen geistig die letzten Handgriffe aus: Die letzte Mail wegklicken. Den letzten Kragen bügeln. Die Laufschuhe aufschnüren. Dann gehen Sie im Zeitraffer noch einmal durch die gesamte Aufgabe, inklusive Belohnung. Jetzt haben Sie richtig Lust drauf, oder?

**Springen Sie in die Emotionen der Zukunft:** Stellen Sie sich vor, wie es Ihnen nach vollbrachter Leistung gehen wird, und genießen Sie dabei die positiven Gefühle: wie wohl Sie sich in Ihrem Körper fühlen, wie stolz Sie auf sich sein werden, wie zufrieden Sie mit sich sind, wenn Sie Ihren Plan einhalten, wie Ihr gutes Gewissen Sie ruhig schlafen lassen wird.

**Vorfreude ist die schönste Freude:** Aktivieren Sie alle Sinne. Riechen, schmecken, sehen, fühlen Sie, was Sie danach tun werden. Und wie gut es Ihnen geht, wenn Sie diesen Berg Alltagsmist hinter sich gebracht haben. Mit der Emotion namens Vorfreude holen Sie sich einen wunderbaren Aktivator gegen Widerstände in den Körper.

**Gehen Sie es spielerisch an:** Statt sich durch die Spanischlektion zu quälen, spielen Sie mit Ihrem Vorhaben nur ein wenig herum. Schmökern Sie ziellos in Ihrem Lehrbuch, lesen Sie nur die Texte unter den Fotos. Statt den ganzen neuen Vorgang auf dem Schreibtisch durchzuackern, lesen Sie einfach mal da und mal dort. Vielleicht erwachen nach einer Weile Ihre Neugier und Lust, die Sache anzupacken, von allein.

Bitte bedenken Sie: **Je größer das Vorhaben, desto größer die Blockade.** Desto wirkungsvoller aber auch die Methode der *Mikroschritte:* Zerlegen Sie Ihren Aufgabenberg in kleine Schritte, in kleine Ziele. Denn dann haben Sie nicht das unterschwellige Gefühl, etwas tun zu müssen oder gar die Kontrolle zu verlieren. Mit Mikroschritten umgehen Sie die Ängste, Sie könnten scheitern, und stimmen sich positiv, da Sie sich nur zu etwas sehr Kleinem verpflichtet haben – und schnell den ersten Erfolg sehen.

Ordnen Sie einfach mal Ihre Unterlagen vor – und schon schmilzt der Arbeitsberg. Dann könnte man sich ja schon mal den ersten kleineren Stapel vornehmen ... Sie wollen mehr lesen?
Dann nehmen Sie sich einfach täglich eine
Seite zu einer bestimmten Tageszeit vor.
Es werden von selbst mehr.

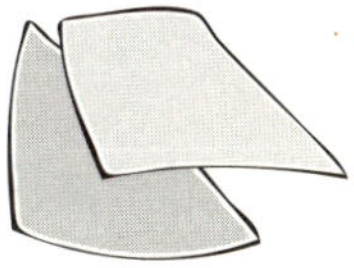

### *Jenseits der To-do-Liste*

*Die To-do-Liste ist ein wertvolles Werkzeug, sich selbst zu organisieren und gut zu planen. Sie hilft also, Energie zu sparen. Die Frage ist nur: Wer kontrolliert wen? Sie die Liste – oder die Liste Sie?*

Wie viel steht auf Ihrer To-do-Liste? Entlastet es Sie oder vergeht Ihnen jegliche Lust an der Planung, sobald Sie einen Blick darauf werfen?

Wenn dem so ist, müssen Sie Ihre To-do-Liste entschlacken – und Unwichtiges entfernen. Dann kommt auch die Lust an der Ordnung zurück.

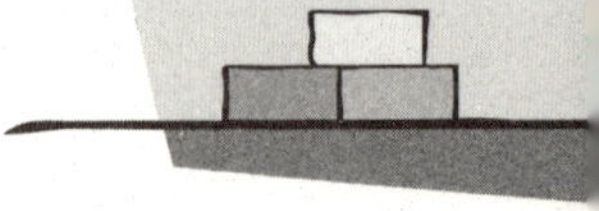

## Milchstraße

**Parkticket-No. 18**

***Erfolgreiche Menschen zerlegen große Ziele in kleine Zielchen.***

**Parkticket-No. 19**

***Auf dringende Dinge reagieren wir, in wichtigen Dingen agieren wir, mit dem Kompass in der Hand führen wir.***

**Parkticket-No. 20**

***Gegen die Flut des Dringlichen gibt es nur ein Mittel: Termine mit sich selbst.***

**Parkticket-No. 21**

***Eine effektive Wochenplanung schlägt die Brücke zwischen der langfristigen Vision (wichtig) und dem Tagesgeschäft (dringlich).***

***Kunst ist die Entfernung des Unwichtigen.***

Picasso

***Bereit sein ist viel,***
***warten können ist mehr,***
***doch erst den rechten Augenblick***
***nützen, ist alles.***

Arthur Schnitzler

***Wenn die Dinge falsch laufen, gehe nicht mit ihnen.***

Elvis Presley

# 4. PRIORITÄTEN

## 4.1 Wissen Sie, was Sie wollen?

Es war einmal ein Wasserträger in Indien. Auf seinen Schultern ruhte ein schwerer Holzstab, an dem rechts und links je ein großer Wasserkrug befestigt war. Nun hatte einer der Krüge einen Sprung. Der andere aber war intakt, und mit ihm konnte der Wasserträger am Ende seines langen Weges vom Fluss zum Haus seines Herren eine volle Portion Wasser abliefern. In dem kaputten Krug war hingegen immer nur die Hälfte des Wassers. Zwei Jahre lang lieferte der Wasserträger seinem Herren also einen vollen und einen halb vollen Krug. Der Krug mit dem Sprung schämte sich, dass er durch seinen Makel nur halb so gut war wie der andere Krug. Nach zwei Jahren Scham sprach er zu seinem Träger: »Ich schäme mich so für mich selbst, und ich möchte mich bei dir entschuldigen.«

**Parkticket-No. 22**

**Wer weiß, was er will, der verzettelt sich nicht in Nebensächlichkeiten, sondern gewinnt Zeit.**

**Champs-Élysées**

Der Wasserträger fragte: »Aber wofür denn? Wofür schämst du dich?« – »Ich war die ganze Zeit nicht in der Lage, das Wasser zu halten. Du hast die volle Anstrengung, bekommst aber nicht den vollen Lohn, weil du immer nur anderthalb statt zwei Krüge Wasser ablieferst«, sprach der Krug. Dem Wasserträger tat der alte Krug leid und er wollte ihn trösten: »Achte gleich einmal, wenn wir zum Haus meines Herren gehen, auf die wundervollen Wildblumen am Straßenrand.« Der Krug konnte daraufhin ein wenig lächeln, und so machten sie sich auf den Weg.

Am Ende des Weges jedoch fühlte sich der Krug wieder ganz elend und entschuldigte sich erneut zerknirscht bei dem Wasserträger. Der aber erwiderte: »Hast du die Wildblumen am Straßenrand gesehen? Ist dir aufgefallen, dass sie nur auf deiner Seite des Weges wachsen? Ich wusste von Beginn an von deinem Sprung. Und so habe ich einige Wildblumensamen gesammelt und sie auf deiner Seite des Weges verstreut. Jedes Mal, wenn wir zum Haus meines Herren liefen, hast du sie gewässert. Ich habe jeden Tag einige dieser wundervollen Blumen pflücken können, die mein Haus und das meines Herren schmücken. Und all diese Schönheit hast du geschaffen.«

Das Wesentliche hat so viele Gesichter, wie es Menschen gibt. Deswegen gibt es auch kein allumfassendes Rezept, keinen Wegweiser zum Wesentlichen. Dieser Mann hat ein Viertel seines Lohns dafür bezahlt, Wildblumen wachsen zu sehen. Und sie wuchsen nicht aus der Perfektion, sondern aus einem Makel. Auch das kann wesentlich sein.

***Wer weiß, was er will, der verzettelt sich nicht in Nebensächlichkeiten, sondern gewinnt Zeit.*** Wenn ich für mich selbst geklärt habe, was mir wichtig ist, kann ich neugierig in den Tag hineingehen, schauen, was er mir bringt – und währenddessen tun, was mir wichtig ist und was mich bereichert.

Der italienische Ökonom *Vilfredo Pareto* (1848–1923) stellte die Formel auf, dass man mit 20 Prozent von dem, was man tut, 80 Prozent der Ergebnisse erzielt. Das heißt: ***Mit nur 20 Prozent Ihrer Arbeit ernten Sie 80 Prozent Erfolg. Und mit 80 Prozent Ihrer Zeit erzielen Sie nur noch 20 Prozent des Ergebnisses.*** Wer klug ist, spart sich diese 80 Prozent und investiert sie in Muße. Das sollte Sie stutzig machen. Tut es? Dann denken Sie einfach mal darüber nach. Sie wissen: Arbeit lässt sich wie Gummi dehnen.

Dazu möchte ich Ihnen die Geschichte vom Taubenwallnister auf der indonesischen Insel Komodo erzählen, dem *Douglas Adams* im Buch »Die letzten ihrer Art« auch auf der Spur war. Der Taubenwallnister sieht aus wie ein Huhn und baut wie viele Vögel ein Nest. Nur tut er das auf eine seltsam anmutende Art. Er hat irgendeinen Programmfehler. Denn er ist Monate damit beschäftigt. Er will sich die Arbeit sparen, sich auf die Eier zu legen und diese auszubrüten. Deshalb gräbt er ein tiefes, breites Loch, schichtet aus Stöckchen und Blättern einen Wall so groß wie ein Gelsenkirchner Schlafzimmer. Unglaublich fleißig. Dann legt er seine Eier rein. Und ist die ganze Brutzeit damit beschäftigt, Blätter hin- und wegscharrend, die Temperatur im Nest kon-stant zu halten. Hätte er schon mal was vom Pareto-Prinzip gehört, dann würde er ein kleines Nest bauen, sich einfach ganz faul auf die Eier legen und sie mit seiner Körperwärme ausbrüten, statt zu schuften.

**Parkticket-No. 23**

**Mit nur 20 Prozent Ihrer Arbeit ernten Sie 80 Prozent Erfolg. Und mit 80 Prozent Ihrer Zeit erzielen Sie nur noch 20 Prozent des Ergebnisses.**

## Champs-Élysées

Tun Sie das künftig einfach auch. Merzen Sie alle Taubenwallnister-Nester in Ihrem Leben aus. Denn mit 20 Prozent der Zeit, die Sie in den Haushalt investieren, erhalten Sie 80 Prozent der Ergebnisse:

- 20 Prozent der Zeitung enthalten 80 Prozent der Nachrichten.
- 20 Prozent der Besprechungszeit bewirken 80 Prozent der Beschlüsse.
- 20 Prozent der Schreibtischarbeit ermöglichen 80 Prozent des Arbeitserfolgs.

Meine Taubenwallnister-Nester sitzen übrigens meist in elektronischen Geräten. Die neue Telefonanlage, mit der man alles, wirklich alles kann, nur nicht telefonieren. Das Softwareprogramm, das mir täglich ein paar Minuten Zeit sparen soll, aber schon beim Installieren 7 Stunden frisst. Der DVD-Rekorder, dessen Manual so dick ist wie ein Telefonbuch, sich aber leider nicht so leicht liest. Darum kaufe ich Geräte, die so wenig Knöpfe wie möglich haben, mit dünner Gebrauchsanleitung, die wie ein Kinderbuch geschrieben sein muss.

**Parkticket-No. 24**

80 Prozent unserer Zeit tragen nur 20 Prozent zu unserem Glück bei.

**Champs-Élysées**

*Richard Koch,* der ein Buch über das 80/20-Prinzip geschrieben hat, drückt das in wenigen Worten aus: »Einige wenige Dinge sind wichtig, die meisten sind es nicht.« Nun ist es Zeit für Sie, sich zurückzulehnen. Was sind bei Ihnen die 20 Prozent und was die 80 Prozent? Die meisten Dinge, die Sie tun, sind pure Zeitverschwendung, sie leisten keinen entscheidenden Beitrag zum Resultat. Schön, wenn Ihnen das Verschwenden Spaß macht – aber das tut es in 80 Prozent der Fälle eben nicht. Denn auch das erkennt das Pareto-Prinzip: ***80 Prozent unserer Zeit tragen nur 20 Prozent zu unserem Glück bei.***

Meist erkennen Sie die wesentlichen Dinge nicht, weil Sie in *Dringlichkeiten* ersticken. Kannst du mal schnell … 80 Prozent der Dinge, die Sie tun, werden von anderen an Sie unter Druck herangetragen. »Wenn wir den Unterschied zwischen dem wenigen Wesentlichen und dem vielen Unwesentlichen in allen Aspekten unseres Lebens erkennen und entsprechend handeln würden, könnten wir alles vermehren, was für uns einen Wert darstellt«, sagt Richard Koch. Alles vermehren – Geld, Liebe, Erfolg, Glück, Zeit für die wirklich wichtigen Dinge im Leben.

**Parkticket-No. 25**

Harte Arbeit führt nur zu mäßigen Ergebnissen. Es kommt nämlich nicht darauf an, dass Sie sich anstrengen, sondern dass Sie das Richtige tun.

**Champs-Élysées**

## *PARETOS STOLPERFALLEN*

- Das meiste, was andere Leute von Ihnen erwarten.
- Dinge, die immer schon so gemacht worden sind.
- Das, was Sie nicht gut beherrschen.
- Das, was Ihnen keinen Spaß macht.
- Tätigkeiten, bei denen Sie ständig unterbrochen werden.
- Dinge, für die sich wenige andere Leute interessieren.
- Alles, was bereits doppelt so lange gedauert hat wie ursprünglich erwartet.
- Jede Beschäftigung, bei der Sie mit unzuverlässigen oder inkompetenten Leuten zusammenarbeiten müssen.
- Dinge, die einen absehbar langwierigen Verlauf nehmen.

Stellen Sie sich ständig die Frage: Was sind die 20 Prozent, die zu den 80 Prozent führen? Die Dinge, die Sie am besten können, mit denen Sie sich auszeichnen, die Ihnen Spaß machen – und mit denen Sie anderen den meisten Nutzen bringen? Da geben Sie Gas. Mit den anderen Dingen besinnen Sie sich lieber auf Ihre faule Haut. ***Harte Arbeit führt nur zu mäßigen Ergebnissen. Es kommt nämlich nicht darauf an, dass Sie sich anstrengen, sondern dass Sie das Richtige tun.*** Kommen Sie zur Ruhe, arbeiten Sie weniger, konzentrieren Sie sich auf die wirklich wichtigen Dinge. Tun Sie nur das Wesentliche. Lassen Sie das 80/20-Prinzip für sich arbeiten. Denn wenn Sie nur 20 Prozent Ihrer Zeit richtig einsetzen, wird es Ihnen an Zeit niemals mehr mangeln und Sie investieren mit 20 Prozent Aufwand in 80 Prozent Erfolg, wenn …

- … Sie mit dem, was Sie tun, Ihrem Lebensziel näherkommen.
- … Sie das schon immer tun wollten.
- … sich etwas bereits nach dem 80/20-Prinzip bewährt hat.
- … innovative Ansätze den Zeitaufwand reduzieren und die Qualität der Ergebnisse steigern. Zum Beispiel neue, gute Software (wenn sie sich nicht schon beim Installieren als Taubenwallnister-Nest herausstellt).

- … andere meinen: Das ist unmöglich.
- … andere damit in anderen Bereichen schon Erfolg gezeigt haben.
- … Sie Ihre Kreativität anwenden.
- … Sie andere mit relativ geringem eigenen Aufwand bewegen können, etwas zu erledigen.
- … Sie mit Menschen zusammenarbeiten, die nach dem 80/20-Prinzip gut funktionieren.

***Werden Sie zum Nein-Sager und konzentrieren Sie sich auf die 20 Prozent Aufwand, die zu 80 Prozent Ertrag führen.***

*NEIN – diese vier Buchstaben sind die effektivste Möglichkeit, sich Freiraum zu schaffen bzw. auf das Wesentliche zu konzentrieren. Nicken zieht Arbeit an. Egal ob Sie Ihrem Partner, Ihren Kindern oder Freunden ständig Gefallen tun oder sich im Job alles aufhalsen lassen. Und das Ja-Sagen zahlt sich nicht einmal aus. Vorgesetzte sehen darin nämlich mangelndes Selbstvertrauen und fehlendes Durchsetzungsvermögen.*

Sagen Sie künftig zu Arbeiten, durch die Sie sich zeitlich oder leistungsmäßig überfordert fühlen, Nein. Im Grunde müssen Sie kein Nein rechtfertigen, Nein heißt Nein. Nur Ihrem Chef sind Sie eine Erklärung schuldig.

Warum soll alles an Ihnen hängen bleiben? Lehnen Sie grundsätzlich alle Gefälligkeiten ab, wenn Sie sich ausgenutzt fühlen oder das Wesentliche aus den Augen verlieren. Oder wenn Ihr Bauch sagt: Das will ich nicht. Üben Sie vor dem Spiegel das Nein-Sagen: klar, unmissverständlich, aber freundlich, mit ernster Nein-Mimik, mit aufrechter Körperhaltung.

## 4.2 Wenn nicht jetzt, wann dann?

Wir schieben alle viel zu viele Dinge vor uns her. Doch auch kleine Aufgaben, die liegen bleiben, sorgen in der Addition dafür, dass wir irgendwann überfordert sind und den Berg von Aufgaben, der sich vor uns türmt, scheinbar nicht mehr bewältigen können. Das gilt für die To-do's im Job ebenso wie für die Bügelwäsche, den Rückruf beim Freund oder die Planung einer Urlaubsreise.

**Parkticket-No. 26**

**Was Sie nicht innerhalb von 72 Stunden in Angriff nehmen, schieben Sie für immer auf die lange Bank.**

**Champs-Élysées**

Machen Sie meinen Leitspruch »*Wenn nicht jetzt, wann dann?*« zu Ihrem. Ganz einfach, indem Sie alle zeitlich überschaubaren Aufgaben direkt erledigen. Erledigtes ist besser als etwas auf einer To-do-Liste Notiertes oder auf einem To-do-Stapel vor sich hin Vegetierendes. Man verschafft sich sofort Erfolgserlebnisse, hat das gute Gefühl, die Kontrolle über den Tag zu haben, und fühlt sich innerlich zufrieden.

## *DIE VORTEILE DER SOFORT-STRATEGIE*

**Zeit sparen:**
Indem Sie eine Aufgabe sofort erledigen, wenn Sie damit konfrontiert werden, erledigen Sie sie schneller, weil Sie ja die Lösung dafür schon im Kopf haben. Sie müssen sich nicht zweimal mit demselben Thema beschäftigen.

**Maß halten:**
Aufgaben wachsen in dem Maße, wie wir sie vor uns herschieben. Sofortige Erledigung sorgt für minimalen Aufwand. Das gilt für die eingehenden E-Mails im Job wie für die Bügelwäsche.

**Nichts vergessen:**
Alles, was Sie sofort erledigen, können Sie nicht vergessen. Sie werden also zuverlässiger.

**Die Übersicht behalten:**
Erledigte Aufgaben können sofort in die Endablage und blockieren weder den Schreibtisch noch den Kopf.

**Den Kopf frei halten:**
Die kleinen Aufgaben wie ein Anruf, eine kurze Rückantwort werden in unserem Kopf zu vielen kleinen Hürden, die uns permanent blockieren. Ersparen Sie sich diese Gedanken-Hürden.

Sie glauben gar nicht, wie einfach es ist, gegen das ewige Aufschieben etwas zu tun. Fangen Sie gleich an. Die Erfahrung lehrt: ***Was Sie nicht innerhalb von 72 Stunden in Angriff nehmen, schieben Sie für immer auf die lange Bank.***

### *Verinnerlichen Sie das Direkt-Prinzip*

*Das bedeutet nicht, wild draufloszuarbeiten, sobald eine Aufgabe auf den Tisch kommt. Direkt heißt, dass Sie es grundsätzlich vermeiden sollten, Arbeiten einfach »wegzuschieben«.*

- Erledigen Sie es *sofort,*
- legen Sie es *sofort* ab,
- planen Sie es *sofort*,
- delegieren Sie es *sofort* oder
- entscheiden Sie *sofort,* wie, wann, von wem es in Angriff genommen werden soll. Im günstigsten Fall schaffen Sie es, dass ein Vorgang nur einmal durch Ihre Hände geht.

Der Weg zum Erfolg führt über Aufschreiben. Denn dann geht nichts verloren und Sie können sich im Zweifel an alles erinnern, beispielsweise wissen Sie immer genau, wann Sie mit jemandem telefoniert haben und was besprochen und vereinbart wurde. Ich habe ein Aufgabenbuch für alles. Das bringt Ordnung und Klarheit in die Selbstorganisation. Ich notiere alles, was sonst auf Zetteln oder To-do-Listen landet oder was ich mir merken will. Sie wollen das auch?

Kaufen Sie sich ein dickes, gebundenes DIN-A5-Buch (oder DIN A4) mit mindestens 100 Seiten, blanko. Nummerieren Sie die Seiten, um zu vermeiden, dass Einträge auf Nimmerwiedersehen verschwinden. Schreiben Sie ab heute alles hinein, was Sie erledigen müssen und was Sie sich merken wollen, zum Beispiel: Telefonate (wann, mit wem, was), Dates, Ideen, Anfragen, Projekte, Bestellungen … Lassen Sie links einen Rand frei für Datum, Nummern, Delegations- und Namenszeichen. Notieren Sie ab heute alles in Ihrem Superbuch, von versprochenen Rückrufen über Ideen zu Projekten bis zum Theaterkarten-Bestellen.

*SO DENKEN DELEGIER-MUFFEL:*

- Meine Mitarbeiter/Kollegen haben nicht genügend Erfahrung.
- Es geht schneller, wenn ich es mache.
- Ich traue es den anderen nicht zu.
- Die anderen haben auch schon viel zu viel am Hals.
- Ich verliere meine Autorität, wenn andere die Aufgabe besser erledigen.
- Ich verliere die Übersicht.
- Mir wird sonst mein Platz streitig gemacht.

***Delegieren ist der Schlüssel zum Erfolg –*** und ist nicht nur etwas für Chefs. Freiberufler, Hausfrauen, Angestellte – jeder kann und sollte delegieren. Denn dafür gibt es viele gute Gründe.

*Delegieren* fördert die Kompetenz, Fähigkeiten und Initiative der anderen. Nicht nur im Betrieb – auch zu Hause. Warum sollte der Mann nicht mal mit einem guten Kochbuch für den Sonntagsbraten sorgen? Was wird er sich stolz fühlen. Delegieren macht Kinder selbstständig. Verantwortung – im rechten Maß – lässt sie aus ihren kleinen Schuhen herauswachsen. ***Delegieren heißt: anderen etwas zutrauen.*** Denn jede erfolgreich erledigte neue Aufgabe lässt das Selbstwertgefühl wachsen. Delegieren fördert auch den, der delegiert. Der kooperative Umgang mit anderen Menschen schleift die soziale Kompetenz. Und Delegieren schenkt mehr Zeit für die Muße, mehr Zeit für die wirklich wichtigen Dinge im Leben.

**Parkticket-No. 27**

Delegieren ist der Schlüssel zum Erfolg.

**Champs-Élysées**

### *Die wichtigsten Regeln für erfolgreiches Delegieren*

- *Übertragen Sie Kompetenz.* Lassen Sie Entscheidungsfreiraum. Nichts bremst die Motivation anderer mehr, als wenn alles haarklein vorgeschrieben ist. Natürlich sollten Sie demjenigen, an den Sie eine Aufgabe delegieren, nicht das Gefühl geben, dass Sie eine anspruchslose Aufgabe abwälzen wollen. Mit ein bisschen emotionaler Intelligenz fällt Ihnen sicherlich ein motivierender Satz ein, der den Reiz der Aufgabe hervorhebt.

> **Parkticket-No. 28**
>
> Delegieren heißt: anderen etwas zutrauen.
>
> Champs-Élysées

- *Übertragen Sie klar abgegrenzte Aufgaben* und lassen Sie den anderen wissen, dass Sie jederzeit offen für Rückfragen sind. Ermutigen Sie den anderen zu eigenen Entscheidungen. Und nehmen Sie Fehler nicht so krumm: Eine verpatzte Aufgabe kann das nächste Mal nur besser werden, fehlende Utensilien sind schnell nachgekauft, ein kurzes Telefonat korrigiert einen falsch vergebenen Auftrag.
- *Übertragen Sie Verantwortung.* Ihr Kollege oder Ihr Mitarbeiter sollte für die Aufgabe geradestehen. Kontrollieren ist gut. Tun Sie es aber nur, wo es dringend notwendig ist. Vertrauen ist besser. Auch andere können das Kind für Sie schaukeln. Bremsen Sie Ihren Perfektionismus. Jeder erledigt Aufgaben auf seine Art und Weise. Und sparen Sie vor allem an einem nicht: am Lob.

> **Parkticket-No. 29**
>
> Stellen Sie sich immer die Frage: Muss ich das tun?
>
> Champs-Élysées

- *Überlegen Sie immer zuerst, was wer besser und schneller erledigen kann* und was Sie – aus welchen Gründen auch immer – nicht selbst tun wollen. Dann sagen Sie genau, was Sie wollen. Es reicht nicht aus, jemanden ohne Liste zum Einkaufen zu schicken, weil danach die Hälfte fehlt. Oder einen Mitarbeiter mit einem Telefonat zu beauftragen, wenn dieser nichts über den Kontext weiß. Eine delegierte Aufgabe führt nur zum Erfolg, wenn Sie präzise kommunizieren.
- *Und was lässt sich delegieren?* Drängende Geschäfte, die aber nicht unbedingt wichtig sind. Terminierte Routineaufgaben und Verwaltungsakte, Telefonate und Konferenzen. Aber auch alle anderen Auf-

gaben, die nicht selbst ausgeführt werden müssen, weil ein anderer sie ebenso gut, billiger oder sogar besser kann. ***Stellen Sie sich immer die Frage: Muss ich das tun?*** Einen Brief zur Post bringen kostet 20 Minuten Zeit – kann das nicht ein anderer billiger? Anstrengende Handwerkertätigkeiten sollte man besser von kräftigen Helfern erledigen lassen. Einkaufen gehen kann ein Schüler aus der Nachbarschaft. Bügeln die Wäscherei. Ein Hightech-Gerät besorgt eine Ich-beschaffe-alles-Agentur. Das spart Ihnen einen ganzen Tag. Der Nachbarsjunge holt für eine Tafel Schokolade das Päckchen von der Post. Die Freundin spielt sicher gern mal Babysitter. Für ein Geschenk rufen Sie einfach im Laden an. Dort wird verpackt, versendet – und Sie müssen nur noch die Überweisung tätigen. ***Was können Sie alles delegieren? Machen Sie eine Liste.*** Sie wird sicher ewig lang.

**Parkticket-No. 30**

Was können Sie alles delegieren? Machen Sie eine Liste.

**Champs-Élysées**

- *Wichtig: Delegieren Sie nicht nur die Termindruck-Aufgaben,* sondern auch solche, die mittel- und langfristig erledigt werden müssen. So können Sie andere Menschen motivieren und fachlich fördern. Und immer, wenn Sie eine zusätzliche Aufgabe bekommen, sollten Sie eine alte delegieren.

***Errechnen Sie den Wert einer Stunde Ihrer Zeit***

*Wie viel kostet Ihre Arbeitszeit, wenn Sie unwichtige Dinge selbst tun?*

Rechnen Sie sich das doch einmal aus: Einen groben Anhaltspunkt gibt Ihnen Ihr Jahresgehalt durch die Anzahl der Arbeitsstunden. So, nun delegieren Sie künftig einfach alles, was andere billiger machen. Alles, was Ihnen hilft, Ihre wertvolle Zeit zu sparen.

Opa
Wer das noch lesen kann, hat gute Augen …
Lilli
sollte sich auch mal ein paar Gedanken machen, was hier auf dem Zettel steht.
Nanny McPhee
• Nachhilfe
• Schule abholen
• Knut in den Schrank
Knut
sollte sich mindestens genauso viele Gedanken machen wie Lilly!

*To-do-Liste*

## Champs-Élysées

**Parkticket-No. 22**
***Wer weiß, was er will, der verzettelt sich nicht in Nebensächlichkeiten, sondern gewinnt Zeit.***

**Parkticket-No. 23**
***Mit nur 20 Prozent Ihrer Arbeit ernten Sie 80 Prozent Erfolg. Und mit 80 Prozent Ihrer Zeit erzielen Sie nur noch 20 Prozent des Ergebnisses.***

**Parkticket-No. 24**
***80 Prozent unserer Zeit tragen nur 20 Prozent zu unserem Glück bei.***

**Parkticket-No. 25**
***Harte Arbeit führt nur zu mäßigen Ergebnissen. Es kommt nämlich nicht darauf an, dass Sie sich anstrengen, sondern dass Sie das Richtige tun.***

**Parkticket-No. 26**
***Was Sie nicht innerhalb von 72 Stunden in Angriff nehmen, schieben Sie für immer auf die lange Bank.***

**Parkticket-No. 27**
***Delegieren ist der Schlüssel zum Erfolg.***

**Parkticket-No. 28**
***Delegieren heißt: anderen etwas zutrauen.***

**Parkticket-No. 29**
***Stellen Sie sich immer die Frage: Muss ich das tun?***

**Parkticket-No. 30**
***Was können Sie alles delegieren? Machen Sie eine Liste.***

*Es ist nie zu spät,*
*das zu werden, was man hätte*
*sein können.*

George Eliot

*Man liebt das,*
*wofür man sich müht,*
*und man müht sich für das,*
*was man liebt.*

Erich Fromm

*Die Dinge sind nie so,*
*wie sie sind. Sie sind immer das,*
*was man aus ihnen macht.*

Jean Anouilh

# 5. MOTIVATION

## 5.1 Was treibt Sie an, was bremst Sie aus?

Die Frage nach dem *Motiv* für eine Handlung kennt so viele Antworten, wie es Menschen gibt. Ein Beispiel: Wer antwortet was auf die Frage **»Warum überquert das Huhn die Straße«**?

| | |
|---|---|
| **Erzieherin:** | Um auf die andere Straßenseite zu kommen. |
| **Platon:** | Für ein bedeutenderes Gut. |
| **Aristoteles:** | Es ist die Natur von Hühnern, Straßen zu überqueren. |
| **Karl Marx:** | Es war historisch unvermeidlich. |
| **Timothy Leary:** | Weil das der einzige Ausflug war, den das Establishment dem Huhn zugestehen wollte. |
| **Saddam Hussein:** | Dies war ein provozierender Akt der Rebellion, und wir hatten jedes Recht, 50 Tonnen Nervengas auf dieses Huhn zu feuern. |
| **Captain James T. Kirk:** | Um dahin zu gehen, wo noch nie zuvor ein Huhn gewesen ist. |
| **Hippokrates:** | Wegen eines Überschusses an Trägheit in seiner Bauchspeicheldrüse. |
| **Louis Farrakhan:** | Sehen Sie, die Straße repräsentiert den schwarzen Mann. Das Huhn »überquerte« ihn, um auf ihm herumzutrampeln und ihn niedrig zu halten. |
| **Martin Luther King:** | Ich sehe eine Welt, in der alle Hühner frei sein werden, Straßen zu überqueren, ohne dass ihre Motive infrage gestellt werden. |
| **Moses:** | Und Gott kam vom Himmel herunter, und Er sprach zu dem Huhn: »Du sollst die Straße überqueren.« Und das Huhn überquerte die Straße, und es gab großes Frohlocken. |
| **Fox Mulder:** | Sie haben das Huhn mit Ihren eigenen Augen die Straße überqueren sehen. Wie viele Hühner müssen noch die Straße überqueren, bevor Sie es glauben? |
| **Sigmund Freud:** | Die Tatsache, dass Sie sich überhaupt mit der Frage beschäftigen, dass das Huhn die Straße überquerte, offenbart Ihre unterschwellige sexuelle Unsicherheit. |

**Bill Gates:** Ich habe gerade das neue »Huhn Office 2000« herausgebracht, das nicht nur die Straße überqueren, sondern auch Eier legen, wichtige Dokumente verwalten und Ihren Kontostand ausgleichen wird.

**E.T.:** Es will nach Hause …

**Oliver Stone:** Die Frage ist nicht: Warum überquerte das Huhn die Straße?, sondern: Wer überquerte die Straße zur gleichen Zeit, den wir in unserer Hast übersehen haben, während wir das Huhn beobachteten?

**Charles Darwin:** Hühner wurden über eine große Zeitspanne von der Natur in der Art ausgewählt, dass sie jetzt genetisch bereit sind, Straßen zu überqueren.

**Albert Einstein:** Ob das Huhn die Straße überquert hat oder ob die Straße sich unter dem Huhn bewegte, hängt von Ihrem Referenzrahmen ab.

**Buddha:** Mit dieser Frage verleugnest du deine eigene Hühnernatur.

**Ralph W. Emerson:** Das Huhn überquerte die Straße nicht, es transzendierte sie.

**Bill Clinton:** Ich war zu keiner Zeit mit diesem Huhn allein.

Kennen Sie die *Motive,* die Sie antreiben? Und auch die Klötze, die Sie am Boden festhalten? Ihre mentalen Gitterstäbe, die Tyrannei des »Ich muss …«?

***Im Gehirn tummeln sich Bremsen, die uns hindern, erfolgreich zu sein, glücklich zu leben. Sie heißen Paradigmen:*** Nein, auf ein Pferd steige ich nicht – ein großes Tier ist stärker als ich, also gefährlich. Nein, ein Buch schreibe ich nicht – ich war schon in der Schule schlecht in Deutsch. Nein, nach Indonesien fahre ich nicht – in den Tropen gibt es zu viele gefährliche Viren. Nein, ich suche mir keinen neuen Job – das Betriebsklima ist zwar eine Katastrophe, aber woanders wird das genauso sein.

**Parkticket-No. 31**

Im Gehirn tummeln sich Bremsen, die uns hindern, erfolgreich zu sein, glücklich zu leben. Sie heißen Paradigmen.

**Penny Lane**

Der *Glaube,* ein großes Tier sei gefährlich, hält davon ab, auf dem Schimmel über die Felder zu galoppieren. Der Glaube, etwas nicht zu können, weil einem Lehrer vor einer Ewigkeit der Aufsatzstil nicht gepasst hat, hält einen ab, als Erwachsener mit vielen gesammelten Erfahrungen einen Bestseller zu schreiben. Der Glaube, die Tropen seien eine Brutstätte für gefährliche Viren, hält einen davon ab, die Welt kennenzulernen. Und der Glaube, dass es komfortabler sei, den ungeliebten Arbeitsplatz zu behalten, kann einen zutiefst unzufrieden machen.

Viele Läufer träumten lange davon, als Erster eine Meile, also 1.609 Meter in weniger als 4 Minuten zu laufen. Es schien unerreichbar. Wissenschaftliche Studien behaupteten sogar, der Luftwiderstand des Menschen sei zu groß, das Austauschvolumen der Lunge zu gering für solch eine Leistung. Nur: Am 6. Mai 1954 lief *Roger Bannister* die Meile in 3 Minuten und 59,4 Sekunden. Noch im selben Jahr verbesserten 37 Läufer den Rekord von Roger Bannister. 1955 konnte ein Athlet bestenfalls auf einem Dorffest mit einer Zeit von mehr als 4 Minuten gewinnen. Weltweit liefen bereits 300 Läufer unter den 4 Minuten.

**Parkticket-No. 32**

So, wie wir ein Problem sehen, *ist* das Problem. Paradigmen bezeichnen individuelle, aber auch kollektive Sichtweisen unserer selbst gezimmerten Realität.

**Penny Lane**

Was war passiert? 4 Minuten waren eine magische Grenze, ein *Glaubenssatz:* »Man kann 1 Meile nicht unter 4 Minuten laufen.« Solche Einstellungen oder Glaubenssätze haben eine große Kraft. Roger Bannister überwand diesen Glaubenssatz – und riss damit eine geistige Mauer ein.

*Paradigmen* sind mentale Modelle, Glaubenssätze, die das Leben steuern. Paradigmen setzen uns eine Brille auf, durch die wir die Welt sehen oder sehen wollen. Ein Paradigma ist wie das Wasser für einen Fisch, in dem er zwar schwimmt, aber das er nur schwer erkennen und beschreiben kann. Paradigmen beschreiben die Art und Weise, wie wir unsere Umwelt wahrnehmen, verstehen, erklären. Sie bestimmen, ob das Glas Wein halb leer oder halb voll ist. ***So, wie wir ein Problem sehen, ist das Problem*** – groß oder klein, lösbar oder nicht. ***Paradigmen bezeichnen individuelle, aber auch kollektive Sichtweisen unserer selbst gezimmerten Realität.***

***Entlarven Sie Ihre inneren Antreiber***

*Wenn wir unsere Antreiber – unsere inneren Bilder und Vorstellungen – falsch nutzen, werden sie zu Bremsen. Nur wenn Sie wissen, nach welchem Muster Sie agieren, können Sie den Fuß von der Bremse des Lebens nehmen und diese Antreiber zu Ihrem Vorteil nutzen. Mit dem folgenden Test finden Sie heraus, warum und wo Sie sich manchmal selbst im Weg stehen.*

So geht's: Beantworten Sie die 50 Fragen so ehrlich und spontan wie möglich! Bewerten Sie anhand der nachfolgenden Skala, in welchem Maße die Aussagen auf Sie in Ihrer Berufswelt zutreffen:

| | 1 2 3 4 5 |
|---|---|
| 1. Wenn ich eine Arbeit mache, dann mache ich sie gründlich. | ☐☐☐☐☐ |
| 2. Ich fühle mich verantwortlich, dass diejenigen, die mit mir zu tun haben, sich wohlfühlen. | ☐☐☐☐☐ |
| 3. Ich bin ständig auf Trab. | ☐☐☐☐☐ |
| 4. Anderen gegenüber zeige ich meine Schwächen nicht gern. | ☐☐☐☐☐ |
| 5. Wenn ich raste, roste ich. | ☐☐☐☐☐ |
| 6. Häufig verwende ich Sätze wie »Es ist schwierig, etwas so genau zu sagen.« | ☐☐☐☐☐ |
| 7. Ich sage oft mehr, als eigentlich nötig ist. | ☐☐☐☐☐ |
| 8. Ich habe Mühe, Leute zu akzeptieren, die nicht genau arbeiten. | ☐☐☐☐☐ |
| 9. Es fällt mir schwer, Gefühle zu zeigen. | ☐☐☐☐☐ |

| | 1 | 2 | 3 | 4 | 5 |
|---|---|---|---|---|---|
| 10. »Nur nicht locker lassen« ist meine Devise. | ☐ | ☐ | ☐ | ☐ | ☐ |
| 11. Wenn ich eine Meinung äußere, begründe ich sie auch. | ☐ | ☐ | ☐ | ☐ | ☐ |
| 12. Wenn ich einen Wunsch habe, erfülle ich ihn mir schnell. | ☐ | ☐ | ☐ | ☐ | ☐ |
| 13. Ich liefere einen Bericht erst ab, wenn ich ihn mehrere Male überarbeitet habe. | ☐ | ☐ | ☐ | ☐ | ☐ |
| 14. Leute, die »herumtrödeln«, regen mich auf. | ☐ | ☐ | ☐ | ☐ | ☐ |
| 15. Es ist mir wichtig, von den anderen akzeptiert zu werden. | ☐ | ☐ | ☐ | ☐ | ☐ |
| 16. Ich habe eine harte Schale, aber einen weichen Kern. | ☐ | ☐ | ☐ | ☐ | ☐ |
| 17. Ich versuche oft herauszufinden, was andere von mir erwarten, um mich danach zu richten. | ☐ | ☐ | ☐ | ☐ | ☐ |
| 18. Leute, die unbekümmert in den Tag hineinleben, kann ich nur schwer verstehen. | ☐ | ☐ | ☐ | ☐ | ☐ |
| 19. Bei Diskussionen unterbreche ich die anderen oft. | ☐ | ☐ | ☐ | ☐ | ☐ |
| 20. Ich löse meine Probleme selber. | ☐ | ☐ | ☐ | ☐ | ☐ |
| 21. Aufgaben erledige ich möglichst rasch. | ☐ | ☐ | ☐ | ☐ | ☐ |
| 22. Im Umgang mit anderen bin ich auf Distanz bedacht. | ☐ | ☐ | ☐ | ☐ | ☐ |
| 23. Ich sollte viele Aufgaben noch besser erledigen. | ☐ | ☐ | ☐ | ☐ | ☐ |
| 24. Ich kümmere mich persönlich auch um nebensächliche Dinge. | ☐ | ☐ | ☐ | ☐ | ☐ |
| 25. Erfolge fallen nicht vom Himmel, ich muss sie hart erarbeiten. | ☐ | ☐ | ☐ | ☐ | ☐ |
| 26. Für dumme Fehler habe ich kein Verständnis. | ☐ | ☐ | ☐ | ☐ | ☐ |
| 27. Ich schätze es, wenn andere auf meine Fragen rasch und bündig antworten. | ☐ | ☐ | ☐ | ☐ | ☐ |

| | 1 2 3 4 5 |
|---|---|
| 28. Es ist mir wichtig, von den anderen zu erfahren, ob ich meine Sache gut gemacht habe. | ☐☐☐☐☐ |
| 29. Wenn ich eine Aufgabe einmal begonnen habe, führe ich sie auch zu Ende. | ☐☐☐☐☐ |
| 30. Ich stelle meine Wünsche und Bedürfnisse zugunsten der Bedürfnisse anderer Personen zurück. | ☐☐☐☐☐ |
| 31. Ich bin anderen gegenüber oft hart, um von ihnen nicht verletzt zu werden. | ☐☐☐☐☐ |
| 32. Ich trommle oft ungeduldig mit den Fingern auf den Tisch (in bin ungeduldig). | ☐☐☐☐☐ |
| 33. Beim Erklären von Sachverhalten verwende ich gerne eine klare Aufzählung: erstens, zweitens, drittens … | ☐☐☐☐☐ |
| 34. Ich glaube, dass die meisten Dinge nicht so einfach sind, wie viele meinen. | ☐☐☐☐☐ |
| 35. Es ist mir unangenehm, andere Leute zu kritisieren. | ☐☐☐☐☐ |
| 36. Bei Diskussionen nicke ich häufig mit dem Kopf. | ☐☐☐☐☐ |
| 37. Ich strenge mich an, meine Ziele zu erreichen. | ☐☐☐☐☐ |
| 38. Mein Gesichtsausdruck ist eher ernst. | ☐☐☐☐☐ |
| 39. Ich bin nervös. | ☐☐☐☐☐ |
| 40. So schnell kann mich nichts erschüttern. | ☐☐☐☐☐ |
| 41. Meine Probleme gehen die anderen nichts an. | ☐☐☐☐☐ |
| 42. Ich sage oft: »Tempo, Tempo, das muss schneller gehen!« | ☐☐☐☐☐ |
| 43. Ich sage oft: »genau«, »exakt«, »klar«, »logisch« u. Ä. | ☐☐☐☐☐ |
| 44. Ich sage oft: »Das verstehe ich nicht …« | ☐☐☐☐☐ |
| 45. Ich sage eher »Können Sie es nicht einmal versuchen?« als »Versuchen Sie es einmal« | ☐☐☐☐☐ |
| 46. Ich bin diplomatisch. | ☐☐☐☐☐ |

1 2 3 4 5

47. Ich versuche, die an mich gestellten Erwartungen zu übertreffen.

48. Ich mache manchmal zwei Tätigkeiten gleichzeitig.

49. »Die Zähne zusammenbeißen« lautet meine Devise.

50. Trotz enormer Anstrengung will mir vieles einfach nicht gelingen.

## *Auswertung*

Übertragen Sie Ihre Zahlenwerte für jede Fragenummer in die folgende Tabelle. Zählen Sie die Zahlenwerte für jeden Antreiber zusammen. Die Kategorien, die bei Ihnen am häufigsten vorkommen, zählen zu Ihren persönlichen Antreibern. Lesen Sie, wie Sie Ihre Antreiber zu Ihrem eigenen Vorteil umfunktionieren können.

| **Antreiber:** | **Fragen:** | | | | | | | | | | **Summe:** |
|---|---|---|---|---|---|---|---|---|---|---|---|
| **Sei perfekt** | 1 | 8 | 11 | 13 | 23 | 24 | 33 | 38 | 43 | 47 | |
| **Mach schnell!** | 3 | 12 | 14 | 19 | 21 | 27 | 32 | 39 | 42 | 48 | |
| **Streng dich an!** | 5 | 6 | 10 | 18 | 25 | 29 | 34 | 37 | 44 | 50 | |
| **Mach es allen recht!** | 2 | 7 | 15 | 17 | 28 | 30 | 35 | 36 | 45 | 46 | |
| **Sei stark!** | 4 | 9 | 16 | 20 | 22 | 26 | 31 | 40 | 41 | 49 | |

**ROT**

**Ab 40 Punkte:** mögliche Gesundheitsgefährdung

**GELB**

**31–39 Punkte:** mögliche Leistungsbeeinträchtigung

**GRÜN**

**Bis 30 Punkte:** leistungsförderlich

### *Der Perfektionist*

Ihr Antreiber: **Sei perfekt!**

**Innerer Glaubenssatz:** »Ich muss alles noch besser machen, es ist nie gut genug.«

Von klein auf mussten Sie Verantwortung übernehmen. Sie lernten auch, dass ein Indianer keinen Schmerz kennt und dass man sich alles im Leben gründlich erarbeiten muss. Sie haben Angst davor, Fehler zu machen, sind gewissenhaft und geben sich erst mit dem besten Ergebnis zufrieden. Lieber überarbeiten Sie ein fertiges Ergebnis dreimal, um auch wirklich 100 Prozent zu erreichen, als sich mit 99 Prozent in der Hälfte der Zeit zufriedenzugeben. Das bringt Ihnen den Ruf eines Erbsenzählers – nicht unbedingt förderlich für Ihre berufliche Karriere und private Beziehungen. Was Sie selbst leisten, erwarten Sie auch von anderen. Bei Fehlern neigen Sie zu überzogener Kritik.

**Transformation:** »Ich darf Fehler machen und aus ihnen lernen. Es können manchmal auch 90 Prozent genügen.«

**Tipp:** Gehen Sie die nächste Aufgabe spontan und ohne Angst vor einem schlechten Ergebnis an. Fürchten Sie sich nicht vor Fehlern und Pannen, sehen Sie diese als Chance, daraus zu lernen. Verabschieden Sie sich vom Perfektionismus.

### *Der Hektiker*

Ihr Antreiber: **Mach schnell!**

**Innerer Glaubenssatz:** »Ich muss schnell sein, sonst werde ich nicht fertig.«

Sie wurden vermutlich in Ihrer Kindheit ständig zur Eile angetrieben. Heute gehören Sie zu den Hektikern, Sie sprechen schnell und antworten schnell, fallen anderen häufig ins Wort. Sie können das Wichtige nicht vom Dringlichen trennen, können schwer Prioritäten setzen und eine Arbeit kaum zu Ende bringen.

**Transformation:** »Ich darf mir Zeit nehmen und auch Pausen machen. Manches darf auch länger dauern.«

**Tipp:** Nehmen Sie sich bewusst Zeit für sich und setzen Sie in allen Lebensbereichen Prioritäten. Streichen Sie die Termine, die Sie Ihren Zielen nicht wirklich näherbringen. Lassen Sie sich bewusst auf intensive Beziehungen mit anderen Menschen ein, denn das ständige Hetzen ist zum guten Teil auch die Angst vor zu viel Nähe.

### *Das Arbeitstier*

Ihr Antreiber: **Streng dich an!**

**Innere Glaubenssätze:** »Ich muss mich immer anstrengen, egal wobei.« »Das Leben ist hart.« »Ohne Fleiß kein Preis.«

Ihnen hat man in die Wiege gelegt, dass Erfolg nur von Schweiß kommt. Sie suchen deshalb immer den umständlichsten, anstrengendsten Weg zum Ziel – nur was wehtut, kann gut sein. Bei allem, was Sie tun, begleitet Sie Ihre Angst, dass andere besser sind. Sie wittern ständig Konkurrenten und Rivalen.

**Transformation:** »Ich kann meine Arbeit auch locker und entspannt tun. Ich muss nicht alles ernst nehmen.«

**Tipp:** Ihre Maxime sollte lauten: »Am Ende zählt nur das Ergebnis.« Arbeiten Sie nicht länger an Ihren Schwächen, sondern nutzen Sie Ihre Stärken, um einfacher zum Ziel zu kommen. Lassen Sie bewusst eine Aufgabe liegen und warten Sie ab, ob dadurch eine Katastrophe eintritt. Lassen Sie sich Ihr Leben nicht länger von anderen oder von Sachzwängen schwer machen.

### *Everybody's Darling*

Ihr Antreiber: **Mach es allen recht!**

**Innerer Glaubenssatz:** »Ich bin dann wertvoll, wenn alle mit mir zufrieden sind. Wenn ich Nein sage, werde ich abgelehnt.«

Sie hatten in Ihrer Familie vermutlich das Gefühl, nicht genug geliebt zu werden. Ihre Strategie war, es allen recht machen zu wollen. Heute zählt für Sie nur, was andere von Ihnen erwarten. Ihre eigenen Bedürfnisse spielen keine Rolle. Sie fühlen sich ständig verantwortlich dafür, wie andere sich fühlen. Sie können nicht Nein sagen.

**Transformation:** »Ich darf meine Bedürfnisse und Standpunkte ernst nehmen. Ich bin okay, auch wenn jemand unzufrieden mit mir ist. Ich darf es auch mir recht machen.«
**Tipp:** Nehmen Sie sich das Recht, einmal schlechte Laune zu zeigen, wenn Sie nicht gut drauf sind. Stehen Sie dazu, wenn Sie bestimmte Menschen nicht besonders mögen. Vertreten Sie klar Ihre Meinung. Arbeiten Sie an Ihrem persönlichen Profil. Wenn Sie jedem gefallen wollen, werden Sie es auf die Dauer niemandem recht machen.

### *Der Kraftprotz*

Ihr Antreiber: **Sei stark!**
**Innerer Glaubenssatz:** »Niemand darf es merken, dass ich schwach, empfindlich oder ratlos bin. Gefühle zeigt man nicht. Gefühle sind ein Zeichen von Schwäche und machen verletzbar. Indianer kennen keinen Schmerz.«
Sie haben das Motto »Ich schaffe es auch allein« mit der Muttermilch aufgesogen. Heute lautet Ihre Devise »Zusammenreißen«, den Helden spielen, bloß keine Gefühle oder Schwächen zeigen. Läuft es nicht so, wie Sie sich das vorstellen, stoßen Sie andere mit Ihrer Direktheit vor den Kopf, ohne es zu wollen. Sie wirken nach außen arrogant, dabei haben Sie unter Ihrer harten Schale einen weichen Kern.
**Transformation:** »Ich darf offen sein für Zuwendung. Ich darf mir Hilfe holen und sie annehmen. Gefühle zu zeigen ist erlaubt und ein Zeichen von Stärke.«
**Tipp:** Sie sollten Ihren Beziehungen mehr Beachtung schenken. Veranstalten Sie doch einfach einmal ein Fest, bei dem Sie Ihren Mitarbeitern und Kollegen Ihre menschliche Seite zeigen. Öffnen Sie sich Menschen, zu denen Sie Vertrauen haben. Entdecken Sie Ihr tiefes Bedürfnis nach Nähe und Unterstützung von anderen. Nutzen Sie Ihre Stärke, um sich für andere einzusetzen.

## 5.2 Instant-Erleuchtung erwünscht?

Paradigmen bestimmen nicht nur unsere Einstellung, sondern auch unser Verhalten – in der Partnerschaft, im Job, im Umgang mit der Zeit. ***Nur eine Veränderung der Denkweise, ein Paradigmenwechsel also, führt zu neuen, tieferen Einsichten und gibt uns die Chance, uns zu entwickeln.*** Ein Paradigmenwechsel kann einen Umdenkungsprozess in Gang setzen: *Wie wollen wir unsere Zeit und damit unser Leben gestalten?* Durch einen Paradigmenwechsel sehen wir Altes in ganz neuem Licht. Durch diese »kleine« Erleuchtung gelingt es uns, unser Verhalten zu ändern und neue Gewohnheiten zu etablieren.

Haben Sie einen *negativen Glaubenssatz* verinnerlicht, zum Beispiel »Sei perfekt!«, dann werden Sie Ihr Leben lang versuchen, sich für Fehler zu rechtfertigen. Oder, noch schlimmer: Sie gehen bestimmte Dinge gar nicht erst an aus Angst, Fehler zu machen.

Ein Beispiel: Eine Aussage wie »Ich habe absolut kein Talent, Sprachen zu lernen« kann ihren Hintergrund haben im Glaubenssatz: »Ich muss perfekt sein.« Dieser Mensch hat sich dazu entschlossen, niemals eine Sprache zu lernen. Seine Rechtfertigung dafür ist sein negativer Glaubenssatz. Nun kauft sich dieser Mensch – ich kenne ihn, es ist eine Sie – eine Finca auf Mallorca. Was passiert? Sie muss reden, weil sie etwas will. Und das tut sie dann auch. Wie ihr der Mund gewachsen ist. Sie sagt zu ihrem Nachbarn: »Viele Geschenke (regalos)« – statt »Grüße« (recuerdos) – »an Ihre Frau.« Er lacht und fragt, was es denn sein soll: »Ein Armreif, ein Pullover ...« Sie sagt: »Ich geh die Pferde essen.« Statt »die Pferde füttern.« Der Nachbar lacht. Und wünscht: »Guten Appetit!« Sie lacht Tränen über ihre Fehler, hat eine Geschichte zu erzählen – und vergisst die verwechselten Vokabeln nie.

**Parkticket-No. 33**

**Nur eine Veränderung der Denkweise, ein Paradigmenwechsel also, führt zu neuen, tieferen Einsichten und gibt uns die Chance, uns zu entwickeln.**

**Penny Lane**

Stellen Sie sich vor, dieser Mensch ändert seine Weltsicht und merkt, dass nicht der eine vom lieben Gott mit Sprachtalent gesegnet und der andere mit dem Fluch des Unverständnisses beladen ist. Beseelt von seinem Ziel, legt er seinen negativen Glaubenssatz ab, sagt sich: »Ich kann, was ich will« – und beherrscht nach kurzer Zeit die Sprache. Ist ein solcher Wechsel des Glaubenssatzes, ein solcher Paradigmenwechsel tatsächlich vollzogen, dann ist es nur sehr schwer möglich, wieder ins alte Paradigma zu verfallen.

**Parkticket-No. 34**

**Sie können negative Glaubenssätze umprogrammieren in positive Glaubenssätze.**

**Penny Lane**

*Glaubenssätze* wurzeln zwar tief, sind fest in unser Unterbewusstsein programmiert. Aber man kann sie löschen. Denn sie sind nicht angeboren, sondern erlernt. ***Sie können negative Glaubenssätze umprogrammieren in positive Glaubenssätze.*** Mit *Anti-Sätzen,* die Sie sich immer sagen, wenn die negativen Antreiber auftauchen. So, wie sich in Ihrer Kindheit aus dem ängstlichen, fürsorglichen und gut gemeinten »Du kannst das noch nicht« Ihrer Mutter der negative Glaubenssatz »Ich kann das sowieso nicht« entwickelt hat, genau so können Sie ihn umprogrammieren: einfach durch Wiederholung.

### Löschen Sie hinderliche Glaubenssätze

*Überschreiben Sie die alte Bremse mit einem neuen Glaubenssatz, indem Sie ihn als positive Affirmation – zum Beispiel: »Ich kann alles, was ich mir fest vornehme« – jeden Morgen vor dem Spiegel zu sich selbst sagen. Und vor allem immer dann, wenn das alte Paradigma auftaucht. Denn Sie wissen ja, dass Fehler die größten Bausteine zum Erfolg sind und dass Sie können, was Sie sich vornehmen. Versuchen Sie es deshalb so oft, bis es Ihnen gelingt. Immer, wenn Ihr Glaubenssatz, der Sie im Leben bremst, auftaucht, setzen Sie ihm einen Anti-Satz entgegen. Brennen Sie die neue Information in Ihre Festplatte Gehirn ein:*

- **Sei perfekt!** Dahinter steckt die Angst, Fehler zu machen, der ständige Zweifel an der Qualität der eigenen Leistung. Gut ist nicht gut genug. Man kann sich über das, was man erreicht hat, nie freuen.

  Der *Anti-Satz:* ***»Auch ich darf Fehler machen. Fehler sind Stufen auf der Leiter zum Erfolg.«***

- **Mach schnell!** Wer von diesem Glaubenssatz angetrieben wird, setzt sich selbst unter Zeitdruck. Hetzt von Termin zu Termin, von Aufgabe zu Aufgabe. Meint, nichts schnell genug lösen zu können.

  Der *Anti-Satz:* ***»Ich nehme mir die Zeit, die ich brauche, sie steht nicht nur anderen, sondern auch mir zu.«***

- **Streng dich an!** Dieser Glaubenssatz treibt dazu an, immer genauer und immer länger zu arbeiten als die anderen. Diese Menschen kennen keine Pausen, arbeiten bis zur Erschöpfung, werden aber doch nie fertig.

  Der *Anti-Satz:* ***»Nur wer loslässt, hat zwei Hände frei.«***

- **Mach es allen recht!** Dieser Glaubenssatz quält Menschen, die nicht Nein sagen können. Sie meinen, nur geliebt zu werden, wenn sie es allen recht machen, nur nicht sich selbst.
  Der *Anti-Satz:* ***»Wenn ich Nein sage, sage ich Ja zu meinen Zielen.«***
- **Sei stark!** Wer diesem Glaubenssatz folgt, zeigt nach außen nicht, wie es in seiner Seele aussieht. Keine Schwäche dringt aus der harten Schale. Einen anderen um Hilfe zu bitten, kommt gar nicht infrage. Delegieren fällt schwer.
  Der *Anti-Satz:* ***»Gefühle zeigen macht sympathisch, um Hilfe bitten auch.«***

## 5.3 Was erlauben Sie sich?

Die NLP-Expertin Prof. Barbara Schott aus Baden-Baden empfiehlt, »neue Anker zu setzen«. In schwierigen Situationen werden positive, kreative Energien aus erfolgreichen, guten Momenten aktiviert. Sie können mit dieser einfachen Technik aufkeimende Angst oder Nervosität in ein positives Gefühl verwandeln. Jedes Bild löst ein Gefühl aus. Und man braucht in schwierigen Situationen ein gutes Gefühl. Dafür holt man sich eine Kompetenz-, eine Erfolgssituation aus der Erinnerungsschublade.

Vor dem geistigen Auge sehen Sie sich in dieser erfolgreichen Situation und durchleben sie noch einmal mit allen Sinnen: Sie riechen, hören, fühlen alles. Das schöne, energiegeladene, kompetente, selbstbewusste Gefühl, das Sie in dieser Situation hatten, können Sie mit einem Gegenstand verknüpfen, zum Beispiel mit einem Talisman. Diesen nehmen Sie mit zum Vortrag, zum Auftritt, zum Bewerbungsgespräch. Vorher üben Sie am besten noch in Gedanken. Begeben Sie sich in die schwierige Situation, fühlen Sie den Talisman und holen Sie das gute Gefühl, das das negative Gefühl, die Angst, die Selbstzweifel dann im Keim erstickt. Das funktioniert, probieren Sie es aus.

Glaubenssätze haben wir meist von den Eltern gelernt. Aber Eltern sind nicht nur dazu da, ihre Kinder negativ zu programmieren. Natürlich nicht. Es gibt unterstützende Botschaften, die *Erlauber*. Sie erlauben uns, die Dinge nach unserem Maß zu tun.

Setzen Sie sich in Ruhe mit Papier und Bleistift hin, und notieren Sie die positiven Botschaften, die *Erlauber*, die Sie von Ihren Eltern mitbekommen haben. Erkennen Sie Ihre Erlauber? Dann nutzen Sie sie zu Ihrem Vorteil aus. Nur die Klarheit über die eigenen Wünsche und Werte führt auch zu den richtigen Zielen und zu einem autonomen Verhalten ohne Fremdsteuerung.

### *DIE WICHTIGSTEN ERLAUBER LAUTEN:*

- **Lass dir Zeit!**
  Wer diese Botschaft angemessen anwendet, ist ausgeglichen, selten gestresst und wirkt auf andere stabilisierend.
- **Sei du selbst!**
  Wer diese Botschaft erhält, lebt authentisch, kann seine Talente entfalten und verspürt nicht den Zwang, sich ständig den Anforderungen der Umwelt anzupassen. Wer sich selbst annimmt und respektiert, kann auf Dauer auch andere respektieren.
- **Mach etwas wirklich, anstatt es nur zu probieren!**
  Wer über diesen Erlauber verfügt, ist in der Lage, Probleme zu Ende zu denken und Aufgaben zu einem erfolgreichen Abschluss zu bringen.

PARKZEIT

60 Minuten

P

### *Seien Sie der Mensch, der Sie gern sein wollen*

*Spüren Sie Ihre* falschen Glaubenssätze *im Gehirn auf und löschen Sie diese. Damit haben Sie die Chance, ein neuer Mensch zu werden – nämlich der, der Sie gern sein wollen. Und so geht's:*

- **Hemmende »Sein«-Aussagen**

Schreiben Sie auf ein großes Blatt Papier, was Sie meinen zu sein, die Charaktereigenschaften, die Ihnen nicht gefallen: zu sparsam, zu sensibel, zu ängstlich … Und nun gehen Sie in Ihrem Leben zurück, Jahr für Jahr. Suchen Sie nach den Erlebnissen, die Sie ängstlich machten. Dann suchen Sie sich in Ihrem Erlebniskino im Kopf Situationen, in denen Sie sich genau anders verhielten, besonders mutig waren, erfolgreich, amüsant. Baden Sie sich in diesem Film und holen Sie ihn immer hoch, wenn eine Situation kommt, in der Sie fürchten, mit Ihren Charaktereigenschaften zu versagen.

- **Fehlende Bezugsgröße**

Wenn Sie sagen »Ich bin nicht talentiert genug«, dann stellen Sie sich sofort die Frage: Nicht talentiert genug für was? In welchem Maße? Das Gleiche gilt für allgemeine Regeln, die Sie sich irgendwann zu eigen gemacht haben. Etwa: »Für alles muss man irgendwann bezahlen.« Welche Ihrer Erfahrungen bestätigt das tatsächlich? Welche Erlebnisse widersprechen dem?

- **Falsche Gefühlsauslöser**

»Ich geniere mich vor Fremden.« Fragen Sie sich sofort: In welchen Situationen ist das so? Aufgrund welcher Erfahrungen? Vor welcher Art von Fremden? Und künftig wird nicht mehr jeder Fremde dieses Gefühl automatisch in Ihnen auslösen.

- **Unklare Zielvisionen**

»Ich möchte bekannt werden.« Das sollten Sie konkretisieren. Sonst entwickelt sich dieses Motiv zum Hemmschuh im Leben. Stellen Sie genau fest: Mit welchen Tätigkeiten? Bei welchen Menschen?

- **Vorgeschobene Hindernisse**

»Ich kann nicht von zu Hause wegziehen, denn meine Mutter ist krank.« Formulieren Sie diesen und alle andere Ich-kann-nicht-Sätze in ein »Wenn-dann« um: »Wenn ich von zu Hause wegziehen würde, dann …« Ja, was geschähe dann? Warum hindern die Leiden Ihrer Mutter Sie, einen eigenen Haushalt zu gründen? Scheinbar unüberwindliche Hindernisse werden klein im Vergleich zu dem, was Sie gewinnen, wenn Sie die Situation tatsächlich ändern.

## 5.4 Sind Sie auf Erfolg programmiert?

Die Amerikaner *Richard Bandler* und *John Grinder* entwickelten in den 1970er-Jahren die erfolgreichste Neuerung der letzten Zeit auf dem Gebiet der Psychotherapie. Der stoische Grundgedanke: ***Unsere Wahrnehmung liefert nur eine Landkarte der äußeren Welt, aber nicht diese Welt selbst*** (»The map is not the country«). Möchte man sein Verhalten erfolgreicher gestalten, beispielsweise in Diskussionen brillieren, andere Menschen mit der eigenen Lebensfreude aufheitern oder sich allein in die Hängematte legen – ohne schlechtes Gewissen –, dann muss man nur sein automatisiertes inneres Programm verändern. Also letztlich seine neuronalen Strukturen im Gehirn umprogrammieren, und zwar mithilfe der Sprache. Daher der Name ihres Verfahrens: **Neuro-Linguistisches Programmieren (NLP).**

Alles, was wir mit unseren Sinnen aufgenommen haben, ist in unserem *Gehirn* irgendwo abgelegt. Manches als Antrieb, als Lust, anderes als Blockade, die Unlust, Frust, Stress auslöst. Ein Beispiel: Findet man den Duft der ersten großen Liebe bei einem anderen wieder, löst das ein wohliges Lustgefühl aus. Wurde man als Kind in den Schrank gesperrt, hat man unter Umständen als Erwachsener noch Angst vor dem Dunkeln. Und auch unser persönlicher Sinn, den wir dem Leben abringen wollen, ist in Programmen im Gehirn codiert. Nur hat ihn ein Computervirus namens »negative Erlebnisse« für uns unzugänglich gemacht, Blockaden gesetzt. NLP geht davon aus, dass jeder von uns alle nötigen inneren Ressourcen besitzt, um seinen Lebenssinn zu entdecken und zu verwirklichen. Und NLP hilft dabei, die Blockaden zu beseitigen.

**Parkticket-No. 35**

**Unsere Wahrnehmung liefert nur eine Landkarte der äußeren Welt, aber nicht diese Welt selbst.**

**Penny Lane**

Der Sinn, den wir unserem Tun verleihen, ist in den sogenannten *Meta-Programmen* des Gehirns verschlüsselt. Das sind die inneren, übergeordneten Richtlinien, die den Rahmen für jede einzelne Entscheidung im Hier und Jetzt vorgeben. Sie bestimmen, welche Ziele man sich setzt, welche Entschlüsse man fasst, wie man handelt. Solch ein Meta-Programm kann heißen: »Ich möchte anderen helfen.« Und es führt dann dazu, dass man den Beruf des Arztes ergreift. Es kann lauten: Ich will eine Fußballmannschaft. Oder: Ich will Kinder auf die Welt bringen. Nun kann eine Blockade auf dem Weg zum Ziel »Sinn« im Gehirn programmiert sein. Die heißt: »Ich muss perfekt sein.« Der Medizinstudent setzt bei der ersten Obduktion einen verkehrten Schnitt. Denkt sich: Himmel, wenn der gelebt hätte! – und hängt sein Ziel an den Nagel. Die Mutter gibt nach dem ersten Kind auf, weil der Alltag alles andere als perfekt läuft, wenn ein kleines Lebewesen Wirbel hineinbringt.

**Parkticket-No. 36**

**Es gibt keine Probleme, es gibt nur Lösungen.**

**Penny Lane**

Diese Blockaden wie »Ich muss perfekt sein« oder »Ich kann das nicht« können in der Kindheit programmiert worden sein. Man kann sich aber auch im Laufe des Lebens immer wieder einen Virus holen.

Hat etwa ein Angestellter in einer harten Auseinandersetzung mit dem Chef den Kürzeren gezogen und ist für seine Aufsässigkeit bestraft worden, indem der Chef ihn bei der nächsten Beförderungsrunde überging, entwickelt er unter Umständen das Meta-Programm »Nie mehr widersprechen«. Damit verliert er alle Chancen, jemals seine Interessen durchzusetzen.

Entscheidend sind die *Glaubenssätze.* Sie sagen, was ein Mensch für wahr hält. Der Angestellte wird sich nur dann auf Erfolg umpolen, wenn er die Überzeugung gewinnt, dass Kooperation besser ist als Konfrontation. Mit der Methode des NLP fragt sich der Angestellte, was er erreichen möchte, und leitet passende Verhaltensstrategien ab, um auf anderem Wege als durch einen aussichtslosen Kampf mit seinem Chef seine Ziele zu erreichen. Zum Beispiel: den Chef bei seinen Interessen packen und ihn zum Verbündeten der eigenen Ziele machen. So wird aus dem »Er-oder-ich-Programm« ein konstruktives »Wir-gemeinsam-Programm«. Der Medizinstudent könnte sich denken: Ich muss ja nicht Chirurg werden. Die Mutter kann mit zwei Kindern glücklich werden.

Das NLP bedient sich einer Vielzahl von Methoden, die sich bereits in anderen Therapieformen bewährt haben, um unsinnige Glaubenssätze in sinnvolle zu verwandeln und so das Verhalten zu optimieren:

• **Re-Imprinting** (Neu einprägen): Ein negatives Ereignis von früher wird gelöscht und durch neue, bessere Erfahrungen ersetzt. Erst einmal aufspüren: Welches böse Erlebnis der Vergangenheit löst heute Hemmungen und Ängste aus? Zum Beispiel: Redeangst. War es das verpatzte Gedichtvorsagen beim übermächtigen Vater, der sagte: »Ich wusste schon, dass du das nicht kannst«? Die damalige Situation wird

in ihren besonderen Umständen analysiert. Was hat den ungünstigen Ausgang ausgelöst? (Stirnrunzeln des Vaters.) Was ist heute anders? (Der Vater ist nicht da.) Was könnte das verschreckte Opfer anders machen als damals, um sich ein Erfolgserlebnis zu sichern? (Sich klarmachen: Ich rede nicht vor meinem Vater; ich kann das, denn ich muss nicht perfekt sein. Sich gut vorbereiten.) Nach diesen Vorüberlegungen und eventuell einem Verhaltenstraining begibt man sich gut vorbereitet in eine vergleichbare Situation. Zwei, drei positive Erfahrungen genügen in aller Regel, um das bisherige Vermeidungsverhalten zu »löschen«.

• **Chunking** (Teilstücke bilden). Sie fragen sich: Warum mache ich das überhaupt? Warum bin ich in meiner Familie Mädchen für alles? Dann sollten Sie Teilziele bilden. Und diese einzeln angehen. Zum Beispiel: »Ich möchte es einfach sauber haben, deswegen putze ich für alle. Ich will, dass mein Mann abends gute Laune hat, deswegen koche ich. Ich will, dass mein Sohn Flöte lernt, deswegen fahre ich ihn zum Unterricht.« Für jedes

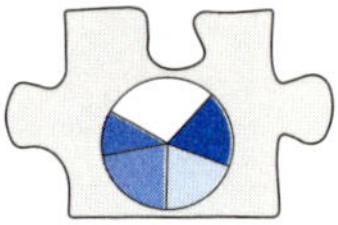

dieser Teilziele überlegen Sie sich, ob nicht ein anderer die Aufgabe übernehmen könnte. Oder ob das Ziel Ihnen wirklich wichtig ist (»Soll er doch schlechte Laune haben, ich gehe mit einer Freundin ins Kino …«).

• **Modelling:** Gibt es Vorbilder, die ähnliche Probleme schon einmal

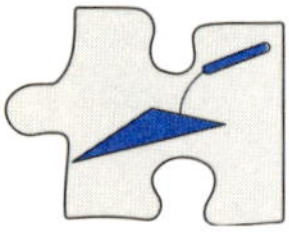

erfolgreich gelöst haben? Das NLP empfiehlt nicht die Imitation eines Lehrmeisters, sondern vielmehr, seine Strategien zu entdecken und sie auf die eigene Situation anzuwenden.

• **Sorting:** Die meisten Menschen verfolgen widersprüchliche Vorgaben zur gleichen Zeit. Ihre Ziele stehen einander im Wege. Um das Gemisch aus Glaubenssätzen aufzudröseln, formuliert man jede einzelne Überzeugung getrennt und nacheinander. Wer gerne großzügig und sparsam zugleich sein möchte, lässt diese beiden Teilcharaktere einen fiktiven Dialog führen. Einmal spricht er als Geizhals, der jeden Cent dreimal umdreht, ein andermal als generöser Gönner, der 100-Euro-Scheine verteilt. Er lässt jeden Teilcharakter über seine Wünsche und seine Befürchtungen sprechen und gewinnt so Klarheit über ihre verschiedenen Motive.

***Es gibt keine Probleme, es gibt nur Lösungen.*** Deshalb sollte Sie nichts so schnell aus dem Gleichgewicht bringen. Leider spielt Ihr Unterbewusstsein da nicht mit. Es hat eine ganz schlechte Angewohnheit: Es schickt Ihnen ständig nagende Gedanken. Erzählt Ihnen von allem, was Sie nicht geschafft haben. Die Folge: Das Selbstwertgefühl sinkt. Nun gibt es ganz einfache Möglichkeiten, das *(Unter-)Bewusstsein* in andere Bahnen zu lenken, in positive, die Ihr Selbstwertgefühl heben, die Sie motivieren, Ihre Energie einzusetzen für ein erfülltes, glückliches, ausbalanciertes Leben.

**Parkticket-No. 37**

**Feiern Sie Ihre Erfolge – jetzt gleich, mit sich selbst.**

**Penny Lane**

Falls Sie sie noch nicht kennen: Schreibend entdecken Sie Ihre *Motivationsknöpfe!* Wenn Sie das Tagebuch mit Ihren »Diamanten« konsequent führen, stabilisiert das Ihr Selbstwertgefühl und Sie motivieren sich Tag für Tag neu. Der einfachste Weg, sein Selbstbewusstsein zu stärken: Tue Gutes und erinnere dich daran. Schreiben Sie auf, was Sie gut an sich finden. Fischen Sie im trüben See Ihres Unterbewusstseins nach allem, worauf Sie stolz sind. Loben Sie sich.

***Feiern Sie Ihre Erfolge – jetzt gleich, mit sich selbst.*** Und lesen Sie das immer mal wieder nach. Richten Sie immer wieder Ihre Aufmerksamkeit auf das, was Sie in der Vergangenheit tatsächlich erreicht haben. Dann wird Ihnen Ihre innere Kraft bewusst. Sie können nämlich Wünsche, Ideen, Konzepte verwirklichen. Tun Sie das nun jeden Tag. Schreiben Sie sich jeden Abend Ihre Tageserfolge auf. Und feiern Sie jeden einzelnen. Glauben Sie mir: Nichts motiviert mehr.

### *Führen Sie ein Erfolgstagebuch*

*Nehmen Sie ein Heft, nennen Sie es »Erfolgsjournal« und schreiben Sie im Laufe des Tages alles hinein, was Ihnen gut gelungen ist. Es sollten täglich fünf bis zehn Dinge sein. Stellen Sie sich dabei folgende Fragen:*

- Was habe ich heute besonders gut gemacht?
- Welche kleinen oder großen Erfolge habe ich zu verzeichnen?
- Über welches Lob und welche Komplimente habe ich mich besonders gefreut?
- Wem habe ich heute Gutes getan?
- Wem habe ich Zeit geschenkt?
- Was hat mich heute erfreut?
- Welches Ziel habe ich erreicht?

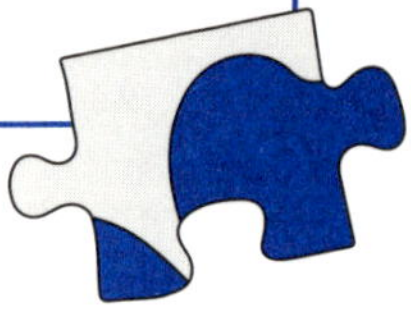

# Penny Lane

**Parkticket-No. 31**
*Im Gehirn tummeln sich Bremsen, die uns hindern, erfolgreich zu sein, glücklich zu leben. Sie heißen Paradigmen.*

**Parkticket-No. 32**
*So, wie wir ein Problem sehen, ist das Problem. Paradigmen bezeichnen individuelle, aber auch kollektive Sichtweisen unserer selbst gezimmerten Realität.*

**Parkticket-No. 33**
*Nur eine Veränderung der Denkweise, ein Paradigmenwechsel also, führt zu neuen, tieferen Einsichten und gibt uns die Chance, uns zu entwickeln.*

**Parkticket-No. 34**
*Sie können negative Glaubenssätze umprogrammieren in positive Glaubenssätze.*

**Parkticket-No. 35**
*Unsere Wahrnehmung liefert nur eine Landkarte der äußeren Welt, aber nicht diese Welt selbst.*

**Parkticket-No. 36**
*Es gibt keine Probleme, es gibt nur Lösungen.*

**Parkticket-No. 37**
*Feiern Sie Ihre Erfolge –
jetzt gleich, mit sich selbst.*

***Bei den meisten Menschen***
***ist die Ruhe nichts als Erstarrung und***
***die Bewegung nichts als Raserei.***

Epikur

***Der moderne Mensch wird in einem***
***Tätigkeitstaumel gehalten,***
***damit er nicht zum Nachdenken über***
***den Sinn seines Lebens und der Welt***
***kommt.***

Albert Schweitzer

***Ein voller Terminkalender***
***ist noch lange kein erfülltes Leben.***

Kurt Tucholsky

Fazit: Es liegt in Ihrer Hand …

# 6. LIFE-BALANCE

## 6.1 Was ist in Ihrem Leben wichtig?

Viele Menschen haben Erfolg im Beruf, doch beim Versuch, ein erfülltes Leben zu führen, scheitern sie. Sie hetzen von Termin zu Termin, sprinten auf der Karriereleiter nach oben, häufen um sich Wohlstand an. Und haben trotzdem irgendwann das Gefühl: Das Leben streicht an mir vorbei. Eines Tages sehen sie dann ein Kind über einen Käfer gebeugt vor Freude in die Hände klatschen. Und plötzlich ist der Porsche vor dem Haus nichts mehr wert. Man weiß tief innen: Das Leben funktioniert zwar irgendwie, aber erfüllt ist es nicht. Kein Wunder: Diesen Menschen fehlt die *Kunst der Life-Balance*. Der Lebensbereich »Arbeit und Leistung« hat absolute Priorität. Die anderen Bereiche »Körper und Gesundheit«, »Familie und Beziehungen« und »Sinn« verkümmern. Der Bauch ist fett, die Seele leer, man steuert auf den Burn-out zu, entfremdet sich wortkarg vom Partner und zeitlos vom Freundeskreis. Mancher wacht auf der Intensivstation auf. Und weiß, vielleicht sogar, weil er »das Licht« gesehen hat:

Nun ist es höchste Zeit,
etwas zu ändern.

Wie oft stellen Sie sich die Frage: Was ist für mich wichtig in meinem Leben? Auf diese Frage können Sie sich nur selbst eine Antwort geben. Sie finden sie in keinem Ratgeber. Manchen Menschen sind alle vier Bereiche gleichermaßen wichtig: Körper, Beziehungen, Sinn und Arbeit. Sie kreisen ausgeglichen durch das Leben. Andere leben nur für ihre Beziehung, nur für die Fitness oder nur für den Sinn, den sie in einer karitativen Beschäftigung finden.

### *Testen Sie, wie es um Ihre Lebensbereiche steht*

*Nehmen Sie sich nun ein paar Minuten und machen Sie den folgenden Test: Betrachten Sie einen Moment lang in Ruhe das Schaubild. Dann überlegen Sie, welche Bereiche zurzeit in Ihrem Leben besonders wichtig sind. Wenn Sie den »Kuchen« selbst aufteilen sollten: Wie groß wären die vier Stücke? Welche prozentualen Anteile würden Sie gerade jetzt den einzelnen Bereichen zuordnen?*

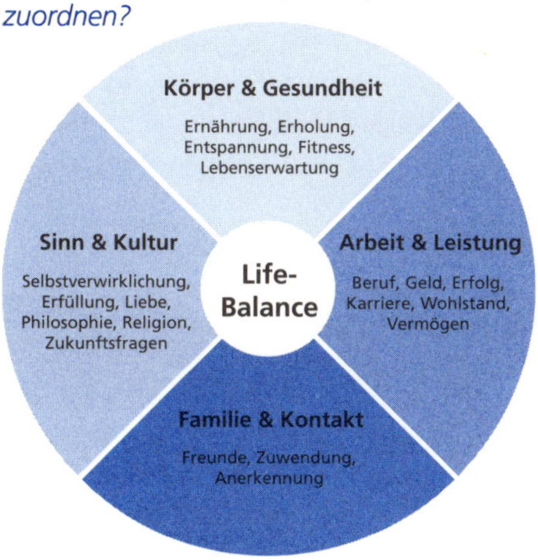


*Balance-Modell: Peseschkian/Seiwert, in Zusammenarbeit mit der Wiesbadener Akademie für Psychotherapie, www.wiap.de*

- **Arbeit & Leistung** . . . . . . . %
- **Familie & Kontakt** . . . . . . . %
- **Sinn & Kultur** . . . . . . . %
- **Körper & Gesundheit** . . . . . . . %

Zeichnen Sie nun einen Kreis und teilen Sie ihn in Ihre »Kuchenstücke« auf. Wahrscheinlich nimmt bei Ihnen, wie bei 80 Prozent der Menschen, der Bereich Arbeit den größten Raum ein. Nutzen Sie die »Lebenskuchen«-Grafik in regelmäßigen Abständen – immer dann, wenn Sie die Balance Ihrer Lebensbereiche überprüfen und sich darüber eine Rückmeldung geben möchten.

## 6.2 Wie viel Zeit verbringen Sie mit Arbeit?

Wir richten uns ein in einem Gefängnis der Termine und Pflichten. Der Job strukturiert den Tag, die Woche, das Jahr. Und obwohl wir mehr Freizeit haben denn je, kennen wir keine Frei-Zeit. Wir kennen *Arbeitsmoral.* Das kennt die Natur nicht. ***Arbeitsmoral ist ein Zwang, den der Mensch geschaffen hat und an den sich die meisten gewöhnt haben.*** Neben der Erwerbstätigkeit gibt es das eigentliche Leben, und das kommt zu kurz. Freizeit – die von der Arbeit freie Zeit – wird zur Aktivzeit. Die Zeit frei von Aktivitäten, frei von Verpflichtungen existiert nicht mehr. Der Aktenkoffer kommt mit in den Feierabend, für die Fitness macht man einen Termin genauso wie für die Seele, für die Sinne, für das Glück. Das Wochenende ist bis zur letzten Stunde verplant. Die Urlaubszeit vertreibt das gebuchte Abenteuer oder der Animateur.

Die Folgen: Uns ist alles zu viel. Machen Körper und Seele nicht mit, erkranken wir an Burn-out, der totalen Erschöpfung, oder an *Hurry-Sickness,* der Hetzkrankheit, Endstation: Herzinfarkt.

Unser Gefängnis heißt »organisierte Betriebsamkeit« und der Wärter: Leistungsdenken. Was denkt der Partner, der Nachbar, der Kollege, der Chef? Was liegt auf dem Konto? Und darauf bauen viele ihr Selbstwertgefühl. Emsig wie die Ameisen sind wir damit beschäftigt, die Dinge richtig zu tun, statt die richtigen Dinge zu tun – oder zu lassen. Schließlich haben wir es als Kind schon gelernt: »Häng nicht rum, gammel nicht, sei nicht so faul. Beschäftige dich.« Und irgendwann – das ist mit Drogen so – wird die Beschäftigung zur Sucht.

**Parkticket-No. 38**

Arbeitsmoral ist ein Zwang, den der Mensch geschaffen hat und an den sich die meisten gewöhnt haben.

**Drosselgasse**

Dabei ist der Weg zum Erfolg in greifbarer Nähe – mit der richtigen Strategie. Es gibt Gesetzmäßigkeiten, die für soziale Systeme, Unternehmen und Einzelpersonen gleichermaßen gelten und die Basis für Glück und Erfolg darstellen. Die folgenden Grundprinzipien sind angelehnt an das Konzept der **Engpass-Konzentrierten Strategie (EKS)** von *Wolfgang Mewes.*

• **Konzentration:** Es geht viel Energie verloren, wenn wir uns für zu viele Dinge gleichzeitig engagieren – oder besser: verzetteln. In Vorträgen demonstriere ich das folgendermaßen: Ich hole einen kräftig gebauten Teilnehmer nach vorn, der ein Stück Holz mit einem Hammer teilen soll. Geht nicht. Unmöglich. Der Teilnehmer haut mit großem Karacho auf das Holz – und die gesamte Kraft und Energie verpufft. Die Erfolgsstrategie heißt: Kräfte wirkungsvoll einsetzen. Dann hole ich eine zarte Teilnehmerin nach vorn, der ich ein Beil in die Hand drücke. Und siehe da, sie spaltet das Holz mühelos. Obwohl sie weniger Kräfte zur Verfügung hat, erzielt sie eine größere Wirkung, weil die Form der Axt ihre Kräfte konzentriert. Dieses Prinzip gilt universell für alle Bereiche des Lebens. Wenn wir unsere *Kräfte spitz konzentrieren,* statt uns breit zu verzetteln, überwinden wir Widerstände einfacher und erzielen mit dem, was wir tun, eine größere Wirkung. Und das geht ganz einfach: ***Besinnen Sie sich auf Ihre Stärken.***

• **Spezialisierung:** Hat man seine *Kernkompetenzen* erkannt und definiert, sollte man diese einsetzen und vorantreiben. Der Chirurg, der sich auf Herzen spezialisiert hat, sollte sich nicht auch noch Facelifting zum Fachgebiet machen. Der Autor, der Sachbuch-Bestseller schreibt, tut sich und anderen mit einem Roman selten etwas Gutes. Der Werbeagentur, die sich auf Banken spezialisiert hat, fehlt die Kompetenz für Mode. Die Sekretärin, die vier Fremdsprachen beherrscht, muss nicht auch noch die Buchhaltung übernehmen. Statt in die Breite zu gehen, sollte man seine Kernkompetenz

vorantreiben. Und auch die Kollegen und den Arbeitgeber davon überzeugen. Was man kann, festigt sich durch Wiederholung, und man wird immer besser. Man wird zum *Spezialisten.* Und die sind immer gefragt.

• **Nutzen:** Die Evolution hat gezeigt, dass der Mensch am erfolgreichsten und glücklichsten ist, wenn er es verstanden hat, mit seiner Umwelt in bestmöglicher Harmonie zu leben. *Nicht konkurrieren, sondern kooperieren.* Und das heißt, sich darauf zu konzentrieren, anderen – das können der Kunde sein, die Kinder, der Partner, der Chef, die Kollegen – den größten Nutzen zu bieten. Das nennt man altruistisches Denken statt egozentrisches Denken. Fragen Sie sich nicht länger: Was will ich? Sondern: Wo nützt das, was ich tue (mir Spaß macht, ich kann), anderen am meisten? Wenn Sie mehr *Nutzen bieten,* als Ihre Umwelt von Ihnen erwartet oder von anderen bekommen kann, kommt das wieder zu Ihnen zurück – in Form von Erfolg. Langfristig erfolgreiche Unternehmen haben stets alles darangesetzt, ihren Kunden den optimalen Nutzen zu bieten. *Henry Ford* stellte beispielsweise fest, dass es in den USA aufgrund der riesigen Entfernungen einen großen Bedarf an Automobilen gab. Allerdings konnten sich die meisten Menschen den Kauf der teuren Fahrzeuge nicht leisten, geschweige denn Reparaturen. Er entwickelte daraufhin das bekannte Modell T, das sowohl preiswert als auch robust und von jedem selbst zu reparieren war.

**Parkticket-No. 39**

Besinnen Sie sich auf Ihre Stärken.

**Drosselgasse**

• **Nische:** Der Naturforscher *Justus von Liebig* entdeckte, dass eine Pflanze vier Elemente zum Wachstum benötigt. Fehlt nur eines, wächst sie nicht weiter – selbst dann nicht, wenn alle anderen Faktoren im Überfluss vorhanden sind. Erst wenn man ihr das fehlende Element wieder zuführt, wächst die Pflanze. Auf dieses Element, diese Nische, gilt es, sich im

Leben, in der Arbeit konzentrieren. Einen *Engpass suchen,* etwas tun, was möglichst noch nicht besetzt ist. ***Nicht das tun, was alle anderen auch schon tun.***

Wo kann ich mich von anderen deutlich unterscheiden? Mit meinen Sprachkenntnissen, mit meiner Fingerfertigkeit, mit meiner Fähigkeit zu schreiben, fröhlich zu kommunizieren oder zu konzipieren, mit einer genialen Idee ... Tun Sie das nämlich nicht, wird Ihre Leistung nur über den Preis definiert. Gibt es viele Systemprogrammierer, nimmt man eben den billigsten. Suchen Sie Ihre Marktnische, diesen Engpass bei Ihrem Kunden, Ihrer Firma, Ihrem Chef ... Und helfen Sie ihm beim Wachsen. Das ist Ihr Weg zum Erfolg.

**Parkticket-No. 40**

Nicht das tun, was alle anderen auch schon tun.

**Drosselgasse**

***Fokussieren Sie sich auf Ihre Stärken***

*Jeder Mensch hat ein Lebenszeitkonto. Machen Sie sich jetzt gleich 30 Minuten lang Gedanken darüber, ob und mit was Sie Ihre Lebenszeit hektisch verprassen und für was Sie sie sinnvoll investieren. Das tun Sie am einfachsten, indem Sie sich zwei Fragen stellen:*

- **Tue ich etwas gern?**
- **Mache ich es gut?**

Wenn Sie etwas nicht gern und auch nicht gut tun, ist es doch intelligenter und strategisch sinnvoller, es aus Ihrem Leben zu verbannen bzw. an andere zu delegieren. Denn in der Zeit, die Sie dadurch gewinnen, können Sie etwas tun, das Sie können, das Euros bringt – und Spaß macht.

## 6.3 Folgen Sie dem Takt Ihrer inneren Uhr?

Und leben Sie auch danach? Das ist die Voraussetzung für Erfolg, Glück, Gesundheit und ein langes Leben. Wenn Sie also Zeit in Ihren Körper investieren, dann vermehren Sie Ihr Lebenszeitkapital.

Der Körper ist endlich. Wir alle haben unser Mindesthaltbarkeitsdatum – codiert in den Genen als maximale Lebensspanne. Während die Schildkröte 180 Jahre Zeit auf dieser Erde hat, steht unsere Lebensuhr auf 120 – im besten Fall. Wer gut mit dem Körper umgeht, kann mit ein wenig Glück das Verfallsdatum auf diese biologische Zeitspanne ausdehnen. Wenn wir uns den künstlich beschleunigten Rhythmen entziehen und uns auf unseren eigenen Takt besinnen. Wenn wir den Wecker aus dem Schlafzimmer verbannen, den Chef vom Sinn der Gleitzeit überzeugen, der Hektik Pausen entgegensetzen – und auf unsere innere Uhr hören.

Es gab eine Zeit, in der keine Sekunden existierten. Keine Minuten, keine Stunden, keine Uhr. In dieser Zeit fand der Mensch die Zeit einzig in der Natur. Im Auf- und Untergehen der Sonne, im Blühen und Verblühen der Pflanzen. Im Wechsel der Gestirne, in den natürlichen Zyklen. Millionen Jahre verlief das Leben rhythmisch mit der Natur. Die Natur hat immer noch ihre Zeit und jeder Mensch eine innere Uhr, nur stülpt man ihr eine Handfessel über.

Der Hahn kräht, die Sonne blinzelt durchs Fenster und lädt ein, mit ihr den Tag zu verbringen. Und wenige Stunden nachdem die Sonne sich verabschiedet hat, schlüpft man müde in die Federn. So mag es unsere innere Uhr, im Fachjargon Suprachiasmatischer Nucleus (SCN) genannt. Das sind zwei stecknadelkopfgroße Nervenbündel im Gehirn. Unserer *inneren Uhr* gefällt es, täglich vom Licht aufgezogen zu werden. Und für einen regelmäßigen Tagesablauf bedankt sie sich, indem sie Körper und Seele im Takt hält.

Wie sie das macht? Indem unser SCN die inneren Rhythmen steuert: Körpertemperatur, Blutdruck, Sehschärfe, Hormon- und Spermienproduktion, Gehirnwellen. Alle Funktionen unseres Körpers haben dadurch ihren Zeitpunkt.

**Parkticket-No. 41**

**Wer im Einklang mit seinen inneren Rhythmen lebt, erntet Wohlbefinden, Lebensfreude und Erfolg.**

**Drosselgasse**

Die innere Uhr reguliert, ob wir schlafen oder wachen, aktiv sind oder träge, der Geist kreativ oder die Muskeln fit. Ja, sie sagt, ob wir besonders schmerzempfindlich sind – oder ob eine halbe Aspirin-Tablette reicht. Die innere Uhr diktiert unsere Bedürfnisse in Bezug auf die Stunden, den Tag, das Jahr, das Leben. Sogar der Tod hat seine Lieblingszeit.

»Wir schätzen, dass jede unserer 70 Billionen Zellen einen eigenen Rhythmus hat«, so Prof. Dr. *Jürgen Zulley,* Regensburg. Und diesen Rhythmen, codiert in den Genen, sind die Chronobiologen (chronos = altgriechisch für Zeit) weltweit auf der Spur. »Jedes Ding hat seine Zeit«, stand schon in der Bibel; wissenschaftlich beschäftigt man sich mit den Zeitplänen des Körpers erst seit etwa 100 Jahren. Die Ergebnisse sind vielversprechend: ***Wer im Einklang mit seinen inneren Rhythmen lebt, erntet Wohlbefinden, Lebensfreude und Erfolg.***

Das winzige Nervenbündel namens SCN wird in unserer *Non-Stop-Gesellschaft* gebeutelt. Von wegen krähender Hahn, von wegen Sonne, von wegen Regelmäßigkeit. Wir leben und arbeiten in Betonhöhlen, künstliches Licht macht die Nacht zum Tag, der Wecker klingelt gegen die Natur des Menschen an. Das Wochenende bringt unseren zeitlich straff organisierten Alltag aus dem Takt. Montagmorgens präsentiert uns der Körper die Quittung dafür: Müdigkeit, schlechte Konzentration, null Bock.

## *SO TICKT IHRE INNERE TAGESUHR*

Die folgenden Zeitangaben gelten für die Mehrheit von uns. Langschläfer addieren ein bis zwei Stunden, ausgesprochene Frühaufsteher ziehen eine Stunde ab.

**6 bis 8 Uhr: In die Gänge kommen**

Sobald der Morgen dämmert, Licht in unsere Augen dringt, wird die Produktion des Gutenacht-Hormons Melatonin gedrosselt. Herzschlag, Blutdruck und Adrenalinspiegel steigen an. Und katapultieren den Morgentyp aus den Federn. In dieser Zeit ist das Risiko höher, einen Schlaganfall oder Herzinfarkt zu erleiden, weil das Blut noch dickflüssig ist und die Gefäße eng sind.

**8 bis 10 Uhr: Nur kein Stress**

Der Geist wacht langsam auf. Bestimmte Medikamente und Alkohol wirken drei- bis fünfmal so stark wie abends. Um diese Zeit ist die Körperabwehr geschwächt. Und die Schmerzempfindlichkeit am höchsten. Wenn Sie nun schon in der Arbeit sitzen, dann erledigen Sie erst Aufgaben, die nicht Ihre ganze Geisteskraft verlangen.

**10 bis 12 Uhr: Hochzeit für das Gehirn**

Die Leistungsfähigkeit erreicht zwischen 10 und 11 Uhr das Maximum, hält sich eine Weile und beginnt ab halb 12 langsam abzuflauen. Zu keiner Zeit des Tages arbeitet das Kurzzeitgedächtnis so gut. Die Gute-Laune-Hormone sind aktiv, die Kreativität sprudelt. Die stimulierenden Nervenbotenstoffe Dopamin und Noradrenalin optimieren Konzentrationsfähigkeit und Kreativität. Knacken Sie komplizierte theoretische Probleme in den späten Vormittagsstunden, melden Sie sich für diese Zeit zu Prüfungen an. Der späte Vormittag eignet sich auch gut für Fitness – falls Ihr Arbeitsalltag das zulässt. Wichtig, um die Leistungskapazität voll auszuschöpfen: Nach 1 ½ Stunden eine kleine Pause einlegen und dann noch mal 90 Minuten arbeiten.

**12 bis 15 Uhr: Zeit für eine Pause**

Die Leistungskurve fällt stark ab. Der Körper braucht nun Energie – in Form von leichter Nahrung und einer kleinen Pause. Um 12 Uhr meldet sich Hunger. Um 13 Uhr geht es mit der Leistungsfähigkeit in die Mittagssenke, die Produktion der Magensäure läuft auf Hochtouren. Und um 14 Uhr steht unsere innere Uhr auf Abtauchen zu einem kleinen Mittagsschlaf von 15 bis 30 Minuten. Oder gehen Sie ins Fitnessstudio: Unsere Muskeln sind um 13.30 Uhr am leistungsfähigsten. Falls Sie nur eine kurze Pause haben und weiterarbeiten müssen: Legen Sie sich in diese Zeit Routineaufgaben wie Post und Telefonate und erledigen Sie diese ohne Hast. Von 13 bis 14 Uhr ist die Geisterstunde des Tages, der Kreislauf ist labil – keine gute Zeit für wichtige Termine.

**15 bis 17 Uhr: Das zweite Tageshoch**

Die Leistungskurve steigt wieder an. Atem und Puls erreichen Spitzenwerte. Manuelle Tätigkeiten, die Geschicklichkeit und Tempo erfordern, gehen nun am leichtesten von der Hand. Der Geist ist willig, vor allem das Langzeitgedächtnis. Nun sollten Sie wichtige Arbeiten erledigen, Vokabeln pauken oder einen Vortrag halten. Ab 16 Uhr sind Sie stressempfindlicher. In diese Zeit passen gut monotone Tätigkeiten.

**17 bis 19 Uhr: Hochzeit für Fitness**

Eine neue Spitzenzeit für Ausdauertraining: Jetzt müssten Sie die Stresshormone des Tages abjoggen. Wer nun Zeit und Schweiß ins Fitnessstudio investiert, erntet das höchste Muskelwachstum. Leber und Bauchspeicheldrüse sind gut in Form. Und: die ideale Zeit fürs Abendessen.

**19 bis 21 Uhr: Die Stunden der Sinne**

Während die Denkleistung nachlässt, erreichen die Sinnesorgane Augen, Ohren und Nase ihr Leistungsmaximum. Die Geschmackspapillen goutieren das Glas Wein. Die beste Zeit für Musik, Theater – oder ein anregendes Gespräch. Da Blutdruck und Puls sinken, sind Sie ruhig und entspannt und können auch gut Konflikte lösen. Zeit für ein klärendes Gespräch mit dem Partner.

**21 bis 23 Uhr: Die Stunde der Angst**

Der Adrenalinspiegel sinkt. Der Melatoninspiegel steigt an. Das Gutenacht-Hormon, das ausgeschüttet wird, wenn es dunkel ist, signalisiert dem Körper: Aktivitäten reduzieren. Es bereitet den Morgenmenschen für den Schlaf vor mit so- genannten günstigen Schlaftüren, die rasches Einschlafen, erholsamen Schlummer garantieren. Die Infektabwehr ist nun besonders aktiv. Dagegen arbeitet die Verdauung auf Sparflamme. Um diese Zeit sinkt die Laune, Gefühle wie Aggressivität und Angst stellen sich verstärkt ein. Einsamkeit ist in diesen Stunden am schwersten zu ertragen.

**23 bis 1 Uhr: Murmeltierzeit**

Die Zeit des tiefsten Schlafs. Wer jetzt gut schläft, erholt sich doppelt. Und schläft sich jung. Nun ist das Wachstumshormon aktiv, das jede Körperzelle regeneriert, Fett abbaut, Muskeln aufbaut. Wer wach bleibt: Die Reaktionsfähigkeit sinkt stark ab. Um 24 Uhr macht sich die Urfurcht bemerkbar – nun ist man besonders schreckhaft.

**1 bis 3 Uhr: Ab ins Land der Träume**

Nach der Tiefschlafphase folgt die Traumphase. Wer in dieser Zeit wach wird, hat oft größere Schwierigkeiten, wieder einzuschlafen, als zu einer früheren oder späteren Stunde. Blutdruck, Stoffwechsel und Körpertemperaturen erreichen ihr Minimum. Nachtfahrer sehen um 2 Uhr besonders schlecht.

**3 bis 6 Uhr: Die Stunde des Wolfs**

Um etwa 4 Uhr schlägt die Stunde des Wolfs. Schmerzen empfinden wir stärker, die Gedanken sind schwarz. Nur nicht grübeln, lieber aufstehen und ablenken. Körper und Geist haben ihren biologischen Tiefpunkt erreicht. Am ungeschicktesten hantieren Nachtarbeiter zwischen 3 und 4 Uhr. Die meisten Fehler und Unfälle am Arbeitsplatz ereignen sich in diesen Stunden – aber auch die meisten Todesfälle und Geburten.

Wir durchjetten Zeitzonen. Der Jetlag bestraft uns für den Sprung über die Kontinente mit Übelkeit, Magenbeschwerden, Schlaf- und Konzentrationsstörungen. Kennen Sie die Parabel vom Indianerhäuptling, der im Wilden Westen mit dem Stahlross (Eisenbahn) quer durch den amerikanischen Kontinent nach Washington reiste, um vor dem Parlament zu sprechen? Dort angekommen, sah er sich außerstande, seine Rede zu halten. Er sagte, sein Körper sei zwar schon eingetroffen, seine Seele sei aber noch nicht angekommen. Wenn sie mit dem Flugzeug in eine andere Zeitzone jettet, sagt eine Freundin von mir an den ersten beiden Tagen ständig: »Mein Indianer ist noch nicht da.«

Wir durchsprinten den Tag, ohne uns Zeit zu nehmen, wenn die inneren Rhythmen Muße fordern. Das macht schnell alt und krank: Depressionen, Angst, Nervenstörungen, Erkrankungen des Herz-Kreislauf-Systems und des Verdauungstraktes, ja sogar Krebs gehen auf das Konto eines falschen Zeitmanagements für den eigenen Körper.

**Parkticket-No. 42**

**Ein Leben gegen die innere Uhr bezahlen wir mit Lebenszeit.**

**Drosselgasse**

Ein klassisches Experiment zeigt: Fliegen haben eine niedrigere Lebenserwartung, wenn sie ständig gezwungen werden, ihre innere Uhr umzustellen. Hamstern ergeht es ähnlich, wenn man im Experiment ihre Tages- und Nachtzyklen jede Woche verschiebt. Der Mensch macht bei solchen Rhythmusverschiebungen mit – mehr oder weniger freiwillig. 20 Prozent der Bevölkerung arbeiten zu völlig unnatürlichen Zeiten. Und durch die zunehmende Globalisierung der Wirtschaft wird das wohl noch verstärkt.

Wie sensibel die innere Uhr auf nur 1 Stunde Zeitumstellung reagiert, zeigt sich am Montag, nachdem die Uhren auf Sommerzeit umgestellt wurden: an diesem Tag passieren mehr Verkehrsunfälle als an anderen Montagen. ***Ein Leben gegen die innere Uhr bezahlen wir mit Lebenszeit.***

Unsere subjektive Zeitwahrnehmung weicht oft vom gleichmäßigen Ticktack der äußeren Uhren ab. Schon beim Blick auf die Uhr erscheint uns die erste Sekunde länger. Das Phänomen haben britische Forscher aufgeklärt: Die Täuschung entsteht, weil das Gehirn die Zeit, die wir für den Blick auf die Uhr brauchen, einfach zur ersten Sekunde addiert. Die Begründung: Diese Täuschung lässt uns die Welt stabil erscheinen. Was wir nicht sehen, ruht. Nur wenn wir die Uhr an einen anderen Ort verrücken, rechnet das Gehirn die Zeit, die der Blick sucht, nicht dazu. Die Sekunde ist nicht um einen Augenblick länger.

Jeder Mensch hat sein ureigenes Schwingungsmuster. Kein Rhythmus ist gleich. Das ist wichtig zu wissen, denn Ziel sollte es sein, seine Balance zu finden zwischen innerer Uhr und äußeren Anforderungen.

Man muss der Ereigniszeit – »Wann habe ich Hunger, wann bin ich kreativ, wann arbeite ich am effizientesten?« – wieder mehr Aufmerksamkeit schenken als der Uhrzeit. Chronobiologen fanden heraus, dass die Leistungsfähigkeit je nach Uhrzeit um 20 Prozent abfallen kann. Wissenschaftler unterscheiden *den Morgen- und den Abendtyp.*

### *Der Eulen-Lerchen-Test: Sind Sie ein Morgen- oder Abendtyp?*

*Der Volksmund sagt: Lerche oder Eule. In unserer Gesellschaft sind Eulen die armen Wesen und müssen sich, um gesund und glücklich zu leben, viel stärker gegen das Zeitkorsett wehren.*

*Lerchen* springen frühmorgens aus dem Bett, starten aktiv in den Tag, gehen früh ins Bett. Selten stehen sie mit dem Wecker auf Kriegsfuß. *Eulen* hingegen blinzeln morgens ungnädig in die Welt, kommen nur schwer aus den Federn, brauchen ihre Stunde Anlaufzeit, bringen vormittags kaum etwas auf die Reihe und wachen erst nachmittags richtig auf. Sie müssen den Wecker abschaffen und brauchen ein Leben mit Gleitzeit. Zu welcher Spezies gehören Sie?

1. Wann gehen Sie wochentags ins Bett?

| | | |
|---|---|---|
| a) vor 21.00 Uhr | 0 Punkte | ☐ |
| b) 21.00 bis 22.00 Uhr | 1 Punkt | ☐ |
| c) 22.00 bis 23.00 Uhr | 2 Punkte | ☐ |
| d) 23.00 bis 24.00 Uhr | 2 Punkte | ☐ |
| e) 24.00 bis 1.00 Uhr | 3 Punkte | ☐ |
| f) später | 4 Punkte | ☐ |

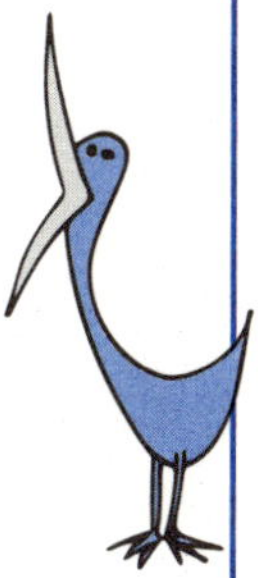

2. Gehen Sie am Wochenende deutlich später zu Bett?

| | | |
|---|---|---|
| a) nein | 0 Punkte | ☐ |
| b) ja | 4 Punkte | ☐ |

3. Wann stehen Sie wochentags auf?

| | | |
|---|---|---|
| a) vor 6.00 Uhr | 0 Punkte | ☐ |
| b) 6.00 bis 7.00 Uhr | 1 Punkt | ☐ |
| c) 7.00 bis 8.00 Uhr | 3 Punkte | ☐ |
| d) 8.00 bis 9.00 Uhr | 4 Punkte | ☐ |
| e) später | 4 Punkte | ☐ |

4. Stehen Sie am Wochenende deutlich später auf?

| | | |
|---|---|---|
| a) nein | 0 Punkte | ☐ |
| b) ja | 4 Punkte | ☐ |

5. Wie würden Sie sich einschätzen?

| | | |
|---|---|---|
| a) Morgentyp | 0 Punkte | ☐ |
| b) eher Morgen- als Abendtyp | 1 Punkt | ☐ |
| c) weder noch | 2 Punkte | ☐ |
| d) eher Abend- als Morgentyp | 3 Punkte | ☐ |
| e) Abendtyp | 4 Punkte | ☐ |

6. Wann sind Sie tagsüber fit?

| | | |
|---|---|---|
| a) 6.00 bis 9.00 Uhr | 0 Punkte | ☐ |
| b) 9.00 bis 12.00 Uhr | 2 Punkte | ☐ |
| c) 12.00 bis 15.00 Uhr | 3 Punkte | ☐ |
| d) 15.00 bis 18.00 Uhr | 4 Punkte | ☐ |
| e) 18.00 bis 21.00 Uhr | 4 Punkte | ☐ |

***Auswertung:***

Addieren Sie einfach Ihre Punkte, um herauszufinden, ob Sie ein Morgen- oder Abendtyp sind.

**0–4 Punkte:**
Als ***Morgentyp*** sind für Sie vor allem der Tagesbeginn und der frühe Vormittag die beste Zeit, um Ihre täglichen Aufgaben anzugehen. Dann sind Sie nämlich voller Schwung und guter Laune. Am frühen Abend allerdings sinken Sie bald in ein deutliches Leistungs- und Stimmungstief. Sie gehen lieber früh zu Bett und stehen früh auf. Ihr Typ wird auch Lerche genannt, da er, wie die Lerche, schon früh am Morgen »sein Lied singt«.

**5–13 Punkte:**
Sie sind weder ***Morgen- noch Abendtyp,*** und die Tageszeit stellt für Sie kein Problem dar. Sie sind morgens und abends gleichermaßen fit und damit sehr flexibel, was Ihre Tageseinteilung betrifft – ein Allrounder sozusagen.

**14–24 Punkte:**
Als ***Abendtyp*** haben Sie nicht nur Schwierigkeiten, morgens aufzustehen, sondern überhaupt am Vormittag in Gang zu kommen. Nachmittags geht es Ihnen schon besser, und am Abend leben Sie erst so richtig auf. Sie gehen gern spät ins Bett und sollten sich deshalb für einen Beruf entscheiden, in dem man etwas länger schlafen kann. Ihr Typ wird auch Eule genannt, da er vor allem abends und nachts aktiv ist ….

*(Quelle: Jürgen Zulley und Barbara Knab, »Unsere innere Uhr«, 2009)*

## 6.4 Pflegen Sie Ihr Netzwerk des Glücks?

Es war einmal ein Junge, der hatte einen schwierigen Charakter. Sein Vater gab ihm einen Sack voller Nägel und sagte ihm, er solle immer einen Nagel in den Gartenzaun schlagen, wenn er seine Geduld verliere oder mit jemandem gestritten habe. Am ersten Tag schlug der Junge 37 Nägel in den Zaun. In den folgenden Wochen lernte er, sich besser zu kontrollieren, und die Anzahl der

**Parkticket-No. 43**

**Verschenken Sie Ihre Zeit – und sie kommt doppelt zurück.**

**Drosselgasse**

Nägel, die er in den Zaun schlug, reduzierte sich täglich. Der Junge lernte, dass es einfacher war, sich selbst unter Kontrolle zu halten, als ständig Nägel in den Zaun zu schlagen. Dann kam der Tag, an dem der Junge keinen einzigen Nagel in den Gartenzaun schlug. Er ging zu seinem Vater und sagte ihm, dass er heute keinen Nagel in den Zaun gehämmert habe. Daraufhin erwiderte sein Vater, er solle nun immer einen Nagel aus dem Gartenzaun entfernen, wenn er es schaffte, seine Launen zu beherrschen und geduldig zu bleiben.

Viele Tage verstrichen, doch dann konnte der Sohn dem Vater berichten, dass er alle Nägel aus dem Zaun entfernt hatte. Der Vater führte seinen Sohn zu dem Zaun und sagte: »Mein Sohn, das hast du gut gemacht, aber sieh mal, wie viele Löcher du hinterlassen hast. Der Zaun wird nie wieder wie vorher aussehen. Wenn du Streit mit jemandem hast und verletzende Worte sagst, wirst du in ihm immer Wunden wie diese Löcher hier zurücklassen. Du kannst einen Menschen mit einem Messer verletzen, das Messer wieder herausziehen, aber du wirst immer eine Wunde hinterlassen. Es ist ohne Bedeutung, wie oft du dich dafür entschuldigst, die Wunde bleibt. Eine Wunde, die durch Worte verursacht wurde, schmerzt fast genauso schlimm wie eine physische Verletzung. Freunde sind seltene Juwelen, sie bringen dich zum Lachen und unterstützen dich. Sie sind immer bereit, dir zuzuhören, wenn du sie brauchst. Sie stehen immer hinter dir und öffnen dir ihr Herz. Zeige deinen Freunden, wie sehr du sie liebst.«

**Parkticket-No. 44**

**Wir benötigen vielfältige Beziehungen zu unterschiedlichen Menschen.**

**Drosselgasse**

Ein weiterer Bereich, der Ihr Leben ausmacht, heißt: *Beziehungen.* Im Grunde das Wichtigste, was Sie haben, denn sie schenken Lebenszeit. ***Verschenken Sie Ihre Zeit – und sie kommt doppelt zurück.*** Doch wie knüpft man Bande der Freundschaft? Durch Geben und Loslassen. Eine arabische Weisheit sagt: »Wenn du dir irgendetwas ganz fest wünschst, dann lass es frei – nur dann kehrt es zu dir zurück und gehört dir wirklich.«

Mit *Freunden* herrlich lachen. Vom Vater in die Arme genommen werden. Mit der Mutter über Gott und die Welt reden. Mit Kollegen gemeinsam über Aufgaben brüten. Den Samstagabend nicht allein verbringen, sondern auf einer Party mit lieben Freunden. Montagmorgens mit dem Kumpel joggen gehen, abends mit der Freundin ins Theater. Mit dem Bruder bei einem Wein über den Sinn des Lebens diskutieren. Das ist Glück. Das ist Leben. Das ist gut investierte Zeit. Wenn man in diesem Zusammenhang überhaupt ein Wort aus dem Wirtschaftsjargon benutzen will, dann vielleicht, weil diese »Investition« wirklich für ein Plus auf dem Lebenszeitkonto sorgt.

Jede Freundschaft verlängert das Leben. Menschen, die sich glücklich fühlen – dafür sind weder Reichtum noch Prestige ausschlaggebend, sondern Freunde und ein liebender Partner – sind zumeist gesünder. Witwer sterben früher, Singles werden häufiger krank. Der Altersforscher *Thomas Glass* fand in einer Befragung von 2.700 Menschen über 65 Jahren heraus, dass Freunde das Leben bis zu einem Drittel verlängern. Das überraschte selbst Glass: »Wir wussten bereits, dass soziale

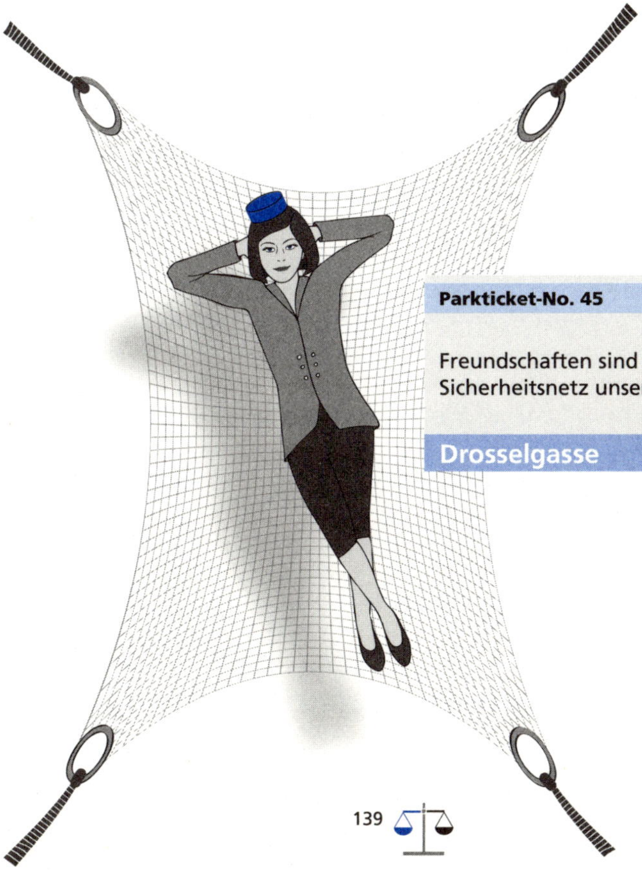

**Parkticket-No. 45**

Freundschaften sind das Sicherheitsnetz unseres Lebens.

**Drosselgasse**

Kontakte das Leben verlängern, aber uns war nicht bewusst, dass sie so einflussreich sind.« Der Ehepartner genügt übrigens nicht dafür, länger jung und im Alter gesund und geistig rege zu bleiben. ***Wir benötigen vielfältige Beziehungen zu unterschiedlichen Menschen.***

***Freundschaften*** leisten noch mehr: Sie ***sind das Sicherheitsnetz unseres Lebens.*** Freunde fangen uns auf, wenn wir schlecht drauf sind. Sie geben uns das Gefühl, wertvoll zu sein – eine wichtige Voraussetzung für unser *persönliches Glück*. Gerade heute, wo auf dauerhafte Liebesbeziehungen kaum noch Verlass ist. Viele haben schon die Erfahrung gemacht: Die Liebe kommt und geht, die Freunde aber bleiben. Wer seine Kontakte dem Zufall überlässt, der ist bald verlassen. Die Methode, die der Isolation vorbeugt, kommt aus den USA und heißt *Networking.* Kommunikationsexperten empfehlen, ein Netzwerk an Freunden genauso systematisch aufzubauen wie ein Haus oder eine berufliche Karriere.

**Parkticket-No. 46**

**Kontaktfähigkeit ist längst eine Schlüsselqualifikation geworden.**

**Drosselgasse**

Solche Kontakte verlangen jedoch Zeit, emotionales Engagement und Vorleistungen. Haben Sie für andere erst dann ein offenes Ohr, wenn Sie deren Hilfe dringend brauchen, werden Sie kaum auf Gegenliebe stoßen. Der andere fühlt sich ausgenutzt. Besteht Ihre Bekanntschaft aber schon eine Weile, wenn Sie mit einem Anliegen kommen, sieht die Sache anders aus. Pflegen Sie deshalb Ihr soziales Netz ständig. Im Übrigen ziehen nicht nur Sie Nutzen aus der Leistung, die ein Freund für Sie erbringt, sondern auch er. Er erfährt, dass Sie seine Kompetenz schätzen. Dass Sie ihm Anerkennung für seine Hilfsbereitschaft zollen. Dass Sie ihm gegenüber Ihre Dankbarkeit ausdrücken.

Einer der hartnäckigsten Mythen lautet: Den Tüchtigen gehört die Welt. Man müsse nur fleißig und strebsam sein, und dann werden sich früher oder später auch beruflicher Erfolg, soziale Anerkennung und Liebe einstellen. Wer kennt nicht die Wahrheit auf zwei Beinen: *erschöpfte Workaholics,* die auf der Stelle treten, anstatt Karriere zu machen. *Kontaktfreudige Kollegen,* die in der Firma gerade mal das Minimum leisten, aber dank sorgfältiger Beziehungspflege unaufhaltsam auf dem Weg nach oben sind. ***Kontaktfähigkeit ist längst eine Schlüsselqualifikation geworden.*** Wer zu Fremden leicht ein Band der Sympathie knüpfen kann, ist als Verkäufer, Manager oder Arzt erfolgreicher – selbst wenn er in puncto Fachkenntnissen hinter seinem eher verschlossenen Mitbewerber zurückbleibt. Glauben Sie mir, nichts lohnt mehr auf dem Weg nach oben, als ab und zu sein Büro zu verlassen und einen Teil seiner Zeit der systematischen Kontaktsuche und -pflege zu widmen.

Etwa jeder zweite Deutsche schätzt sich als (teilweise oder stark) schüchtern ein. Er ist dankbar, wenn andere auf ihn zugehen. Also tun Sie es, denn das ist gar nicht so schwer. Schließlich mangelt es nicht so sehr an Kontaktmöglichkeiten. Die sind durch die steigende Zahl der Singles, die berufliche Mobilität und neue technische Möglichkeiten wie das Internet in den letzten Jahren eher angewachsen. Es mangelt vielmehr an der Fähigkeit, im Alltag die zahlreichen Chancen zu nutzen. Sie brauchen dazu nur ein wenig den Blickwinkel zu ändern: Gewöhnen Sie sich an, jede Situation, in der Sie sich unter Fremden bewegen, auch unter dem Gesichtspunkt zu betrachten, dass Sie interessante Leute kennenlernen können.

Wechseln Sie in Zukunft mit Menschen, die Sie in Ihrem Alltag treffen, zwei, drei Sätze. Tauschen Sie mit der Postfrau ein paar Bemerkungen über das Wetter. Fragen Sie in der Warteschlange im Supermarkt den Kunden hinter Ihnen, wie der Wein, den er im Wagen hat, schmeckt. Wühlen Sie in der Bibliothek nicht einsam in den Regalen, sondern fragen Sie eine Angestellte, ob sie ein Buch, das sie in letzter Zeit gelesen hat, empfehlen kann. Die Erfahrung zeigt: Wer gewohnheitsmäßig Kontaktfreude zeigt, bleibt den Leuten im Gedächtnis. Ab und zu ergibt sich auch ein nützlicher Dauerkontakt, oder eine wunderbare Freundschaft beginnt. Mancher hat sogar auf diesem Weg seine große Liebe gefunden.

Wenn Sie gern Kontakte zu einer bestimmten Gruppe von Leuten hätten: Gehen Sie dorthin, wo sich diese Leute aufhalten. Gehen Sie zu Messen oder anderen Fachveranstaltungen, wenn Sie jemanden aus einer speziellen Branche kennenlernen wollen. Wie Sie eine Einladung erhalten? Rufen Sie den Veranstalter an und sagen Sie, dass Sie zwar ein Außenstehender sind, sich aber brennend für das Thema oder die Firma interessieren. Sie wären nicht der erste Fremde, der prompt eine Einladung erhält. Gelangweilte Pflichtteilnehmer hat der Veranstalter nämlich schon genug auf der Besucherliste.

Rufen Sie alte Bekannte aus der Schulzeit oder der Ausbildung an. Erkundigen Sie sich, was inzwischen aus ihnen geworden ist. Geben Sie eine Party und laden Sie alle ein. Der Aufwand lohnt sich. Die meisten werden sich bei Ihnen mit Gegeneinladungen revanchieren. Und dort werden Sie die Netzwerke Ihrer Bekannten treffen – Ihre Chance für viele neue Kontakte.

Wer sich das erste Mal begegnet, kennt weder den Charakter noch die Vorlieben und Abneigungen seines Gesprächspartners. Aus diesem Grunde wählt er ein Gesprächsthema, das Missverständnisse, Streit und andere Ärgernisse weitgehend ausschließt. Man tastet einander vorsichtig ab, indem man über unverfängliche Themen redet: die Party, das Wetter, den letzten Urlaub, den Wohnort, die Hobbys. Was auf Außenstehende oberflächlich wirkt, ist in Wahrheit ein geschicktes Gesprächsverhalten, um sich nach und nach aufeinander einzustellen.

Menschen treten dann erfolgreich in Kontakt, wenn sie im *Small Talk* gemeinsame Überzeugungen und Interessen finden. Überwiegen dagegen die Unterschiede, kann man sich nach ein paar Minuten unverbindlichen Geplauders wieder trennen, ohne ernsthaft aneinandergeraten zu sein oder die Gebote der Höflichkeit verletzt zu haben. Wer hingegen eine gemeinsame Wellenlänge gefunden hat, wird vom Small Talk zu tiefer gehenden Gesprächen wechseln. Aus Fremden werden Bekannte. Und im Laufe der Zeit vielleicht sogar Freunde.

### *Das Pareto-Prinzip der Beziehungen: Werden Sie aktiv!*

*Das* **Pareto-Prinzip** *besagt:* Mit 20 Prozent des Aufwandes erzielt man 80 Prozent der Ergebnisse. *Das können Sie auch auf Ihre Beziehungen übertragen. Mit wie vielen Menschen, die Sie wirklich mögen, verbringen Sie auch viel Ihrer Zeit? Nur 20 Prozent der Beziehungen, die Sie haben, sind wirklich wichtig für Sie und schenken Ihnen 80 Prozent Glück. Nur: Genau diesen Menschen widmen Sie viel weniger als 80 Prozent Ihrer Aufmerksamkeit, Ihrer Zeit.*

Schreiben Sie die Namen der *20 Menschen* auf, die Ihnen besonders viel bedeuten. Die wichtigsten zuerst. Nun verteilen Sie insgesamt 100 Punkte auf diese Beziehungen. Nach dem 80/20-Prinzip müssten die ersten vier Beziehungen (20 Prozent) die meisten Punkte (etwa 80 Prozent) aufweisen. Notieren Sie jetzt neben jedem Namen den Zeitanteil, den Sie aktiv mit dieser Person verbringen; verteilen Sie also dieses Mal 100 Zeit-Punkte auf die 20 Personen. Und nun sehen Sie selbst – ist das gerecht?

Die gleiche Übung können Sie mit Ihren *beruflichen Beziehungen* durchführen. Denn auch hier gilt: Mindestens 80 Prozent des Nutzens beruflicher Bande rührt von weniger als 20 Prozent dieser Verbündeten her. Schreiben Sie also Ihre wichtigsten 20 Geschäftsbeziehungen auf und vergleichen Sie diese mit der Gesamtzahl aktiver Geschäftskontakte aus Ihrer Erinnerung, Ihrer Datenbank oder dem Telefonregister. Wahrscheinlich gehen 80 Prozent des Nutzens aus diesen Geschäftskontakten auf 20 Prozent der Beziehungen zurück.

Erstellen Sie nun eine Liste der Menschen, die Ihnen im Leben bislang am meisten geholfen haben. Schreiben Sie ihre Namen in der Reihenfolge ihrer Wichtigkeit auf und verteilen Sie 100 Punkte auf die ersten zehn. Im Allgemeinen können die Leute, die Ihnen bisher am meisten geholfen haben, dies auch in Zukunft tun.

## 6.5 Macht Ihr Tun Sinn?

Es war einmal ein alter Mann, der jeden Morgen einen Spaziergang am Meeresstrand machte. Eines Tages sah er einen Jungen, der vorsichtig etwas aufhob und ins Meer warf. Er rief: »Guten Morgen, was machst du da?« Der Junge richtete sich auf und antwortete: »Ich werfe Seesterne ins Meer zurück. Es ist Ebbe, und die Sonne brennt herunter. Wenn ich das nicht tue, sterben sie.« – »Aber, junger Mann, ist dir eigentlich klar, dass hier Kilometer um Kilometer Strand ist? Und überall liegen Seesterne. Die kannst du unmöglich alle retten, das macht doch keinen Sinn.« Der Junge hörte höflich zu, bückte sich, nahm einen anderen Seestern auf, warf ihn ins Meer und lächelte: »Aber für diesen macht es Sinn.«

Wenn der *Sinn des Lebens* fehlt, drückt das auf die Seele, es macht unzufrieden, unglücklich, ja depressiv. Fragen Sie sich nicht nur, was Sie erreichen wollen, sondern vor allem *wozu* – nach dem Sinn dahinter. Die Frage nach dem Sinn hilft nämlich, das Wesentliche zu entdecken und »Nein!« zu sagen zu Zeiträubern und heimlichen Boykotteuren der Lebenslust, des Lebensglücks, der Zufriedenheit. Fehlt der Sinn im Leben, liegt einem das schwer auf der Seele. Diesen Ballast kann man wegwerfen – und der Sinn kommt zurück. Kompliziert? Nein. Begeben Sie sich mit mir auf eine Entdeckungsreise nach dem Sinn des Daseins.

»Tatsächlich wenden sich heute mehr und mehr Patienten an uns mit dem Gefühl einer inneren Leere … mit dem Gefühl einer abgründigen Sinnlosigkeit ihres Daseins.« Mit dieser Beobachtung stellte der Wiener Psychiater *Viktor E. Frankl* seit den 1930er-Jahren die Suche nach Sinn in den Mittelpunkt seiner Logotherapie (das griechische Wort »logos« bedeutet Wort, Ordnung, Sinn). Seine Begründung: Wonach die Menschen streben – Glück, Erfolg, Liebe, Geld –, macht sie nur dann froh und zufrieden, wenn sie in ihrem Tun einen Sinn sehen. Bleibt die Frage nach dem Wozu unbeantwortet, fühlen sich auch Millionäre und Medienstars unglücklich.

**Parkticket-No. 47**

**Wer sich selbst verwirklichen will, ohne nach dem Wozu zu fragen, wird lebenslang an seiner Vervollkommnung herumbasteln, ohne jemals die ersehnte innere Ruhe zu erreichen.**

**Drosselgasse**

Frankl war Jude. Er wurde von den Nationalsozialisten ins Konzentrationslager deportiert. Sogar dort, in dieser Extremsituation, sah er seine Auffassung bestätigt: Nicht wer über die stärkste Konstitution verfügte, hatte eine Chance, die Hölle zu überleben, sondern wer eine Vision von der Zukunft hatte, wer auch dem Leiden noch einen positiven Sinn abgewinnen konnte. Die Übrigen gaben irgendwann auf. Sie blieben in den Baracken liegen, lehnten jede Hilfe ab, und selbst Drohungen oder Schläge rissen sie nicht mehr aus ihrer Apathie.

Frankl selbst fand seinen Lebenssinn in seinem Auftrag als Arzt und in seinem Vertrauen auf Gott. Er betonte jedoch, dass Gläubige nicht besser vor Sinnverlust geschützt seien als Atheisten. Auch Bildung, Wohlstand und Familie bewahren nicht vor der inneren Leere. Entscheidend sei vielmehr, ob es gelingt, anderen etwas Gutes zu tun. Dabei gehe es gar nicht um abstrakte Werte wie Treue, Vaterlandsliebe oder das jenseitige Paradies, sondern stets um konkrete Umstände des Alltags:

- eine Person, die ich liebe,
- eine Erfindung oder Hilfe, die zumindest einigen Menschen das Leben erleichtert,
- Angehörige, die ich in einer Krise unterstütze,
- Freunde, denen ich mit meinem Rat weiterhelfen kann.

Selbstbeschränkung hingegen schneidet einen von den Glückschancen ab. ***Wer sich selbst verwirklichen will, ohne nach dem Wozu zu fragen, wird lebenslang an seiner Vervollkommnung herumbasteln, ohne jemals die ersehnte innere Ruhe zu erreichen.*** Wie half nun Frankl seinen Klienten, ihren Lebenssinn zu finden? Er nutzte vor allem zwei Techniken:

- **Dereflexion**

Wer am Sinn seines Tuns und Daseins zweifelt, neigt zu ununterbrochenem Grübeln: »Hätte ich damals nicht lieber …«, »Sollte ich in Zukunft …« Kennen Sie das? Das dauernde Reflektieren verstärkt die Unzufriedenheit. Frankl lehrte seine Klienten, ihren Denkprozess ins Praktische umzukehren: Anstatt viel vom Leben zu erwarten, sollte man sich darauf zu konzentrieren, welchen Beitrag man zu dieser Welt leisten kann. ***Der Weg zum Sinn führt vom Grübeln weg zum aktiven Tun.*** Was können Sie konkret beitragen, um Ihre Welt zu verbessern?

- **Paradoxe Intention**

Wenn das bisherige Tun in die Sackgasse der inneren Leere führt, solle man einfach mal versuchen, das Gegenteil des bisher Gewohnten anzustreben. Unglückliche Menschen fühlen sich meist als Opfer der Umstände. Aus Angst vor unliebsamen Konsequenzen verzichten sie darauf, aus dem Käfig des gewohnten Missmuts auszubrechen. Sie leisten mit Widerstreben das, was »man« von ihnen erwartet. Ihr Leben steht unter dem Diktat von Zwängen und Ängsten. Frankls Methode durchbricht das eingefahrene Verhalten. Ein Beispiel: Wer Angst hat, öffentlich zu reden, weil er immer rot wird und sich verhaspelt, erhält die Anweisung: »Nehmen Sie sich vor, so rot wie möglich zu werden und sich absichtlich zu verhaspeln.« Wer dieser Anweisung folgt, lernt zwei Dinge. Erstens: Die ausgemalten Konsequenzen sind gar nicht so schlimm wie erwartet – das Publikum lacht ihn nicht aus, sondern ermutigt ihn. Und zweitens: Er erfährt, dass er Herr seines Verhaltens ist. Er kann absichtlich der Anweisung folgen, aber auch etwas anderes tun. Das nimmt ihm das Gefühl, ausgeliefert zu sein.

**Parkticket-No. 48**

Der Weg zum Sinn führt vom Grübeln weg zum aktiven Tun.

**Drosselgasse**

***Die Frage nach dem Wozu***

*Fragen Sie sich nicht nur, was Sie erreichen wollen, sondern auch, wozu. Geld, Liebe und Erfolg – was bringen Ihnen diese Güter an Lebensqualität und Zufriedenheit? Was Sie tun – bringt das auch anderen Nutzen? Wenn Sie im Job unzufrieden sind: Vielleicht liegt es nicht am Betriebsklima oder am Gefühl, dass Ihre Karriere auf der Stelle tritt, sondern daran, dass Sie sich im Innersten überflüssig fühlen? Versuchen Sie einmal im Rahmen Ihrer Tätigkeit – außerhalb Ihrer üblichen Pflichten –, einem Kunden oder Kollegen mit einem überraschenden Gefallen das Dasein zu erleichtern, und prüfen Sie, wie Sie sich danach fühlen.*

Sie kennen Ihre Prioritäten nicht? Oder können sich zwischen zwei Alternativen nicht entscheiden? Sie verdienen zum Beispiel Ihr Geld als Bankkaufmann, das Leben ist recht bequem und macht auf den ersten Blick Sinn – und nun bietet Ihnen ein Freund an, als Tauchlehrer in seine Schule in der Dominikanischen Republik einzusteigen. Ein Traum? Tauchen ist Ihr Hobby. Warum tun Sie das dann nicht?

Sie suchen nach dem, was Ihnen wirklich wichtig ist im Leben? Dann hilft es, erst mal schriftlich alle Für und Wider abzuwägen. Wenn zwei Alternativen gleich verlockend (oder gleich unangenehm) erscheinen, stellt man sich im zweiten Schritt wie in einem Film die erfolgte Verwirklichung vor. Und spüren Sie in sich hinein, wie Sie sich fühlen. Entscheiden Sie sich für die emotional angenehmere Variante.

## Drosselgasse

**Parkticket-No. 38**

*Arbeitsmoral ist ein Zwang,*
*den der Mensch geschaffen hat und*
*an den sich die meisten gewöhnt haben.*

**Parkticket-No. 39**

*Besinnen Sie sich auf Ihre Stärken.*

**Parkticket-No. 40**

*Nicht das tun, was alle anderen auch schon tun.*

**Parkticket-No. 41**

*Wer im Einklang mit seinen inneren Rhythmen lebt,*
*erntet Wohlbefinden, Lebensfreude und Erfolg.*

**Parkticket-No. 42**

*Ein Leben gegen die innere Uhr*
*bezahlen wir mit Lebenszeit.*

**Parkticket-No. 43**

*Verschenken Sie Ihre Zeit –*
*und sie kommt doppelt zurück.*

**Parkticket-No. 44**

*Wir benötigen vielfältige Beziehungen*
*zu unterschiedlichen Menschen.*

**Parkticket-No. 45**

*Freundschaften sind das*
*Sicherheitsnetz unseres Lebens.*

**Parkticket-No. 46**
*Kontaktfähigkeit ist längst eine*
*Schlüsselqualifikation geworden.*

**Parkticket-No. 47**
*Wer sich selbst verwirklichen will,*
*ohne nach dem Wozu zu fragen,*
*wird lebenslang an seiner Vervollkommnung*
*herumbasteln, ohne jemals die ersehnte*
*innere Ruhe zu erreichen.*

**Parkticket-No. 48**
*Der Weg zum Sinn führt vom*
*Grübeln weg zum aktiven Tun.*

**Parkticket-No. 49**
*Es liegt ganz in Ihrer Hand,*
*wie Sie die Zeit betrachten:*
*als Problem oder als Chance …*

### Fazit: Es liegt in Ihrer Hand …

Es war einmal ein alter weiser Mann, der alle wichtigen Erfahrungen im Leben gemacht und alle großen wie kleinen Probleme gelöst hatte. Er lebte zurückgezogen in einer großen weißen Villa auf einer wunderschönen Insel, umgeben vom Meer.

Eines Tages beschlossen einige junge, vorwitzige Leute, diesem alten weisen Mann seine Grenzen zu zeigen: Einer von ihnen würde einen kleinen Vogel zwischen seinen Händen halten. Und sie wollten den Weisen fragen, ob dieser Vogel tot oder lebendig sei. Ihr Trick: Egal wie der alte weise Mann antworten würde, seine Antwort wäre immer falsch. Lautete sie: »Der Vogel ist tot«, so würde der mit dem Vogel seine Hände öffnen und den Vogel lebendig wegfliegen lassen. Antwortete er aber: »Der Vogel ist lebendig«, so würde der junge Mann das arme Tier zwischen seinen Händen zerquetschen, und der Alte hätte wiederum die falsche Antwort gegeben.

**Parkticket-No. 49**

**Es liegt ganz in Ihrer Hand, wie Sie die Zeit betrachten: als Problem oder als Chance …**

**Drosselgasse**

So brachen die vorlauten jungen Leute zur Villa des alten weisen Mannes auf, um ihn auf die Probe zu stellen. Sie wurden freundlich hereingebeten, herzlich empfangen, und nachdem sie eine Tasse Tee miteinander getrunken hatten, fragte der Alte die Heißsporne: »Liebe Freunde, was kann ich für euch tun?«

Der Wortführer der Gruppe baute sich vor ihm auf und hielt den Vogel zwischen seinen beiden Händen. Frohlockend stellte er seine hinterlistige Frage: »Alter weiser Mann, der du alle Probleme in deinem Leben so vortrefflich gelöst hast, wir haben eine Frage an dich, die du garantiert nicht richtig beantworten kannst! Ich habe hier in meiner Hand verborgen einen kleinen weißen Vogel, und ich frage dich: Ist dieser Vogel tot oder lebendig?« Und die ganze Gruppe freute sich schon darauf, den Erfahrenen einmal ratlos zu sehen.

Der alte weise Mann schaute eindringlich in die erwartungsfrohen Gesichter seiner Besucher, lächelte und antwortete: »Ob der Vogel tot oder lebendig ist, meine lieben jungen Freunde, das liegt ganz in eurer Hand …«

Und das gilt auch für Sie, *liebe Leserin, lieber Leser.*

***Es liegt ganz in Ihrer Hand, wie Sie die Zeit betrachten: als Problem oder als Chance …***

# Register

# Weiterführende Literatur

*Blanchard, Kenneth* und *Johnson, Spencer:*

**Der Minuten-Manager.**
14. Aufl. Reinbek bei Hamburg: Rowohlt, 2002

*Covey, Stephen R.:*

**Die 7 Wege zur Effektivität.**
**Prinzipien für persönlichen und beruflichen Erfolg.**
24. Aufl. Offenbach: Gabal, 2012

*Enkelmann, Nikolaus B.:*

**Die Säulen des Erfolgs.**
**Wie man aus sich und seinem Leben das Beste macht.**
Offenbach: Gabal, 2011

*Frankl, Viktor E.:*

**Der leidende Mensch.**
**Anthropologische Grundlagen der Psychotherapie.**
3. Aufl. Bern: Huber, 2005

*Frankl, Viktor E.:*

**... trotzdem Ja zum Leben sagen.**
**Ein Psychologe erlebt das Konzentrationslager.**
3. Aufl. München: Kösel, 2009

*Friedrich, Kerstin; Malik, Fredmund* und *Seiwert, Lothar:*

**Das große 1 × 1 der Erfolgsstrategie.**
**EKS® – Die Strategie für die neue Wirtschaft.**
18. Aufl. Offenbach: Gabal, 2012

*Gatterburg, Angela* und *Großbongardt, Annette:*

**Diagnose Burnout.**
**Hilfe für das erschöpfte Ich.**
München DVA, 2012

*Koch, Richard:*

**Das 80/20-Prinzip. Mehr Erfolg mit weniger Aufwand.**
3. Aufl. Frankfurt und New York: Campus, 2008

*Lukas, Elisabeth:*

**Der Schlüssel zu einem sinnvollen Leben.**
**Die Höhenpsychologie Viktor E. Frankls.**
München: Kösel, 2011

*Meckel, Miriam:*

**Brief an mein Leben. Erfahrungen mit einem Burnout.**
3. Aufl. Reinbek bei Hamburg: Rowohlt, 2011

*Morgenstern, Julie:*

**Never Check E-Mail in the Morning. And Other Unexpected Strategies for Making Your Work Life Work.**
New York: Touchstone, 2005

*Morgenstern, Julie:*

**Time Management From the Inside Out.**
**The Foolproof System for Organizing Your Home, Your Office and Your Life.**
2. Aufl. New York: Holt, 2004

*Seiwert, Lothar:*

**Das neue 1 × 1 des Zeitmanagement. Zeit im Griff, Ziele in Balance.**
34. Aufl. München: Gräfe und Unzer, 2013

*Seiwert, Lothar:*

**Noch mehr Zeit für das Wesentliche. Zeitmanagement neu entdecken.**
4. Aufl. München: Goldmann, 2012

*Seiwert, Lothar:*

**Simplify Your Time. Einfach Zeit haben.**
Frankfurt und New York: Campus, 2010.

*Stack, Laura:*

**What To Do When There's Too Much To Do. Reduce Tasks, Increase Results, and Save 90 Minutes a Day.**
San Francisco: Berrett-Koehler, 2012

*Zulley, Jürgen und Knab, Barbara:*

**Unsere innere Uhr. Natürliche Rhythmen nutzen und der Non-Stop-Belastung entgehen.**
Neuausg. Frankfurt: Mabuse, 2009

# *Wöchentlicher Newsletter*

**(kostenlos!)**

**SEIWERT-TIPP:**

**1 Minute für 1 Woche in Balance**

Ihr persönliches Erfolgscoaching mit jeweils einem konkreten Tipp zu den vier Lebensbereichen Job, Kontakt, Body & Mind. Kurzer, knapper e-Newsletter mit praktisch umsetzbarem Sofort-Nutzen (kostenlos, erscheint wöchentlich), zu abonnieren unter:

www.seiwert.de

**Social Media**

Follow me on **twitter:**
www.twitter.com/Seiwert und
www.twitter.com/TimeTip

Become a fan on **Facebook:**
www.facebook.com/Lothar.Seiwert

Lothar Seiwert

# ZEIT IST LEBEN
# LEBEN IST ZEIT

Lothar Seiwert

# ZEIT IST LEBEN
# LEBEN IST ZEIT

Die Chancen der Zeit nutzen

ARISTON

MIX
Papier aus verantwortungsvollen Quellen
FSC® C014496

*Classic 95*
Verlagsgruppe Random House FSC®-DEU-0100
Das für dieses Buch verwendete FSC®-zertifizierte Papier *Classic 95*
liefert Stora Enso, Finnland.

Bibliografische Information der Deutschen Bibliothek

Die Deutsche Bibliothek verzeichnet diese Publikation
in der Deutschen Nationalbibliografie; detaillierte bibliografische
Daten sind im Internet unter http://dnb.ddb.de abrufbar.



Umschlaggestaltung: Büro Überland, Schober & Höntzsch,
unter Verwendung eines Motivs von shutterstock/Jan Haas

Illustrationen: Wolfgang Pfau | www.pfau-design.de
Satz | Grafik: Christiane Schuster | www.kapazunder.de
Druck und Bindung: GGP Media GmbH, Pößneck
Printed in Germany 2013

ISBN 978-3-424-20075-1

LOTTO
START 15 08 2525
ZIEL 14 08 2525
LOTTO
Jackpot
TIME-TUNNEL
MARK III

# Inhalt

## Die Chance Zeit

Der *Terminplan* ist dazu da, keine Pflicht zu vergessen, zur richtigen Zeit das Dringende zu tun. Nur das Glück steht nicht drin, dafür ist keine Zeit. Denn alles muss schnell gehen: Essen, Informieren, Arbeiten, Unterhalten, Reisen. Das ist Erfolg versprechend. Nur, wo bleibt das *erfüllte Leben?* Da scheitern viele Menschen. Sie hetzen von Termin zu Termin, sprinten auf der Karriereleiter nach oben, jetten durchs Leben, häufen Wohlstand an. Irgendwann aber keimt in ihnen das Gefühl auf: »Das Leben rennt an mir vorbei.« Und plötzlich ist der Designerfernseher, die nächste Aufstiegschance nichts mehr wert. Sie haben endlich kapiert: Das Leben funktioniert zwar irgendwie, aber erfüllt ist es nicht. Kein Wunder: Diesen Menschen fehlt die *Life-Balance*. Der Lebensbereich »Arbeit und Leistung« hat absolute Priorität. Die anderen drei Lebensbereiche »Sinn«, »Körper und Gesundheit« und »Familie und Beziehungen« verkümmern. Der Bauch ist fett, die Seele leer, man steuert auf den Burn-out zu, die totale Erschöpfung, man entfremdet sich wortkarg vom Partner und vom Freundeskreis. Mancher wacht auf der Intensivstation auf. Und weiß erst dann: Nun ist es Zeit, etwas zu ändern. Und zwar in jedem Lebensbereich.

*»Wer mit der Zeit geht, geht nicht mit der Zeit.«*

*In der Ruhe liegt die Kraft* – die Lösung unseres inneren Getriebenseins finden wir nur, wenn wir Tage, Stunden und Minuten in unser Leben einbauen, in denen wir den Sinn unseres Lebens finden und unsere Visionen verfolgen. In der Lebenskunst zwischen Muss und Muße.

Wahres Leben ist *Erleben.* Und das tun wir mit unseren Sinnen. Im Tempoland hat man keinen Sinn mehr für die Sinne. Muße ist nichts anderes als »zur Besinnung kommen«. Nur: Die gehetzte Gesellschaft ist stolz auf alle Erfindungen, die helfen, Zeit zu sparen – die wir dann wieder vergeuden können: an noch mehr Arbeit oder beim Zeit-Totschlagen. Weil wir gar nicht mehr wissen, wie wir mit gewonnener Zeit umgehen sollen. Und glücklich sind wir noch lange nicht.

Die Veränderung des Lebens ist ein Prozess, der sich in vielen kleinen Schritten vollzieht. Auf diesen Weg führen selten fertige Antworten, sondern eher Möglichkeiten, Rezepte, Anregungen, mit denen man experimentieren kann. *Gewohnheiten,* so sagen die Spanier, sind anfangs dünn wie Spinnweben und später dick wie Drahtseile. Kleine Änderungen Ihres Alltags, Ihres Denkens und Tuns können große Veränderungen in Ihrem Leben bewirken.

*Liebe Leserinnen und Leser,*

mein Name ist *Lucky Linda* und ich bin Ihre Begleiterin während dieser Lektüre. Ich bitte Sie um Ihre Aufmerksamkeit für einige wichtige Hinweise hinsichtlich der Nutzung dieses Buches.

Bitte vergewissern Sie sich, dass Sie sich in einer ungestörten Umgebung befinden und über ausreichend Zeit verfügen. Ich möchte Sie darüber informieren, dass Mobiltelefone oder Tablet-PCs während der Lesezeit ausgeschaltet bleiben müssen. Dies dient Ihrer eigenen Ungestörtheit. Gerne können Sie diese elektronischen Geräte wieder in Betrieb nehmen, sobald Sie die Lektüre beendet haben.

Sie finden in diesem Buch *sechs Kapitel,* die Sie mit den Chancen mit der Zeit vertraut machen. Bitte beachten Sie besonders die Tests, Übungen und Denkanstöße, die sich jeweils am Ende der Teilkapitel befinden und mit dem Wort »*Parkzeit*«

gekennzeichnet sind. Wir empfehlen, an dieser Stelle anzuhalten und entsprechend der Anweisungen vorzugehen.

Da Herr Prof. Seiwert Sie mit den wesentlichen Erkenntnissen des Zeitmanagements vertraut machen wird, ist Hektik zu keiner Zeit der Lektüre erlaubt. Das schließt auch die Pausen ein, die Sie während des Lesens machen. Zu Ihrer eigenen Zufriedenheit sollten Sie unmittelbar nach Beendigung der Lektüre eine kurze Ruhepause einlegen, um das Erfahrene zu verarbeiten.

Zum Start legen Sie nun Stift und Papier auf einem Beistelltisch bereit und nehmen eine entspannte Sitzhaltung ein. Vielen Dank für Ihre Aufmerksamkeit. Ich wünsche Ihnen eine angenehme Lektüre und bedanke mich auch im Namen des Autors für Ihr Interesse an der Zeit.

*Ihre Lucky Linda*

*Die Arbeit läuft nicht davon,*
*während du deinem Kind einen Regenbogen zeigst,*
*aber der Regenbogen wartet nicht,*
*bis du mit der Arbeit fertig bist.*

Chinesische Weisheit

***Wer nicht weiß, in welchen***
***Hafen er will, für den ist kein***
***Wind der richtige.***

Seneca

***Wem genug zu wenig ist,***
***dem ist nichts genug.***

Epiktet

# 1. WERTE

## 1.1 Warum tun Sie, was Sie tun?

Der *Blaufußtölpel* ist ein Vogel, der auf den Galapagosinseln lebt. Er hat, wie sein Name sagt, blaue Füße. Sie sehen aus wie Gummischwimmflossen. Und diese Füße streckt er beim Balzen seiner Angebeteten hin. Linke Patsche hoch, rechte Patsche hoch, drehen, Schwanz hoch, drehen, blaue Sohle zeigen. Das ist urkomisch. Zwischendrin bringt er seiner Auserwählten immer mal wieder ein Stöckchen. Mit diesem Stöckchen kann sie nichts anfangen, weil Blaufußtölpel kein Nest bauen, sondern eine Kuhle in den Sand scharren. Warum tut er das alles? Füße zeigen, Stöckchen schenken? Un-Sinn? Nein. Er will seine Konkurrenten ausstechen, will ihr imponieren, will ihre Anerkennung. Wir verschenken ja auch Stöckchen in Form von Brillantringen, mit denen man keine Häuser bauen kann.

So ein balzender Blaufußtölpel kann Menschen wie mich daran erinnern, sich immer mal wieder zu fragen, warum wir tun, was wir tun. Und dass manches durchaus Sinn macht, obwohl es scheinbar unsinnig ist.

## 15

Es gibt kaum ein Thema, über das so viel geforscht, geschrieben und spekuliert worden ist wie über die Beweggründe menschlichen Handelns. Heute wissen wir, dass sich unsere Einstellungen und Verhaltensweisen nicht in ein Schema pressen lassen, sondern dass es unterschiedliche Motive oder ganze Motivbündel sind, die unser Verhalten steuern. Also: Warum stehen Sie jeden Morgen in der Frühe auf, um zur Arbeit zu gehen? Warum bleiben Sie nicht einfach liegen? Was motiviert Sie eigentlich zu Ihrem täglichen Tun? Was hilft Ihnen dabei, sich zu überwinden, wenn Sie keine Lust haben, das zu tun, was Sie tun sollten?

Ein Esel läuft. Er tut das, weil der Tag so wunderbar ist und weil er einfach einen Huf vor den anderen setzen will. Da sagen die Psychologen: Er ist *intrinsisch* motiviert. Von innen heraus, er will gehen. Nur wenn er soll, läuft der Esel meistens nicht. Er mag nicht. Esel sind bekanntlich stur. Und was macht der clevere Mensch, der im Wägelchen sitzt und den Esel dazu bewegen will, sich zu bewegen? Er bindet eine Karotte an eine Schnur und hält sie dem Esel an einem Stock vor die Nase. Und schon kommen die Hufe in Gang. Der Psychologe sagt dazu: *extrinsische* Motivation – der Beweggrund von außen.

Auch der Mensch kennt solche Beweggründe. Die inneren lassen ihn brennen für eine Sache, weil er sie will. Die äußeren – mehr Gehalt, das Designersofa, der Porsche in der Garage – treiben ihn an, mehr zu geben. Aber niemals wird es sein Bestes sein.

*Prof. Dr. Steven Reiss,* ein weltweit anerkannter Psychologe, deckte in bahnbrechenden wissenschaftlichen Studien zum Thema »Warum tun Menschen das, was sie tun?« auf, dass so gut wie alles, was wir tun, auf 16 grundlegende Bedürfnisse und Werte zurückgeführt werden kann. Sie bestimmen die Art und Weise, wie wir uns mit unserer Umwelt und unseren Mitmenschen auseinandersetzen: Sie sind der Stoff, aus dem »Erfolg« und »Misserfolg« geformt werden.

»Was Menschen so einzigartig macht«, betont der Persönlichkeitsforscher, »ist die jeweilige Kombination dieser Bedürfnisse und was sie für den Einzelnen bedeuten.« Die uns persönlich wichtigen Werte zu kennen, die Lebensmotive, die uns zu dem antreiben, was wir tun, ist Voraussetzung dafür, unsere Talente und Fähigkeiten auszuleben, den Sinn des Lebens zu erkennen und zur eigenen Life-Balance zu finden.

| *Die 16 Lebensmotive nach Steven Reiss* | |
|---|---|
| **Macht** | Das Lebensmotiv Macht gibt Auskunft darüber, ob jemandem das Führen/Verantworten oder eher das Übernehmen von Dienstleistung wichtig ist. |
| **Unabhängigkeit** | Das Lebensmotiv Unabhängigkeit macht eine Aussage darüber, wie jemand seine Beziehungen in den Aspekten Autonomie oder Verbundenheit zu anderen Menschen gestaltet. |
| **Neugier** | Das Lebensmotiv Neugier macht eine Aussage darüber, welche Bedeutung das Thema »Wissen« für jemanden im Leben hat und wozu er Wissen erwerben möchte. |
| **Anerkennung** | Das Lebensmotiv Anerkennung macht eine Aussage darüber, durch »wen« oder durch »was« jemand sein positives Selbstbild aufbaut. |
| **Ordnung** | Die Ausprägung im Lebensmotiv Ordnung zeigt an, wie viel Strukturiertheit oder Flexibilität jemand in seinem Leben benötigt. |
| **Sparen/ Sammeln** | Das Lebensmotiv Sparen/Sammeln kommt in seiner evolutionären Entsprechung aus dem »Anlegen von Vorräten«. Die Ausprägung zeigt an, wie viel es jemandem emotional bedeutet, Dinge zu besitzen. |
| **Ehre** | Bei dem Lebensmotiv Ehre geht es darum, ob jemand nach Prinzipientreue strebt oder eher zweckorientiert ist. |
| **Idealismus** | Das Lebensmotiv Idealismus betrachtet den altruistischen Anteil der Moralität und gibt Auskunft darüber, wie viel Bedeutung Verantwortung in Bezug auf Fairness und soziale Gerechtigkeit hat. |
| **Beziehungen** | Bei dem Lebensmotiv Beziehungen wird die Bedeutung von sozialen Kontakten dargestellt. Hierbei spielt die Quantität der Kontakte eine entscheidende Rolle. |

| | |
|---|---|
| **Familie** | Das Lebensmotiv Familie gibt Auskunft darüber, welche Bedeutung das Thema Fürsorglichkeit für jemanden hat (bezogen auf die eigenen Kinder). |
| **Status** | Beim Lebensmotiv Status geht es um den Wunsch, entweder in einem elitären Sinne »erkennbar anders« oder aber unauffällig und wie die anderen zu sein. |
| **Rache/ Kampf** | Bei dem Lebensmotiv Rache/Kampf geht es insbesondere um den Aspekt des Vergleichens mit anderen. Dazu gehören auch die Themen Aggression und Vergeltung einerseits sowie Harmonie und Konfliktvermeidung andererseits. |
| **Eros** | Eros als Lebensmotiv gibt Auskunft über die Bedeutung von Sinnlichkeit im Leben eines Menschen. Dazu gehören neben der Sexualität auch alle anderen Aspekte von Sinnlichkeit (z. B. Design, Kunst, Schönheit). |
| **Essen** | Das Lebensmotiv Essen fragt nach der Bedeutung, die Essen als Selbstzweck für jemanden hat, d. h. wie viel der Genuss an Essen zu der Lebenszufriedenheit beiträgt. |
| **Körperliche Aktivität** | Das Lebensmotiv Körperliche Aktivität fragt nach der Wichtigkeit, die körperliche Aktivität (Arbeit oder Sport) für die Lebenszufriedenheit hat. |
| **Emotionale Ruhe** | Das Lebensmotiv Emotionale Ruhe kann auch mit emotionaler Stabilität umschrieben werden und fragt nach der Bedeutung stabiler emotionaler Verhältnisse für die Lebenszufriedenheit. |

Quelle: www.reissprofile.eu

Viele *Motive* kommen schon im Tierreich vor und gehören zu unserem genetischen Erbe. Das betrifft nicht nur Nahrungssuche, Brutpflege und Sexualität, sondern auch eine Reihe »höherer« Antriebe. Neugierverhalten – das Erkunden der Umwelt – finden wir bei vielen Vögeln und Säugetieren. Auch das Streben nach Macht und Rang hat nicht erst der Mensch erfunden.

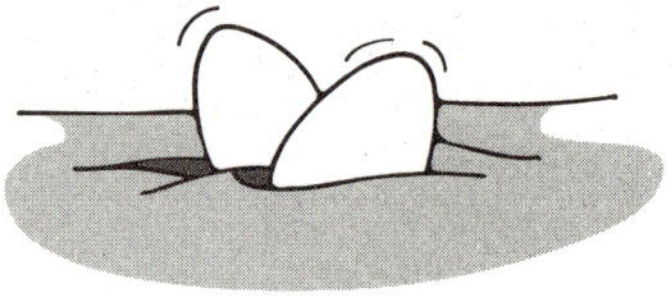

Was bewegt mich tatsächlich dazu, das zu tun, was ich tue, oder das zu tun, was getan werden müsste? Das ist eine Schlüsselfrage für Ihre Zukunft und Lebensqualität. Für Reiss steht fest: Im Gegensatz zum rasch vorübergehenden Zufallsglück, beschert von Lottofee und Co., kann das wertevermittelte Glück dem Leben wahren Sinn und wirkliche Erfüllung schenken. ***Ein erfülltes Dasein erfährt nur, wer seine wahren Motive und Lebensgründe kennt und sich von ihnen durchs Leben tragen lässt.*** Daher steht dieses Glück jedem offen: Unabhängig von Reichtum, Status oder Attraktivität hat jeder Mensch die gleichen Chancen, sein Leben an Werten zu orientieren, die es bedeutungsvoll machen.

Das Reiss Profile spiegelt die Werte, Bedürfnisse und Motive wider, die im Leben wichtig und sinnerfüllend sind. Es zeigt den Lebensplan. Ein Mensch, für den Neugierde ein wichtiges Motiv ist, wird als Buchhalter selten glücklich, dafür aber als Journalist. Das Werte-Profil macht deutlich, welche Motive Ihr Leben stark und welche es kaum beeinflussen. Wir streben danach, die am höchsten bewerteten Motive zu befriedigen und zu erfüllen. Denn diese Lebensmotive wirken selbstverstärkend: Bald nachdem wir sie befriedigt haben, werden sie wieder »fordernd«, so wie wir einige Stunden nach einer sättigenden Mahlzeit wieder Hunger bekommen oder nach anregenden Gesprächen oder Kontakten erneut die Nähe anderer Menschen suchen. Das Reiss Profile können Sie als einen Wegweiser zu Ihrem Glück verstehen – nicht zum zufälligen und kurzen Wohlfühlglück angenehmer Momente, sondern zum beständigen Werteglück.

**Parkticket-No. 1**

Ein erfülltes Dasein erfährt nur, wer seine wahren Motive und Lebensgründe kennt und sich von ihnen durchs Leben tragen lässt.

**Downing Street**

### *Reiss Profile Kurztest: Den eigenen Werten und Bedürfnissen auf der Spur*

*Die Frage, wer bin ich und was treibt mich an, beschäftigt die Menschen seit jeher. In den 1990er-Jahren veranlasste sie auch den Psychologieprofessor Dr. Steven Reiss dazu, eine wissenschaftliche Antwort zu suchen. Reiss forschte und lehrte seinerzeit an der US-amerikanischen Ohio State University zu den Themen Motivation und Persönlichkeit. Ein wesentliches Resultat seiner Arbeit war das Modell der 16 Lebensmotive und das daraus resultierende, nach dem Forscher benannte Testverfahren* »Reiss Profile«.

Die 16 Lebensmotive stehen für die grundlegenden Bedürfnisse, die jedem Menschen eigen sind. Nach Reiss ist damit die gängige Unterscheidung zwischen intrinsischer und extrinsischer Motivation hinfällig. Denn: Von außen motivieren kann nur, wer weiß, was der andere wirklich will, also dessen Lebensmotive kennt. So weit die Theorie, die durch das Reiss Profile um ein praxisrelevantes Instrument ergänzt wird. Dieses misst, welchen der 16 Lebensmotive der Einzelne besondere Priorität einräumt, und zeichnet auf dieser Basis ein klares Bild der individuellen Persönlichkeit. Die persönlichen Bedürfnisse und Prioritäten mithilfe des Persönlichkeitsprofils zu verstehen, ist häufig der erste Schritt zu Veränderungen in der Lebensgestaltung. Stets geht es dabei darum, den individuellen Lebensmotiven Raum zu geben und daraus dauerhafte Leistung und tiefe Zufriedenheit zu schöpfen.

Der folgende **»Reiss Motivation Profile Estimator«** ist ein Kurztest und Verfahren zur Selbsteinschätzung, um die eigenen stark und schwach ausgeprägten Grundbedürfnisse zu erkennen; Lizenznehmer und Ansprechpartner für einen ausführlichen, wissenschaftlich fundierten Reiss Profile Test finden Sie unter www.reissprofile.eu/partner.

Setzen Sie einen Haken neben die Aussagen, die Sie klar und eindeutig beschreiben. Tragen Sie in der Tabelle und in der Grafik auf Seite 28 das Ergebnis Ihrer persönlichen Einschätzung ein.

- Wenn die Zahl in Zeile 9 +2 oder +3 beträgt, fallen Sie unter die Kategorie starkes Grundbedürfnis.
- Wenn die Zahl in Zeile 9 -2 oder -3 beträgt, fallen Sie unter die Kategorie schwaches Grundbedürfnis.
- Wenn die Zahl in Zeile 9 -1, 0 oder +1 beträgt, fallen Sie unter die Kategorie durchschnittliches Grundbedürfnis.

(+) Starkes Grundbedürfnis

(0) Durchschnittliches Grundbedürfnis

(–) Schwaches Grundbedürfnis

**MACHT**

***Starke Macht***

○ 1. Man sagt mir nach, selbst die Dinge in die Hand zu nehmen.
○ 2. Ich strebe nach der Führungsrolle.
○ 3. Ich neige dazu, anderen ungefragt Ratschläge zu geben.

***Schwache Macht***

○ 4. Ich meide Herausforderungen.
○ 5. Es widerstrebt mir, anderen zu sagen, was sie tun sollen.
○ 6. Man sagt mir nach, dass ich entspannt bin.

7. Tragen Sie hier die Gesamtzahl der Haken für starke Macht ein. ☐
8. Tragen Sie hier die Gesamtzahl der Haken für schwache Macht ein. ☐
9. Ziehen Sie 8. von 7. ab. ☐

## UNABHÄNGIGKEIT

### *Starke Unabhängigkeit*

- ○ 1. Mir ist sehr wichtig, selbstsicher zu sein.
- ○ 2. Man sagt mir nach, eigensinnig zu sein.
- ○ 3. Man sagt mir nach, etwas so zu machen, wie ich es will.

### *Schwache Unabhängigkeit*

- ○ 4. Ich schätze »gefühlsbetonte« Erfahrungen.
- ○ 5. Ich bin stärker ein Nonkonformist als die meisten Menschen, die ich kenne.
- ○ 6. Es ist mir wohl dabei, mich auf die Unterstützung der Familie oder des Ehepartners verlassen zu können.

7. Tragen Sie hier die Gesamtzahl der Haken für starke Unabhängigkeit ein. ☐
8. Tragen Sie hier die Gesamtzahl der Haken für schwache Unabhängigkeit ein. ☐
9. Ziehen Sie 8. von 7. ab. ☐

## NEUGIER

### *Starke Neugier*

- ○ 1. Man sagt mir nach, analytisch oder nachdenklich zu sein.
- ○ 2. Meine Ideen sind mir sehr wichtig.
- ○ 3. Man sagt mir nach, ein Denker zu sein.

### *Schwache Neugier*

- ○ 4. Man sagt mir nach, ein praktisch veranlagter Mensch zu sein.
- ○ 5. Ich denke nur selten über Theorien nach, die nicht umgesetzt werden können.
- ○ 6. Die Schule fand ich langweilig.

7. Tragen Sie hier die Gesamtzahl der Haken für starke Neugier ein. ☐
8. Tragen Sie hier die Gesamtzahl der Haken für schwache Neugier ein. ☐
9. Ziehen Sie 8. von 7. ab. ☐

## ANERKENNUNG

### *Starke Anerkennung*

○ 1. Ich bin merklich unsicherer als die meisten Menschen.
○ 2. Ich habe mehr Schwierigkeiten als die meisten Menschen, mit Kritik umzugehen.
○ 3. Man sagt mir nach, unbeständig in Bezug auf meine Leistung zu sein.

### *Schwache Anerkennung*

○ 4. Ich bin selbstsicher.
○ 5. Man sagt mir nach, in Bezug auf meine Leistung beständig zu sein.
○ 6. Ich habe eine »Kann ich«-Einstellung.

7. Tragen Sie hier die Gesamtzahl der Haken für starke Anerkennung ein. ☐
8. Tragen Sie hier die Gesamtzahl der Haken für schwache Anerkennung ein. ☐
9. Ziehen Sie 8. von 7. ab. ☐

## ORDNUNG

### *Starke Ordnung*

○ 1. Man sagt mir nach, wohlorganisiert zu sein.
○ 2. Man sagt mir nach, sauber zu sein.
○ 3. Ich habe Schwierigkeiten, mich an Veränderungen anzupassen.

### *Schwache Ordnung*

○ 4. Man sagt mir nach, desorganisiert zu sein.
○ 5. Ich mache gern etwas spontan.
○ 6. Ich neige dazu, mehrere Eisen auf einmal im Feuer zu haben.

7. Tragen Sie hier die Gesamtzahl der Haken für starke Ordnung ein. ☐
8. Tragen Sie hier die Gesamtzahl der Haken für schwache Ordnung ein. ☐
9. Ziehen Sie 8. von 7. ab. ☐

**SPAREN/SAMMELN**

***Starkes Sparen/Sammeln***

○ 1. Ich repariere lieber etwas, als dass ich etwas als Ersatz kaufe.
○ 2. Ich mag es überhaupt nicht, etwas wegzuwerfen.
○ 3. Man sagt mir nach, dass ich sparsam bin.

***Schwaches Sparen/Sammeln***

○ 4. Die Dinge, die ich besitze, sind mir gleichgültig.
○ 5. Ich gebe oft mehr aus, als mir im Monat zur Verfügung steht.
○ 6. Man sagt mir nach, dass ich verschwenderisch bin.

7. Tragen Sie hier die Gesamtzahl der Haken für starkes Sparen/Sammeln ein. ☐
8. Tragen Sie hier die Gesamtzahl der Haken für schwaches Sparen/Sammeln ein. ☐
9. Ziehen Sie 8. von 7. ab. ☐

**EHRE**

***Starke Ehre***

○ 1. Ich lege Wert darauf, meine Pflicht zu tun.
○ 2. Man sagt mir nach, loyal zu sein.
○ 3. Auf mein Wort kann man sich verlassen.

***Schwache Ehre***

○ 4. Wenn es darum ginge, meinen Job zu behalten, würde ich lügen.
○ 5. Wenn sich die Umstände änderten, könnte ich Verpflichtungen nicht einhalten, die ich vorher eingegangen bin.
○ 6. Man sagt mir nach, opportunistisch zu sein.

7. Tragen Sie hier die Gesamtzahl der Haken für starke Ehre ein. ☐
8. Tragen Sie hier die Gesamtzahl der Haken für schwache Ehre ein. ☐
9. Ziehen Sie 8. von 7. ab. ☐

**IDEALISMUS**

***Starker Idealismus***

○ 1. Ich habe Mitgefühl mit armen und kranken Menschen.
○ 2. Ich bewundere Menschen, deren Arbeit zum Wohl der Menschheit oder der Bedürftigen beiträgt.
○ 3. Ich spende großzügig für wohltätige Zwecke.

***Schwacher Idealismus***

○ 4. Ich bin der Meinung, dass es nicht in meiner Verantwortung liegt, den Unterdrückten zu helfen.
○ 5. Ich »gucke lieber weg«, statt mich für die Probleme anderer Menschen zu engagieren.
○ 6. Ich empöre mich nur selten über soziale Ungerechtigkeit.

7. Tragen Sie hier die Gesamtzahl der Haken für starken Idealismus ein. ☐
8. Tragen Sie hier die Gesamtzahl der Haken für schwachen Idealismus ein. ☐
9. Ziehen Sie 8. von 7. ab. ☐

**BEZIEHUNGEN**

***Starke Beziehungen***

○ 1. Ich bin gut darin, soziale Beziehungen aufzubauen.
○ 2. Man sagt mir nach, dass ich freundlich bin.
○ 3. Ich habe ein aktiveres soziales Leben als die meisten Leute, die ich kenne.

***Schwache Beziehungen***

○ 4. Man sagt mir nach, dass ich unnahbar bin.
○ 5. Ich verbringe viel Zeit alleine (mehr als die meisten Leute, die ich kenne).
○ 6. Ich habe ein Problem damit, »Small Talk« zu machen.

7. Tragen Sie hier die Gesamtzahl der Haken für starke Beziehungen ein. ☐
8. Tragen Sie hier die Gesamtzahl der Haken für schwache Beziehungen ein. ☐
9. Ziehen Sie 8. von 7. ab. ☐

**FAMILIE**

***Starke Familie***

○ 1. Mir bedeuten Kinder alles.
○ 2. Ich mag es, Kinder um mich zu haben.
○ 3. Ich verbringe viel Zeit mit meiner Familie.

***Schwache Familie***

○ 4. Kinder langweilen mich.
○ 5. Als ich ein(e) junge(r) Erwachsene(r) war, wollte ich keine Kinder.
○ 6. Ich habe oft zu viel zu tun, um Zeit mit meiner Familie zu verbringen.

7. Tragen Sie hier die Gesamtzahl der Haken für starke Familie ein. ☐
8. Tragen Sie hier die Gesamtzahl der Haken für schwache Familie ein. ☐
9. Ziehen Sie 8. von 7. ab. ☐

**STATUS**

***Starker Status***

○ 1. Man sagt mir nach, dass ich ein förmlicher Mensch bin.
○ 2. Ich kaufe mir meist die prestigeträchtigsten Dinge, die ich mir leisten kann.
○ 3. Ich bin von reichen Menschen beeindruckt.

***Schwacher Status***

○ 4. Ich lasse mich von reichen Menschen nicht beeindrucken.
○ 5. Ich bin ein zwangloser Mensch.
○ 6. Ich mache mir nicht viel daraus, was andere Menschen von mir denken.

7. Tragen Sie hier die Gesamtzahl der Haken für starken Status ein. ☐
8. Tragen Sie hier die Gesamtzahl der Haken für schwachen Status ein. ☐
9. Ziehen Sie 8. von 7. ab. ☐

**RACHE/KAMPF**

***Starke/r Rache/Kampf***

○ 1. Ich gerate oft in Streitereien, Wortgefechte oder Prügeleien.
○ 2. Man sagt mir nach, dass ich ein Konkurrent oder Kämpfer bin.
○ 3. Zu siegen ist mir sehr wichtig.

***Schwache/r Rache/Kampf***

○ 4. Man sagt mir nach, dass ich ein Friedensstifter bin.
○ 5. Ich gebe mir große Mühe, Konfrontationen zu meiden.
○ 6. Gewalt finde ich abschreckend.

7. Tragen Sie hier die Gesamtzahl der Haken für starke/n Rache/Kampf ein. □
8. Tragen Sie hier die Gesamtzahl der Haken für schwache/n Rache/Kampf ein. □
9. Ziehen Sie 8. von 7. ab. □

**EROS**

***Starker Eros***

○ 1. Ich ziehe mich jeden Tag so an, dass ich attraktiv aussehe.
○ 2. Sexualität ist von wesentlicher Bedeutung für mein Glück.
○ 3. Ich bin beeindruckt von Menschen, die viele Sexualpartner anziehen.

***Schwacher Eros***

○ 4. Ich habe selten Geschlechtsverkehr (bedeutend weniger als einmal in der Woche).
○ 5. Es fehlt mir bezogen auf meine sexuellen Fähigkeiten an Selbstbewusstsein.
○ 6. Ich denke im Alltag nur selten an Eros/Sexualität.

7. Tragen Sie hier die Gesamtzahl der Haken für starken Eros ein. □
8. Tragen Sie hier die Gesamtzahl der Haken für schwachen Eros ein. □
9. Ziehen Sie 8. von 7. ab. □

**ESSEN**

***Starkes Essen***

○ 1. Ich habe viel Freude am Essen.
○ 2. Ich habe eine Tendenz, übergewichtig zu sein.
○ 3. Ich weiß viel über Essen für Feinschmecker.

***Schwaches Essen***

○ 4. Man sagt mir nach, beim Essen mäkelig zu sein.
○ 5. Ich habe eine Tendenz, untergewichtig zu sein.
○ 6. Ich freue mich nur selten auf Mahlzeiten.

7. Tragen Sie hier die Gesamtzahl der Haken für starkes Essen ein. ☐
8. Tragen Sie hier die Gesamtzahl der Haken für schwaches Essen ein. ☐
9. Ziehen Sie 8. von 7. ab. ☐

**KÖRPERLICHE AKTIVITÄT**

***Starke körperliche Aktivität***

○ 1. Sport zu treiben ist wichtig dafür, dass ich glücklich bin.
○ 2. Ich war beim Sport zweimal Mitglied einer Mannschaft (Schule und Hochschule zusammengenommen).
○ 3. Fit zu sein ist mir sehr wichtig.

***Schwache körperliche Aktivität***

○ 4. Man sagt mir nach, körperlich faul zu sein.
○ 5. Ich neige dazu, körperlich anstrengende Aktivitäten zu meiden.
○ 6. Ich bin nicht fit.

7. Tragen Sie hier die Gesamtzahl der Haken für starke körperliche Aktivität ein. ☐
8. Tragen Sie hier die Gesamtzahl der Haken für schwache körperliche Aktivität ein. ☐
9. Ziehen Sie 8. von 7. ab. ☐

## EMOTIONALE RUHE

### *Starke emotionale Ruhe*

○ 1. Ich bin jemand, der sich ständig Sorgen macht.
○ 2. Ich habe Panikattacken.
○ 3. Ich habe eine geringe Schmerztoleranz.

### *Schwache emotionale Ruhe*

○ 4. Man sagt mir nach, dass ich unter Druck gelassen bleibe.
○ 5. Ich bin ein Draufgänger.
○ 6. Man sagt mir nach, dass ich bei Gefahren mutig bin.

7. Tragen Sie hier die Gesamtzahl der Haken für starke emotionale Ruhe ein. ☐
8. Tragen Sie hier die Gesamtzahl der Haken für schwache emotionale Ruhe ein. ☐
9. Ziehen Sie 8. von 7. ab. ☐



Der hier vorgestellte »Reiss Motivation Profile Estimator« ist ein nichtvalidiertes Verfahren zur Selbsterkundung. Die Aussagen, die zu bewerten sind, sind nicht identisch mit den Reiss Profile Originalfragen und sein Ergebnis zeigt lediglich einen Trend hinsichtlich der denkbaren Motivausprägungen auf. Das wissenschaftlich fundierte Reiss Profile Testverfahren beruht hingegen auf einem umfangreichen Aussagenkatalog. Die Auswertung bezieht den Vergleich mit der kulturellen Norm und die Wechselwirkungen zwischen den verschiedenen Lebensmotiven mit ein. Das Rückmeldegespräch zwischen Reiss Profile Master und Klient ist immer Teil der Auswertung. So erzeugt das Testverfahren insgesamt ein valides und differenziertes Verständnis der individuellen Persönlichkeit.

Dafür, dass der einzigartige Ansatz in Deutschland zur Anwendung kommt, sorgt die Reiss Profile Germany GmbH. Das Berliner Unternehmen ist offizieller Lizenznehmer von Professor Dr. Steven Reiss in Deutschland und weiteren europäischen Ländern. So sind bundesweit mehr als 700 Reiss Profile Master aktiv, um Fach- und Führungskräfte, Leistungssportler und Privatpersonen auf Basis der Methode zu coachen und zu beraten.

Weitere Informationen zu den wissenschaftlichen Grundlagen und der praktischen Anwendung der Methode sowie zur Ausbildung zum Reiss Profile Master finden Sie auf der offiziellen Website des Reiss Profile: www.reissprofile.eu. Einen Überblick über in Deutschland aktive Reiss Profile Master, die zur Durchführung des Reiss Profile Tests berechtigt sind, finden Sie hier: www.reissprofile.eu/partner

**IHR LEBENSMOTIV-PROFIL**

Tragen Sie nun Ihre Werte

- (+) starkes Grundbedürfnis
- (0) durchschnittliches Grundbedürfnis
- (–) schwaches Grundbedürfnis

in das Diagramm ein und verbinden Sie die Markierungen zu Ihrem persönlichen Lebensmotiv-Profil.

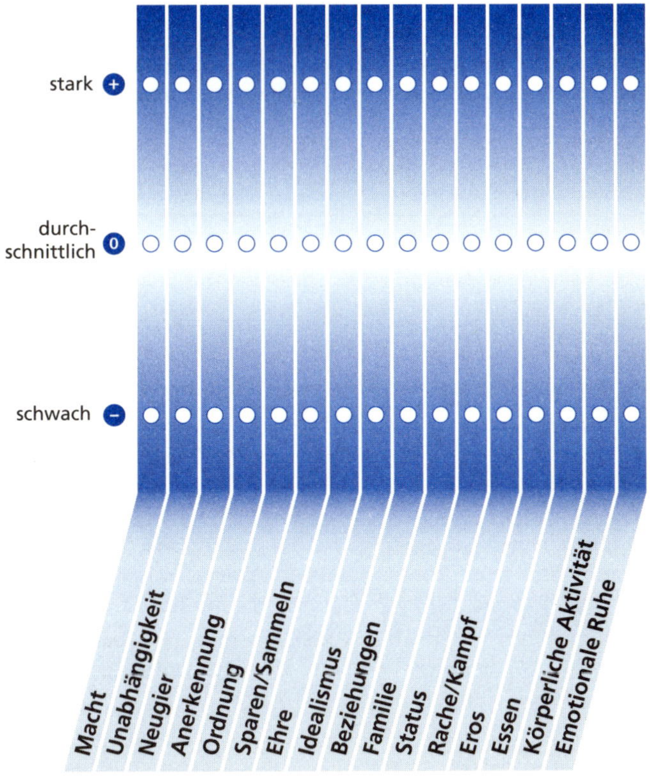

## 1.2 Wie wertvoll sind Sie?

*Wertekonflikte* sind nach *Anthony Robbins,* Amerikas erfolgreichstem Motivationstrainer, dessen Publikum ganze Football-Stadien füllt, Ursache jeder Selbstsabotage. ***Erfolgspersönlichkeiten kennen ihre Werte und Abneigungen genau und handeln danach. Deshalb wirken sie so zielstrebig, selbstbewusst und charakterlich wie aus einem Guss.*** Sie fragen sich, worum es ihnen wirklich im Leben geht und welche unangenehmen Emotionen sie um jeden Preis vermeiden möchten.

Robbins' Erfolgsformel orientiert sich an der epikureischen Philosophie: »Lebe dein Leben auf eine Weise, die viel Freude und sehr wenig Schmerz verursacht.« Um diese Lebenskunst zu verwirklichen, genügt es laut Robbins nicht, klare Zielen zu haben: »Viele der berühmtesten Persönlichkeiten in unserer Gesellschaft haben zwar ihre Träume erfüllt, aber keinen Weg gefunden, sie zu genießen. (… ) Sie haben den Unterschied nicht erkannt, der zwischen dem Erreichen eines Ziels und einem Leben gemäß den eigenen Wertvorstellungen besteht.«

Das ist der zentrale Kern seines Bestsellers »Das Robbins Power-Prinzip«. Robbins verwendet das gesamte Methodenarsenal des NLP (Neuro-Linguistisches Programmieren). Seine wichtigste praktische Methode ist jedoch das *Konditionieren:* Verknüpfen Sie Ihre Ziele mit positiven Erfahrungen und Gefühlen – und was Sie meiden wollen mit negativen. Wenn Sie zum Beispiel abnehmen möchten, stellen Sie in Gedanken neben das Bild Ihrer Lieblingsspeisen ein Fantasiebild von sich selbst: kurzatmig, mit Fettwülsten, Speckringen um den Bauch und wabbeligen Oberschenkeln. Dann sehen Sie sich beim Joggen: schlank, leichtfüßig, lächelnd. Jedes Mal, wenn der Heißhunger Sie überkommt, erinnern Sie sich an das erste Bild, und wenn Sie träge in den Fernsehsessel sinken wollen, an das zweite. Wer mit seinen Pfunden zu kämpfen hat, leidet in der Regel an der gegenteiligen Konditionierung: Beim Gedanken an Sport sieht er sich japsend und schweißüberströmt, der Gedanke an Essen verbindet sich

**Parkticket-No. 2**

Erfolgspersönlichkeiten kennen ihre Werte und Abneigungen genau und handeln danach. Deshalb wirken sie so zielstrebig, selbstbewusst und charakterlich wie aus einem Guss.

**Downing Street**

hingegen mit Genuss und sinnlichen Düften. Ist es da ein Wunder, dass er keine Diät durchhält bzw. gar nicht erst damit beginnt?

Robbins schuf eine besondere Variante des NLP: **das Neuro-Assoziative Konditionieren (NAC)**. Es besteht aus zwei Stufen:

1. Stufe: Der Entschluss, sich nicht mehr den Umständen zu unterwerfen, sondern das Risiko eigener Entscheidungen und Verantwortung auf sich zu nehmen.

2. Stufe: Seine Gewohnheiten und Vorlieben neu konditionieren, alte Verhaltensstrategien durch neue ersetzen.

Robbins' Kursteilnehmer bekannten sich am häufigsten zu den nachfolgenden zehn **Werten**:

1. Abenteuerlust
2. Behaglichkeit
3. Erfolg
4. Freiheit
5. Gesundheit
6. Leidenschaft
7. Liebe
8. Macht
9. Nähe
10. Sicherheit

Außerdem wollten die Teilnehmer folgende acht **Emotionen** gern vermeiden:

1. Einsamkeit
2. Frustration
3. Schuldgefühle
4. Wut
5. Erniedrigung
6. Niedergeschlagenheit
7. Versagen
8. Zurückweisung

## Leben Sie Ihre eigenen Werte

*Bringen Sie die zuvor genannten **Werte** in die für Sie zutreffende Reihenfolge. Wenn Sie sich bei zwei Werten über die Rangfolge nicht sicher sind: Denken Sie sich eine Situation Ihres Alltags aus, in der beide Werte miteinander kollidieren könnten. Für welchen würden Sie sich dann entscheiden?*

Welche der auf der Vorderseite stehenden **Emotionen** wäre für Sie die schmerzlichste? Welche könnten Sie noch am ehesten aushalten? Ermitteln Sie Ihre Rangfolge: Vergleichen Sie jetzt beide Listen. Entdecken Sie Zusammenhänge zwischen Ihren Werten und Ihren Aversionen? Gibt es andere Werte und Emotionen, die Sie gern in Ihre Listen einfügen möchten? Was haben Sie über sich und Ihren persönlichen Wertekodex erfahren?

Nehmen Sie sich nun ein Blatt Papier und stellen Sie sich – nicht erschrecken – an das Ende Ihres Lebens. Und nun schreiben Sie auf, was Ihnen einfällt zu der Frage:

»Wenn ich noch einmal leben dürfte, dann …«

So spüren Sie auf, was Sie versäumen zu tun und was Sie anders machen können. Die meisten Menschen wissen zwar, wie sie ihren Urlaub verbringen wollen. Aber nur wenige kennen ihre Lebensziele, Bedürfnisse und wirklichen Wünsche.

## 1.3 Was ist Ihnen wirklich wichtig?

Die Lottogewinner-Wunschliste sieht bei vielen Menschen ähnlich aus: ein teures Auto, eine Villa mit Bediensteten, eine Jacht, ein Pferd, eine eigene Insel, Brillanten … Gibt uns die Fee drei Wünsche frei, werden die Ziele schon grundsätzlicher: Gesundheit, langes Leben, Glück, Frieden … Wonach wir aber am beharrlichsten streben: uns selbst treu zu sein, in unserem Leben unsere innersten Überzeugungen zum Ausdruck zu bringen.

Es ist erstaunlich, wie schwer es den meisten Menschen fällt, ihre *Werte* zu definieren. Falls Sie spontan eine Reihe von Schlüsselbegriffen nennen wie Gesundheit, Liebe, Freiheit, Sicherheit, Wohlstand – sehr gut! Wissen Sie auch, welche davon für Sie höchste Priorität haben? Und welche nur Mittel sind, um Ihre höheren Werte zu erfüllen?

Falls Sie zum Beispiel sagen, Wohlstand und Geld seien für Sie nur eine Zwischenstation, um Gesundheit, Abenteuerlust und Gelegenheiten für Ihre Hobbys zu sichern – machen Sie in Gedanken die Gegenprobe.

Wenn Sie ohne einen Cent in der Tasche voll strotzender Gesundheit um die Welt trampen und dabei Ihren Lieblingsbeschäftigungen nachgehen könnten: Würden Sie dann leichten Herzens auf Ihr Eigenheim, Ihr Auto und all die Dinge verzichten, die Sie im Laufe der Jahre angesammelt haben? Wenn nicht, rangiert Geld auf Ihrer Werteskala weiter oben, als Sie im ersten Moment glaubten.

Die Verführung ist groß, die Werte nach anerkannten Normen zu ordnen, also Liebe ganz oben, Gesundheit etwas tiefer und Geld eher unten. Haben wir nicht seit unserer Kindheit den Satz »Geld allein macht nicht glücklich« im Ohr? Wenn Sie insgeheim stolz auf Ihr Einkommen sind – stehen Sie dazu!

Also: *Was ist für Sie wirklich wichtig in Ihrem Leben?* Diese Frage können Sie sich nur selbst beantworten. Übrigens: Sie sollten sich diese Frage einmal im Jahr stellen. Denn Werte verändern sich auch.

***Ihr persönlicher Wertekodex***

*Also: Was ist Ihnen zutiefst wichtig? Auf welchem Grund stehen Sie? Welche Haltung nehmen Sie anderen Menschen gegenüber ein? Die nachfolgende Liste der Werte und Tugenden ist nur als Anregung gedacht. Jetzt sind Sie dran: Welche Werte geben Ihrem Leben eine Richtung? Bitte wählen Sie dazu fünf aus, die Ihnen am wichtigsten sind:*

- Beruflicher Erfolg ☐
- Gewinner sein ☐
- Macht ☐
- Fairness ☐
- Kooperation statt Konkurrenz ☐
- Qualität statt Quantität ☐
- Führer und Vorbild sein ☐

- [ ] Sicherheit
- [ ] Leidenschaft
- [ ] Liebe
- [ ] Harmonische Partnerschaft
- [ ] Glückliche Familie
- [ ] Kinder auf das Leben vorbereiten
- [ ] Geborgenheit
- [ ] Gesundheit
- [ ] Soziales Engagement
- [ ] Politisches Interesse
- [ ] Mitgefühl mit anderen
- [ ] Freundschaft
- [ ] Frieden
- [ ] Persönliche Freiheit
- [ ] Selbstausdruck
- [ ] Selbstverantwortung
- [ ] Seelenruhe
- [ ] Vertrauen
- [ ] Güte
- [ ] Respekt
- [ ] Toleranz
- [ ] Gerechtigkeit
- [ ] Ehrlichkeit
- [ ] Treue

- Mäßigung ☐
- Bescheidenheit ☐
- Diskretion ☐
- Geduld ☐
- Fleiß ☐
- Zuverlässigkeit ☐
- Großzügigkeit ☐
- Mut ☐
- Künstlerischer Ausdruck ☐
- Spirituelle Entwicklung ☐
- Religiöse Überzeugungen ☐
- Intellektuelles Wachstum ☐
- Offensein für Neues ☐

Anschließend halten Sie Ihre Schlüsselwerte schriftlich fest, damit Sie sie in Zukunft bei all Ihren Handlungen und Entscheidungen berücksichtigen können.

Mein persönlicher Wertekodex:

- ..........
- ..........
- ..........
- ..........
- ..........

## Downing Street

**Parkticket-No. 1**

***Ein erfülltes Dasein erfährt nur, wer seine wahren Motive und Lebensgründe kennt und sich von ihnen durchs Leben tragen lässt.***

**Parkticket-No. 2**

***Erfolgspersönlichkeiten kennen ihre Werte und Abneigungen genau und handeln danach. Deshalb wirken sie so zielstrebig, selbstbewusst und charakterlich wie aus einem Guss.***

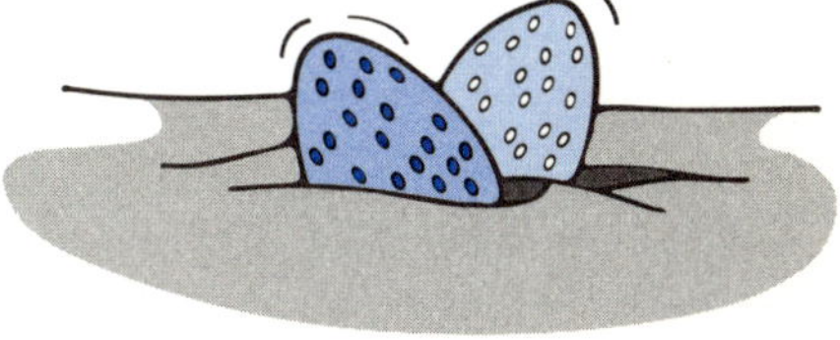

***Dein Wissen bringt dich von
A nach B, aber deine Vorstellungskraft
ist grenzenlos.***

Albert Einstein

***In 20 Jahren wirst du dich mehr ärgern über die Dinge,
die du nicht getan hast, als über die, die du getan hast.
Also wirf die Leinen und segle fort aus deinem sicheren Hafen.
Fange den Wind in deinen Segeln.
Forsche.
Träume.
Entdecke.***

Mark Twain

***Damit das Mögliche entsteht,
muss immer wieder das
Unmögliche versucht werden.***

Hermann Hesse

# 2. VISONEN

## 2.1 Folgen Sie Ihrem Leitstern?

Ein Philosophieprofessor steht vor seinen Studenten und hat ein paar Dinge vor sich liegen. Als der Unterricht beginnt, nimmt er ein großes leeres Gurkenglas und füllt es bis zum Rand mit großen Steinen. Anschließend fragt er seine Studenten, ob das Glas voll sei. Sie stimmen ihm zu.

Der Professor nimmt daraufhin eine Schachtel mit Kieselsteinen, schüttet sie in das Glas und schüttelt es leicht. Die Kieselsteine rollen in die Zwischenräume der größeren Steine. Dann fragt er seine Studenten erneut, ob das Glas jetzt voll sei. Sie stimmen wieder zu und lachen. Der Professor seinerseits nimmt eine Schachtel mit Sand und schüttet ihn in das Glas. Natürlich füllt der Sand die letzten Zwischenräume im Glas aus.

»Nun«, sagt der Professor zu seinen Studenten, »ich möchte, dass Sie erkennen, dass dieses Glas wie Ihr Leben ist. Die Steine sind die wichtigen Dinge im Leben. Ihre Familie, Ihr Partner, Ihre Gesundheit, Ihre Kinder: Dinge, die – wenn alles andere wegfiele und nur sie übrig blieben – Ihr Leben immer noch erfüllen würden. Die Kieselsteine sind andere, auch wichtige Dinge, wie Ihre Arbeit, Ihre Wohnung, Ihr Haus oder Ihr Auto. Der Sand symbolisiert die kleinen Dinge im Leben. Wenn Sie den Sand zuerst in das Glas füllen, bleibt kein Raum für die Kieselsteine oder die großen Steine. So ist es auch in Ihrem Leben: Wenn Sie all Ihre Energie für die kleinen Dinge in Ihrem Leben aufwenden, haben Sie für die großen keine mehr. Achten Sie daher auf die wichtigen Dinge, nehmen Sie sich Zeit für Ihre Kinder oder Ihren Partner, achten Sie auf Ihre Gesundheit. Es wird noch genug Zeit geben für Arbeit, Haushalt, Partys und so weiter. Achten Sie zuerst auf die großen Steine – sie sind es, die wirklich zählen. Der Rest ist nur Sand.«

**Parkticket-No. 3**

Arbeit kostet Lebenszeit

**Route 66**

Nach dem Unterricht nimmt einer der Studenten das Glas mit den großen Steinen, den Kieseln und dem Sand – bei dem mittlerweile sogar der Professor zustimmt, dass es voll ist – und schüttet ein Glas Bier hinein. Das Bier füllt den noch verbliebenen Raum im Glas aus; nun ist es wirklich voll.

Viele Menschen tragen eine gedankliche Scheuklappe: »Eine Vision? Wo ich schon Mühe habe, meine Terminflut zu bewältigen, im Job überhaupt zu bestehen? Keine Zeit zum Grübeln. Nein danke!« – Aber auch, wer nur so in den Tag hineinlebt, ohne über das Wie und Warum nachzudenken, begründet, warum er so und nicht anders handelt. Er richtet eben lieber alle Aufmerksamkeit auf den nächsten Karriereschritt. Auch das mag eine Vision sein. Es fragt sich nur, wie lange sie hält.

Jeder Architekt, jeder Regisseur, jeder Künstler entwirft sich einen Plan und ein Bild, dem er folgt. Ohne ein solches *»Leitbild«* entstünde kein Gebäude, kein Film, keine Skulptur. Sie schrecken davor zurück? Das kann ich verstehen. Denn Sie ahnen, dass es nun ans Eingemachte geht. Sie müssen jenen einen Weg in die Zukunft wählen, der alle anderen Wege ausschließt. Ihren Weg. Im Vertrauen gesagt: Auch ohne Wahl gehen Sie nur einen Weg. Aber keinen, den Sie sich ausgesucht haben.

Haben Sie schon einmal versucht, mit geschlossenen Augen einen Spaziergang zu machen? Ich behaupte: Sie können das, mit etwas Vorsicht. Strecken Sie die Arme aus und gehen Sie langsam los. Wie weit kommen Sie? Ich kann es Ihnen sagen: genau so weit, wie Sie ein Bild des Weges vor sich hatten. Genauso ist es mit der *Zukunft:* Wir kennen sie nicht, aber wir gehen in sie hinein, jede Sekunde unseres Lebens. Es steht uns frei, hineinzutapsen und zu akzeptieren, was kommt. Ebenso aber können wir mit der Kraft unseres Geistes einen Leitstern in der Zukunft ansteuern – der Philosoph *Ernst Bloch* sprach davon, dass in der Utopie die Zukunft zum »Vor-Schein« kommt.

**Parkticket-No. 4**

Wer eine Vision hat, ist auch durch Schwierigkeiten nicht aufzuhalten.

**Route 66**

Warum stehen Sie Morgen für Morgen auf und hetzen ins Büro? Um Geld zu verdienen? Um Karriere zu machen? Um Ihr Können unter Beweis zu stellen? Um sich selbst zu verwirklichen? Um glücklich zu sein? Um Menschen zu treffen? Um etwas Bleibendes zu schaffen? Haben Sie eine Vision, die Sie erfüllt und für die es sich lohnt, Gas zu geben?

Wenn Sie sich überlegt haben, ob die Gründe den Gang in die tägliche Tretmühle wert sind – dann haben Sie sich die *Frage nach der Vision* und dem Sinn in Ihrem Leben gestellt – zumindest Ihres Arbeitslebens. Denn ***Arbeit kostet Lebenszeit.*** Ähnliches gilt für alle anderen Lebensbereiche: Lebe ich wirklich mit den Menschen zusammen, die ich liebe? Bin ich fähig, meinen Kindern Freude am Leben, soziale Kompetenz zu vermitteln? Trage ich dazu bei, dass andere Menschen einen Sinn in ihrem Leben sehen?

Die Harvard-Universität in Cambridge ist eine alte Universität. Seit 1636 spuckt sie Jahr für Jahr die Elite der USA aus. Und da die amerikanischen Universitäten sehr leistungsorientiert sind, interessieren sie sich für den Erfolg ihrer Abgänger und erforschen, was dazu geführt hat. Eine zehnjährige Untersuchung brachte ein verblüffendes Resultat zutage: Es gab eine eindeutige Korrelation zwischen der Zielgewissheit der Absolventen und ihrem späteren Verdienst: 83 Prozent hatten keine erklärte Zielsetzung für ihren Beruf. 14 Prozent hatten einen klaren Plan für ihre Karriere – sie verdienten das Dreifache. Jene 3 Prozent, die ihre Ziele schriftlich formuliert hatten, verdienten das zehnfache!

Nun ist das Einkommen nicht der alleinige Faktor für Lebensqualität, aber es gibt einen guten Maßstab ab. Immerhin zeigt das Beispiel, welche Kraft sich automatisch entfaltet, wenn wir uns sicher sind, was wir wollen: ***Wer eine Vision hat, ist auch durch Schwierigkeiten nicht aufzuhalten.***

Eine Vision ohne Tat ist nur ein Traum, eine Tat ohne Vision schlägt Zeit tot, Vision und Taten als Einheit können die Welt verändern. Ziele, Visionen, Leitbilder können mitreißen, motivieren, inspirieren. Wenn mehrere Menschen eine Vision teilen, entsteht der Synergie-Turbo Teamarbeit wie von selbst. Und wenn viele Menschen das gleiche Ziel verfolgen, entwickelt sich eine kollektive Kultur, die ihre eigene Kraft entfaltet.

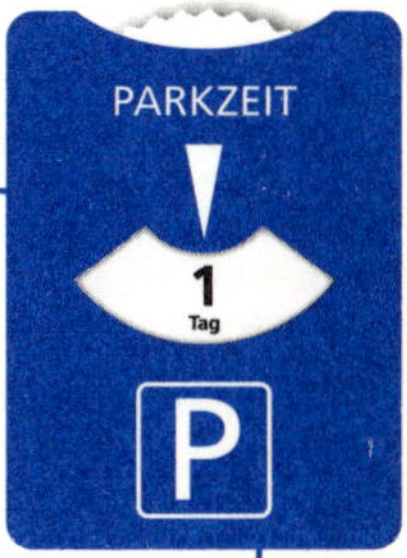


***Entdecken Sie Ihren Leitstern in sechs Schritten***

*Sie brauchen dazu nur drei Dinge: einen Stift, ein Blanko-Buch zum Hineinschreiben und einen freien Tag – Ihren Visionstag. Oder Sie nehmen sich eine Woche lang jeden Abend 1 Stunde. Egal, wie Sie vorgehen, machen Sie in jedem Fall öfter eine Pause während dieser Parkzeit. Gehen Sie 1 Stunde spazieren oder tun Sie etwas anderes Entspannendes, damit Ihr Kopf frei wird.*

1.Schritt

Stellen Sie sich vor, Sie nehmen an Ihrem eigenen Begräbnis teil. Der Pfarrer hält eine beeindruckende Rede auf den Verstorbenen. Er lobt seine Verdienste und seine Erfolge, würdigt seine Lebensstationen, übergeht höflich das Unangenehme – und all sein Wissen hat er aus Ihrer Feder. Denn die Grabrede haben Sie ihm geschrieben. Sie dürfen formulieren, auf was Ihre Hinterbliebenen dereinst stolz sein sollen. Wenn Ihnen das zu makaber

ist, können Sie auch einen Lobgesang zu Ihrem 80. Geburtstag formulieren. Hauptsache, Sie schreiben alles auf. Sie werden staunen, was Ihnen alles aus der Feder fließt … Machen Sie eine Bestandsaufnahme Ihres Lebens:

- Was hat Sie im Leben geprägt?
- Was war Ihr erstes Erfolgserlebnis in Ihrer Kindheit?
- Wie sehen Sie Ihr Elternhaus und Ihre Erziehung? Wie stehen Sie zum Vater, zur Mutter, zu den Geschwistern? Was bewundern Sie an ihnen, was mögen Sie nicht? Wo durften Sie Harmonie erleben, wo knirschte es?
- Beschreiben Sie Ihren Heimatort – was lieben Sie, was trieb Sie möglicherweise weg? Welchen Einfluss hatten auf Sie Religion, Kulturelles, Schule?
- Welche Vorbilder hatten Sie im Lauf der Jahre? Mit welchen Menschen fühlten Sie sich wohl, mit wem unwohl?
- Welche Herausforderungen haben Sie stark gemacht? Welche Kenntnisse, Erfahrungen und Fähigkeiten haben Sie erworben?
- Was sind Ihre größten Erfolge und Misserfolge? Wo sehen Sie im Beruf Probleme, was können Sie dagegen tun? Im Privatleben, in Familie und Partnerschaft?

2.Schritt

Malen Sie ein Bild: Ihr *Wunschtraum Zukunft.* Legen Sie vor sich ein großes Blatt Papier und Farbstifte, teilen Sie das Blatt einmal längs und einmal quer. Schließen Sie die Augen, und beamen Sie sich genau fünf Jahre weiter. Was sehen Sie? Malen Sie nun in die vier Bereiche, was sich alles verändert hat:

- In das eine Viertel alles Berufliche,
- in das nächste alles Private und Familiäre,
- in das dritte alles, was Sie an Erfahrungen, Wissen, Fähigkeiten und Interessen neu hinzugewonnen haben,
- in den vierten Bereich, wie sich Ihre Lebensprioritäten verschoben haben.

Das Bild muss nicht schön werden. Wichtig ist, dass Sie Zugang zu Ihren Wünschen, Bedürfnissen und Zielen bekommen, denn unser Unterbewusstsein denkt in Bildern. Geschafft? Bravo! Nicht alle halten bis hier durch.

3.Schritt

Nun schreiben Sie einen *Wunschzettel.* Stellen Sie die Eieruhr – Sie haben 5 Minuten Zeit: Notieren Sie alles, was Sie gerne besitzen möchten (materielle Dinge) und was Ihnen wichtig ist (Immaterielles, zum Beispiel eine harmonische Ehe). Anschließend markieren Sie Ihre fünf wichtigsten Wünsche.
Auf vielen Wunschzetteln fällt spätestens hier der Ferrari durch das Sieb. Sie müssen vor sich selbst nicht den Gutmenschen spielen; ich habe nichts dagegen, wenn Sie Ihre »Will ich!«-Liste ein bisschen egoistisch korrigieren.

## 4. Schritt

Jetzt geht es darum, die *Leitplanken* für Ihr Leben zu montieren. Stellen Sie sich dazu die folgenden noch tiefer gehenden Fragen:

- Wozu bin ich auf dieser Welt?
- Wenn Zeit, Erfolg und Geld keine Rolle spielten, was würde ich am liebsten tun?
- Welche Tätigkeiten in Beruf und Privatleben hätten für andere den größten Nutzen?
- Welche Eigenschaften, Begabungen, Fähigkeiten bewundere ich bei anderen Menschen am meisten?
- Warum sind andere Leute glücklich?
- Was sind meine größten Momente von Glück, Erfolg und Erfüllung?
- Was möchte ich in meinem Leben unbedingt Großes vollbringen?

## 5. Schritt

Als Nächstes verfassen Sie einen *Leitbild-Entwurf.* Beschreiben Sie Ihre Lebensvision, Ihr Lebensdrehbuch. Erste Regel: Gegenwart. Schreiben Sie nicht in der Zukunftsform und nicht in der Möglichkeitsform. Auch wenn Ihr Ziel in zwölf Jahren liegt – notieren Sie es so, als hätten Sie es bereits erreicht. »Ich bin, ich habe, ich kann, ich helfe …« Zweite Regel: Zack, zack! Schreiben Sie 5 Minuten, ohne den Stift abzusetzen. Denken Sie nicht nach, vertrauen Sie auf die Weisheit Ihrer Schreibhand – Ihr Unterbewusstsein führt sie. Nach 5 Minuten: Stopp!

Jetzt dürfen Sie sich erst mal wundern, was da steht. Wie selbstbewusst es da steht. Und wie sehr es stimmt. Nutzen Sie jetzt gleich diesen Schwung, es ist die Stunde der Wahrheit!

6. Schritt

Zum Abschluss dieser Parkzeit formulieren Sie Ihren *Lebensplan für die nächsten 15 Jahre.* Beantworten Sie dazu die folgenden fünf Fragen:

- Was will ich im Jahr ...... erreicht haben, welche Wünsche sollen bis dahin erfüllt sein?
- Wie sollen andere mich sehen?
- Welche Leistungen muss ich dafür voraussichtlich erbringen, welchen Nutzen muss ich anderen dafür bieten?
- Welche Bedeutung erreiche ich dadurch für mich? Für meine Familie und Freunde? Für das Unternehmen, die Mitarbeiter, die Kollegen, die Kunden?
- Welche Wirkungen hat all das auf mein Leben in 7 Jahren? In 20? An meinem Lebensende?

In dieser Parkzeit haben Sie etwas Großes für sich getan. Ich wette, Sie sind jetzt beides: geschlaucht und gleichzeitig vibrierend vor Glück. Sie haben Ihren *Leitstern.* Sie können, was Sie aufgeschrieben haben, so belassen, Sie können es aber auch irgendwann fortschreiben, Sie können es verändern und verfeinern. Aber niemand kann Ihnen diese Vision jemals nehmen. Und wenn Sie wollen, schreiben Sie morgen die Königsform davon: Ihr »Mission Statement«. Also Ihr Glaubensbekenntnis, Ihre Lebensphilosophie, mit der Sie Ihren Platz und Ihre Aufgabe in dieser Welt umreißen.

## 2.2 Welche Rolle spielen Sie in Ihrem Leben?

Stellen Sie sich Ihr Leben als ein großes *Theater* vor, in dem es viele Bühnen gibt, auf denen jeweils ein Stück aufgeführt wird. Und in jedem Stück spielen Sie eine Rolle: in dem einen die des ungemütlichen Antreibers im Job, im anderen die des Hilfsbereiten in der Gemeinde, im dritten den Ehemann, der ständig an seinen Kindern herumnörgelt, im vierten den Witzbold im Sportverein …

**Parkticket-No. 5**

Unsere Zeitprobleme im Leben entstehen nie aus der Sache, sondern weil wir immer wieder zu viele Rollen gleichzeitig spielen wollen.

**Route 66**

Dutzende von Theaterräumen, Dutzende von Rollen, Dutzende von Regisseuren, die jeweils das Beste von Ihnen verlangen. Alle Stücke laufen gleichzeitig, Sie springen von einer Bühne auf die nächste, hecheln schnell Ihren Part durch und verschwinden wieder. In manches Stück kommen Sie gerade noch rechtzeitig, um festzustellen, dass Ihre Rolle gestrichen wurde oder ein anderer sie übernommen hat – eines heißt »Freundschaft«, ein anderes »Gesundheit«, ein drittes »Hobby«, ein viertes vielleicht sogar »Ehe«. Sie dürfen nur noch zuschauen.

Kommt Ihnen das bekannt vor? Nie das Gefühl, Herr des Geschehens zu sein; nie die Befriedigung, wirklich das Beste geleistet zu haben; immer die Enttäuschung, Ihre Rolle schlecht zu spielen? ***Unsere Zeitprobleme im Leben entstehen nie aus der Sache, sondern weil wir immer wieder zu viele Rollen gleichzeitig spielen wollen.***

Warum funktioniert das so unerbittlich? Weil jede unserer Aufgaben mit anderen Menschen zu tun hat – und weil unser Unterbewusstsein nach Anerkennung und Liebe hungert. Das ist unser Steinzeit-Programm: Ohne gesicherte Stellung im Rudel fielen wir der feindlichen Umwelt zum Opfer; drei, fünf, sieben Bezugspunkte im Sozialgefüge, und das Überleben war gesichert.

Wie wäre es, wenn Sie sich in das ganze Theater einmischten, um wenigstens für Ihre Rollen die Regie zu übernehmen? Zuerst einmal schauen Sie sich den Spielplan an: Welche Rollen spielen Sie, wo tragen Sie Verantwortung? Schon im *Beruf* können das mehrere Parts zugleich

sein: Verkaufsleiter, Mitarbeiter, Führungskraft, strategischer Vordenker, Arbeitskreismitglied, Verbandsfunktionär … Auch im Privatleben spielen Sie diverse Rollen: (Ehe-)Partner, Mutter/Vater, Freund, Nachbar, Ver-/Mieter, Nachhilfelehrer …

### *Übernehmen Sie die Hauptrolle in Ihrem Leben*

*Notieren Sie so genau wie möglich jede* Rolle, *die Sie in Ihrem Leben spielen. Anschließend bewerten Sie jede: Welche ist Ihnen angenehm, welche wollen oder müssen Sie unbedingt weiterspielen?*

Nun mischen Sie sich in die Besetzungsliste ein: Streichen Sie sich aus all jenen Stücken heraus, in denen Sie sich nicht wohlfühlen und denen Sie sich relativ leicht entziehen können. Prüfen Sie bei jeder einzelnen: Was passiert, wenn ich hier einfach aussteige? Im nächsten Schritt unterschreiben Sie Ihre Engagements: Wählen Sie höchstens sieben Rollen aus, die Sie unbedingt weiterspielen wollen und müssen (Sie dürfen dabei mehrere Teilrollen zusammenfassen zu einer, etwa »Family & Friends«). Der Sinn dieser Beschränkung auf sieben Rollen liegt darin, dass Sie sich verpflichten, diese Rollen nach besten Kräften auszufüllen. Viele Rollen ergeben sich von selbst:

- Mutter- oder Vaterschaft,
- Ehe oder Partnerschaft,
- die berufliche Hauptaufgabe,
- eventuell eine Führungsrolle,
- soziale Pflichten (Verein, Gemeinde),
- ein intensives Hobby,
- ein zeitlich befristetes Projekt: Hausbau, Abendstudium, Wahlhelfer, Buchautor …

Die wichtigste Rolle muss für Sie selbst reserviert sein. Denn Ziel unseres Lebens ist nicht, es allen anderen recht zu machen, sondern uns selbst zu entfalten. Oft drückt sich die Rolle im Hobby oder in einem besonderen, eventuell vernachlässigten Interesse aus.

Jetzt übernehmen Sie die Regie. Mischen Sie sich in alle »Drehbücher« ein: Sie schreiben Ihre Rollen selbst. Stellen Sie sich die folgenden Fragen und schreiben Sie Ihre Antworten auf:

- Was heißt es konkret, ein guter Lebenspartner zu sein, ein guter Vater/eine gute Mutter, ein guter Verkaufsleiter, eine gute Vereinsvorsitzende …?
- Was genau würden Sie tun, wenn Sie jetzt sofort auf die Bühne springen würden und das Beste täten, um die jeweilige Rolle begeisternd zu spielen?
- Was sollen Ihr Partner, Ihre Kinder, Ihr Chef und Ihre Mitarbeiter, alle Mitspieler und Zuschauer erzählen, wenn sie von der Vorstellung berichten? Woran sollen sie sich nach Jahren noch erinnern können?
- Welche Ihrer Charakterzüge soll man an Ihnen loben? Welche Impulse wollen Sie geben? Wie wollen Sie andere bereichern?

Was Sie soeben getan haben: Sie haben die Verantwortung für Ihr Leben übernommen. Sie haben Ihr Leitbild in den Alltag übersetzt. Ihren Leitstern an Ihren Himmel gestellt.

## 2.3 Sind Sie, was Sie können?

Ihr Leben liegt nun viel klarer vor Ihnen als noch vor Kurzem. Macht Ihnen der Anblick Freude? Oder fühlen Sie sich dabei unsicher? Tun Sie genau das, was Ihnen am meisten liegt? Denn ***Ihre Stärken helfen Ihnen, Ihre Visionen zu realisieren, sie dienen als Schlüssel zu einem erfüllten Leben.***

Angenommen, Sie sollten das Olympiateam richtig einsetzen. Sie würden den Hürdenläufer sicher nicht zum Kraulen schicken und den Boxchampion nicht zum Hockey, sondern jeden Sportler dort seinen Beitrag leisten lassen, wo er spitze ist.

Viele Menschen aber stellen sich Aufgaben, als wollten sie sich selbst quälen. Vermutlich haben Sie schon einmal versucht, gut zu werden in einer Sache, die Ihnen schwerfällt. Ich nehme an: Sie haben sich durchgebissen, sind aber mittelmäßig geblieben, und Freude hat es Ihnen keine gemacht.

**Parkticket-No. 6**

Ihre Stärken helfen Ihnen, Ihre Visionen zu realisieren, sie dienen als Schlüssel zu einem erfüllten Leben.

**Route 66**

Stecken Sie aber dieselbe Energie in etwas, das Sie sowieso besser können als andere, das Ihnen Spaß macht und leichtfällt, womit Sie die größte Wirkung erzielen im Hinblick auf Ihre Lebensvision, dann entwickeln Sie darin überragende Fähigkeiten. Ihre individuelle Kombination aus Erfahrungen und Know-how, Fähigkeiten und Schwächen macht Ihre Persönlichkeit aus.

### *Zeigen Sie Charakter!*

*Untersuchungen haben gezeigt, dass Menschen, die ihre* Charakterstärken *kennen und danach leben und arbeiten, erfolgreicher, glücklicher und gesünder sind als Menschen, die diese ignorieren. Was aber, wenn Sie Ihre persönlichen Stärken überhaupt nicht kennen und deshalb nicht nutzen können? Dann bleibt eben alles, wie es ist.*

Die sensationelle Nachricht der modernen Charakterforschung auf Basis der *Positiven Psychologie* aber ist: Wenn Sie Ihre Stärken – z. B. mit CHARA – identifizieren und sich anschließend intensiv genug mit der Nutzung Ihrer Stärken beschäftigen, wird es automatisch früher oder später auch zu einer Veränderung Ihres Umfeldes führen, etwa ein anderer Job, mehr Verantwortung, ein Abteilungswechsel, neue Freunde und Bekannte, ein neues Hobby. Die professionelle Begleitung durch einen Coach oder eines Seminars fördert diesen Entwicklungsprozess erheblich. Zusätzlich zeigt die Schönheitsforschung, dass Menschen, die ihren Charakter erkennen, schulen, trainieren und leben, als charismatischer, selbstbewusster und jünger eingeschätzt werden. Also, was trifft auf Sie zu?

**Ausdauer**

- (+) Ich habe Spaß an Dingen, die von mir Ausdauer und Kraft erfordern.
- (–) Bei diversen Aufgaben fehlt mir schlicht die Ausdauer.
- (0) … sowohl als auch/weder noch

**Authentizität**

- (+) Bei mir weiß jeder, woran er ist – ich verstelle mich nie.
- (–) Manchmal ist »Nichts hören, nichts sagen und nichts sehen« die beste Möglichkeit, Schwierigkeiten aus dem Weg zu gehen.
- (0) … sowohl als auch/weder noch

**Bescheidenheit**

+ Ich brauche keinen Wohlstand – Hauptsache, man ist glücklich.
- Ich beneide wohlhabende Menschen.
0 … sowohl als auch/weder noch

**Bindung**

+ Ich fühle mich sicher, wenn ich mit vertrauten Menschen zusammen bin.
- Mir ist ein Leben ohne eine tiefe Bindung zur Familie durchaus vorstellbar.
0 … sowohl als auch/weder noch

**Dankbarkeit**

+ Ich mit mir täglich meines Glückes bewusst und dankbar dafür.
- Man kann nicht an jeder Ecke dankbar sein und »Danke« sagen.
0 … sowohl als auch/weder noch

**Emotionale Intelligenz**

+ Ich werde häufig aufgesucht, wenn Freunde/Bekannte Probleme haben.
- Die Probleme anderer langweilen mich.
0 … sowohl als auch/weder noch

**Enthusiasmus**

+ Andere sagen, dass ich sie mit meiner Art manchmal geradezu anstecken würde.
- Sehr leidenschaftliche Menschen, wirken auf mich schnell unnatürlich.
0 … sowohl als auch/weder noch

**Fairness**

- + Ich würde mich nie auf eine Auseinandersetzung einlassen, wenn von Anfang klar ist, dass ich Vorteile habe.
- – Manchmal muss man seine Ziele eben auch mit Nachdruck und ggf. auf Kosten anderer durchsetzen.
- 0 … sowohl als auch/weder noch

**Freundlichkeit**

- + Meine Freunde schätzen sehr meine freundliche Art
- – Ein Job, in dem ich immer freundlich sein müsste, wäre nichts für mich.
- 0 … sowohl als auch/weder noch

**Führung**

- + Es liegt mir sehr, eine Gruppe anzuleiten bzw. anzuführen.
- – Mir liegt es nicht sonderlich, vor anderen im Vordergrund zu stehen.
- 0 … sowohl als auch/weder noch

**Hoffnung**

- + Ich bin ganz sicher, dass die Menschheit ihre Probleme in den Griff bekommt.
- – Ich glaube nicht, dass die Menschen zur Vernunft kommen werden.
- 0 … sowohl als auch/weder noch

**Humor**

- + Meine Freunde und Bekannten schätzen meinen Humor.
- – Über Witze oder andere lustige Darstellungen kann ich selten lachen.
- 0 … sowohl als auch/weder noch

**Kreativität**

- ⊕ Manchmal lasse ich mich einfach treiben und habe dann gute Ideen.
- ⊖ Ich habe selten neue Ideen oder Impulse, die ganz unerwartet kommen.
- 0 … sowohl als auch/weder noch

**Lernbereitschaft**

- ⊕ Eine Bibliothek ist ein wunderbarer Ort.
- ⊖ Es ist bestimmt ein Geschenk, irgendwann nicht mehr lernen zu müssen.
- 0 … sowohl als auch/weder noch

**Neugier**

- ⊕ Mich interessiert unglaublich, was meine Bekannten so machen.
- ⊖ Ich finde es abstoßend, neugierig zu sein.
- 0 … sowohl als auch/weder noch

**Schönes**

- ⊕ Ich kann mich unglaublich an schönen Landschaften erfreuen.
- ⊖ Ich bin manchmal erstaunt, dass andere schöne Dinge viel früher oder überhaupt wahrnehmen.
- 0 … sowohl als auch/weder noch

**Selbstregulation**

- ⊕ Ich weiß immer sehr genau, was mit mir los ist, und kann mich daher sehr gut darauf einstellen.
- ⊖ Manchmal weiß ich gar nicht, was mich bedrückt.
- 0 … sowohl als auch/weder noch

**Tapferkeit**

- (+) Wenn ich mir einmal wehgetan oder mich verletzt habe, heißt es: Zähne zusammenbeißen.
- (–) Wenn ich Schmerzen habe, möchte ich umsorgt werden.
- (0) … sowohl als auch/weder noch

**Teamwork**

- (+) Ich kann meine optimale Leistung nur in einem gut funktionierenden Team erbringen.
- (–) Mir würde ein Arbeitsplatz ohne viele Kolleginnen und Kollegen mehr Spaß machen.
- (0) … sowohl als auch/weder noch

**Spiritualität**

- (+) Manchmal sitze ich vor dem Nachthimmel und frage mich, wo wir herkommen.
- (–) Überlegungen zum Universum sind etwas für Astrophysiker und nicht für mich.
- (0) … sowohl als auch/weder noch

**Urteilsvermögen**

- (+) Meine Entscheidungen sind meistens spontan – ich wäge selten ab.
- (–) Meine Entscheidungen ruhen immer auf einem festen Fundament.
- (0) … sowohl als auch/weder noch

**Vergebung**

- (+) Ich bin überhaupt nicht nachtragend.
- (–) Es gibt Kränkungen, die vergesse ich nie.
- (0) … sowohl als auch/weder noch

**Vorsicht**

+ Ich versuche stets, Risiken zu vermeiden.
- Ich lebe nach dem Satz: No risk – no fun!
0 … sowohl als auch/weder noch

**Weisheit**

+ Ich werde oftmals um Rat gebeten.
- Ich würde lieber in meinem Umfeld bleiben, als in der Ferne Weisheit zu erlangen.
0 … sowohl als auch/weder noch



**Tragen Sie nun Ihre Werte +, − und 0 in die nachfolgende Grafik (siehe Muster) ein:**

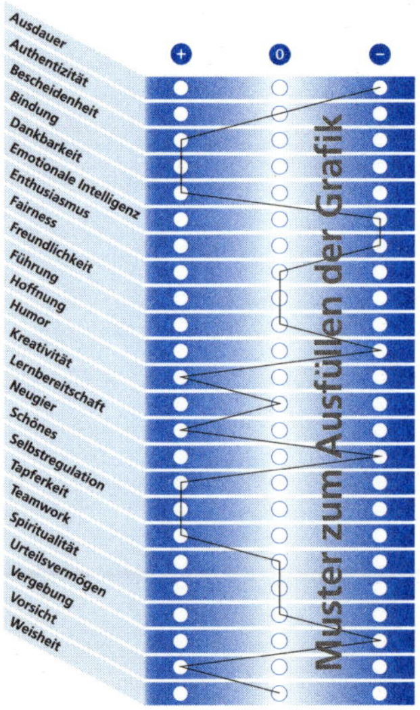


**Hinweis:**
Wollen Sie wissen, wie zutreffend Ihre Einschätzung ist? Dann analysieren Sie Ihre Charakterstärke nach wissenschaftlicher Überprüfung ausführlich unter: www.chara24.de.

## Meine Charakterstärken

| | + | 0 | – |
|---|---|---|---|
| Ausdauer | | | |
| Authentizität | | | |
| Bescheidenheit | | | |
| Bindung | | | |
| Dankbarkeit | | | |
| Emotionale Intelligenz | | | |
| Enthusiasmus | | | |
| Fairness | | | |
| Freundlichkeit | | | |
| Führung | | | |
| Hoffnung | | | |
| Humor | | | |
| Kreativität | | | |
| Lernbereitschaft | | | |
| Neugier | | | |
| Schönes | | | |
| Selbstregulation | | | |
| Tapferkeit | | | |
| Teamwork | | | |
| Spiritualität | | | |
| Urteilsvermögen | | | |
| Vergebung | | | |
| Vorsicht | | | |
| Weisheit | | | |

## 2.4 Wollen Sie ankommen, wo Sie hinwollen?

Mal ehrlich: Haben Sie jemals im Leben so klar gewusst, wie Sie durch Ihr Leben navigieren und alle Ziele erreichen können? Sie sollten den Vorsprung, den Sie mit Ihrem Leitstern und Ihren Kompetenzen gewonnen haben, gleich nutzen – und mit sich selbst konkrete Ziele vereinbaren. Der Nachteil: Sie müssen sich noch einmal hinsetzen, nachdenken und schreiben. Der Vorteil: Wenn Sie Ihre Ziele für das nächste Jahr definieren, behalten Sie im Wirrwarr des Alltags den Überblick, entscheiden sich auch unter Belastung für das, was Ihnen wichtig ist – und kommen schließlich dort an, wo Sie hinwollen.

**Parkticket-No. 7**

Gute Vorsätze gleichen Fahrplänen, in denen nichts weiter steht als »Abfahren und dann möglichst weit«.

**Route 66**

Sie verfügen über eine leistungsstarke Lokomotive – Ihre *Motivation.* Aber wohin soll sie fahren? Zu welchem Bahnhof, auf welcher Strecke? Wann soll sie abfahren, wo soll sie einen Zwischenstopp einlegen, wann wird sie ankommen? Ohne klare Antworten auf diese Fragen landet sie irgendwo im Niemandsland.

Gute *Vorsätze* haben wir schließlich mehr als genug. Nur bleibt es meist beim guten Vorsatz. ***Gute Vorsätze gleichen Fahrplänen, in denen nichts weiter steht als »Abfahren und dann möglichst weit«.*** Nehmen wir den Vorsatz »Weniger arbeiten, mehr Freizeit«. Was soll das heißen: Weniger? Wenn Sie keine Arbeit mehr mit nach Hause nehmen? Oder wenn Sie Freitag eine halbe Stunde früher aufhören? Oder eine Drei-Tage-Woche?

Zwischen vagen Wünschen und präzisen Zielen liegen Welten. Sie trennen die ewigen Träumer von den Zufriedenen, die ihre Vorhaben in die Tat umsetzen. Auch Ihr Unterbewusstsein wartet nur darauf, dass Sie ihm ein Bild liefern, auf das es zusteuern kann. Füllen Sie Ihre Festplatte mit Daten – und Ihr Programm wird Sie unfehlbar über die Ziellinie tragen.

***Zielsicher ankommen: Fünf Stationen auf dem Weg von der Vision zum Resultat***

*Gehen Sie Ihre Vorhaben wie folgt an:*

1. Setzen Sie sich spezifische Ziele

Keine vagen Wünsche, sondern so konkret und präzise wie möglich. Statt »In spätestens fünf Jahren will ich Abteilungsleiter sein«, formulieren Sie genau, welche Projekte und Weiterbildungen Sie dafür in Angriff nehmen wollen. Das fokussiert nicht nur Ihre Anstrengung auf das Machbare, sondern zwingt Sie auch, sich die relevanten Informationen zu verschaffen, die Sie für einen solchen Karrieresprung brauchen.

2. Planen Sie im richtigen Maß

Ordnen Sie jedem Vorhaben einen genauen Maßstab zu. Das betrifft nicht nur die Anzahl (wie im vorigen Beispiel), sondern auch, wie viele Minuten Sie täglich einplanen. Statt »Mehr le-

sen«: 10 Minuten Zeitschriften lesen, 1 Seite in einem guten Buch. Statt »Regelmäßig joggen«: Mittwochabend eine ½ Stunde, Sonnabend und Sonntag vor dem Frühstück je eine ¾ Stunde.

### 3. Formulieren Sie Ihre Ziele aktionsorientiert und affirmativ

Affirmativ heißt, Sie wählen positive, bejahende Formulierungen. Aktionsorientiert bedeutet, Sie nehmen sich Handlungen vor, keine bloßen Wünsche. »Weniger arbeiten« ist eine typisch negative Formulierung. Ihr Unterbewusstsein kann mit negativen Sätzen nichts anfangen. Es hört nur »arbeiten«. Sagen Sie lieber, was Sie stattdessen tun werden: »Ich schreibe mir jeden Tag 1 Stunde für mich in den Terminkalender.«

### 4. Bleiben Sie realistisch

In seinem Buch »Weck den Sieger in dir« formulierte Erfolgstrainer Alexander Christiani den folgenden Satz: »Die meisten überschätzen, was man in einem Jahr schaffen kann, und unterschätzen, was man in zehn Jahren erreichen kann.« – »Ich werde reich« ist kein realistisches Ziel für ein Jahr. Aber in sieben Jahren zu 1 Million – das könnte man schaffen, wenn man die richtige Fachliteratur liest, nicht allzu risikofreudig an der Börse spielt und bereit ist zu sparen. Planen Sie für ehrgeizige Ziele genügend Zeit und Aufwand ein.

### 5. Legen Sie Termine fest

Legen Sie Zeitpunkte fest, an denen Sie Zwischenabschnitte und schließlich das Endziel erreicht haben wollen. Nur so können Sie messen, ob Sie wirklich Fortschritte machen und im Plan liegen. Damit werden Ihre Ziele berechenbar. Nichts beflügelt so sehr wie nachweisbare Erfolge. Bestimmen Sie, wann Sie anfangen – und aufhören. »In 2 Jahren will ich Abteilungsleiter sein« verspricht Erfolge. »Irgendwann will ich mal eine Abteilung leiten«, das bringt nichts.

Abfahrt
*Departure / Départ*

# Route 66

| Gleis | Ticket |
|---|---|
| 3 | **Parkticket-No. 3**<br>***Arbeit kostet Lebenszeit.*** |
| 4 | **Parkticket-No. 4**<br>***Wer eine Vision hat, ist auch durch Schwierigkeiten nicht aufzuhalten.*** |
| 5 | **Parkticket-No. 5**<br>***Unsere Zeitprobleme im Leben entstehen nie aus der Sache, sondern weil wir immer wieder zu viele Rollen gleichzeitig spielen wollen.*** |
| 6 | **Parkticket-No. 6**<br>***Ihre Stärken helfen Ihnen, Ihre Visionen zu realisieren, sie dienen als Schlüssel zu einem erfüllten Leben.*** |
| 7 | **Parkticket-No. 7**<br>***Gute Vorsätze gleichen Fahrplänen, in denen nichts weiter steht als »Abfahren und dann möglichst weit«.*** |

Route 66

***Die Kunst des Ausruhens ist***
***ein Teil der Kunst des Arbeitens.***

John Steinbeck

***Nichts tun ist besser als mit***
***viel Mühe nichts schaffen.***

Laotse

***Fürchte dich nicht, langsam zu gehen –***
***fürchte dich nur, stehen zu bleiben.***

Chinesische Weisheit

# 3. MUßE

## 3.1 Haben Sie Mut zur Muße?

Im Schnitt leben wir 76 Jahre. Davon verschlafen wir etwa 26,7 Jahre. Der Job frisst 8,2 Jahre, die Hausarbeit 13,6 Jahre (Männer: 5,4 Jahre). Im Stau stehen wir 1,3 Jahre. Vor dem Fernseher sitzen wir 6 Jahre. Der echten Muße gönnen wir gerade mal 4 Monate. Und in die piepst auch noch das Handy rein. Wir führen ein Leben zwischen Zeitmangel und Zeitvertreib. Und was wir als Luxus ersehnen, nehmen wir uns nicht: Zeit für uns.

Wir leben in einer chronometrischen Gesellschaft. *Chronos* war der Gott der sequenziellen Zeit, der linearen Zeit, der deutschen Zeit: pünktlich, zuverlässig, ordentlich, verplant. *Kairos* wurde im alten Olympia als Gott des Augenblicks, der Spontaneität verehrt und symbolisierte den Einschnitt in den Fluss des Chronos. Er erschien einem einfach so, ohne Anmeldung, ohne Planung und brachte eine günstige Gelegenheit, eine göttliche Chance, persönliche Glücksmomente. Diese Gelegenheit musste man nur »beim Schopfe packen«: In einem alten Relief wird Kairos mit einem dicken Haarschopf über der Stirn, kahlem Hinterkopf und eilenden, geflügelten Füßen dargestellt – wer nicht rechtzeitig zugriff, hatte seine Chance schon vertan …

In unserem Kulturkreis dominiert Chronos, in den südlichen Ländern Kairos. Um ein erfolgreiches, glückliches Leben zu führen, brauchen wir aber beide. Denn wenn wir uns zu sehr mit den chronometrischen Zeitabläufen (Pläne & Co.) zuschütten lassen, nehmen wir die zufälligen, wichtigen Gelegenheiten des Lebens nicht mehr wahr. Deswegen ist Muße dem Kairos förderlich. Er beschert uns kreative Einfälle und öffnet die Augen für die schönen Dinge des Lebens.

***Denken Sie um: vom Zeitverbrauch hin zum Zeitgenuss.*** Lernen Sie von den Gelassenen. Laden Sie Kairos, den Gott der Muße, ein in Ihr Leben. Und puschen Sie die Produktion.

Viele Menschen denken in gestern – heute – morgen. Ihre Zeit läuft in Wochen, Tagen, Stunden, Minuten. Sie planen, teilen ein, sparen. Man kann die Zeit auch anders sehen: qualitativ. Wertvoll. Wie die alten Römer: »*Carpe diem*« – nutze (wörtlich: pflücke) den Tag! Denn es geht nicht darum, die Stunden bestmöglich auszunutzen, sondern für sich zu nutzen – **χρόνος** (Chronos) und **καιρός** (Kairos).

Nur wenige beherrschen in unserer Gesellschaft die Kunst des Müßiggangs. Es gibt viele, die gar nichts mehr mit ihrer Zeit anzufangen wissen. Das Wort »*Muße*« ist wie ein seltenes Tier, wie eine seltene Pflanze, im aktiven Sprachgebrauch ausgestorben. Stress, Performance, Speed – diese Begriffe werden viel häufiger gebraucht.

*Muße* heißt aber nicht unbedingt: sich endlos im Liegestuhl räkeln, sondern bei Sinnen sein. Die Welt entdecken mit allen Sinnen im Hier und Jetzt. Neugierig, spielerisch, beweglich, wie ein Kind. Es gibt Menschen, die können sich im hektischen Großraumbüro hinsetzen, alles um sich vergessen, die Sinne einschalten, auftanken – dann heben sie voll getankt wieder den Blick. Und arbeiten gestärkt, zufrieden weiter. Doch dahinter steckt *Life-Balance*. Diese Menschen sind ausgeglichen. Sie leben in einem Gleichgewicht zwischen Muss und Muße. Das kann man lernen, dafür ist es nie zu spät. Man muss sich nur die Zeit nehmen. An ihr mangelt es nämlich nicht. Das ist die Voraussetzung für Erfolg, Glück, Gesundheit und ein langes Leben.

**Parkticket-No. 8**

Denken Sie um:
vom Zeitverbrauch hin
zum Zeitgenuss.

**Broadway**

Wenn Sie dann noch Zeit in Ihren Körper investieren – dann vermehren Sie sogar Ihr Lebenszeitkapital.

## *MUßE – WAS PASSIERT IM KÖRPER?*

Muße ist wie Medizin. Vom Nichtstun profitiert das ganze System Mensch – jede einzelne Körperzelle:

- Das sympathische Nervensystem schaltet um auf das parasympathische, von turboaktiv auf baldrianzufrieden.
- Der Puls sinkt.
- Die Atmung wird tiefer.
- Der Blutdruck normalisiert sich.
- Weniger Lebensenergie wird verprasst.

- Das Immunsystem tankt Kraft.
- Die Stresshormone werden abgebaut.
- Die Gedanken fließen entspannt.
- Muskelverspannungen und auch Stressblockaden im Gehirn lösen sich.
- Der Muskel wächst nach Anspannung, sobald er entspannt.
- Die Körperzellen werden repariert, ja, der ganze Körper verjüngt.

***Sich Freiraum zu nehmen braucht Mut. Denn es heißt, anders als andere zu sein.*** *Müßiggang* – nicht immer, aber immer öfter. Und das kann man ruhig zeigen, denn im Grunde tun das die meisten Menschen gern. Sie trauen sich nur nicht, es zuzugeben, und tun so, als seien sie nimmermüde Aktivisten, weil das in der hyperaktiven Tempogesellschaft »in« ist. Doch es gibt immer mehr Menschen, die Mut zur Muße beweisen und sich als Zeitpioniere outen.

Ein Zeitpionier beherrscht die Balance zwischen Muss und Muße. Er muss nicht konkurrieren und kann den Zeitluxus genießen. Das kann er auch zeigen – und teilen. Damit macht er anderen ein Geschenk: ein Stück kostbare Lebenszeit. Er nimmt auch die deutsche Pünktlichkeit nicht ganz so ernst. Schon *Oscar Wilde* wies darauf hin: »Pünktlichkeit stiehlt die beste Zeit.«

**Parkticket-No. 9**

Sich Freiraum zu nehmen braucht Mut. Denn es heißt, anders als andere zu sein.

**Broadway**

Zeitpioniere leben nicht nach der Uhrzeit, sondern nach der *Ereigniszeit.* Sie lassen ihren Tagesablauf von Ereignissen bestimmen. Sie essen, wenn sie hungrig sind, stehen auf, wenn sie wach sind. Sie bestehen darauf, dass etwas »seine Zeit braucht« und dass man keine »Zeit verschwenden« kann, weil auch das »Nichtstun« ein Ereignis ist. Sie leben nach ihrer inneren Uhr.

Natürlich können Sie nicht einfach beschließen, nichts zu tun. Das können die wenigsten. Ruhe, Entspannung tritt nicht von selbst ein. Denn Sorgen, Ängste, berufliche Probleme kann man nicht einfach wegstecken. ***Der Stress lässt einen nicht so einfach los.*** Nagende Gedanken lösen sich nicht einfach in Luft auf. Oft muss man erst wieder lernen, sich bewusst zu entspannen. Die kleinen Termine mit sich selbst, die Pausen in den Tagesablauf zu integrieren, auch in die Woche, in das Jahr und in das Leben.

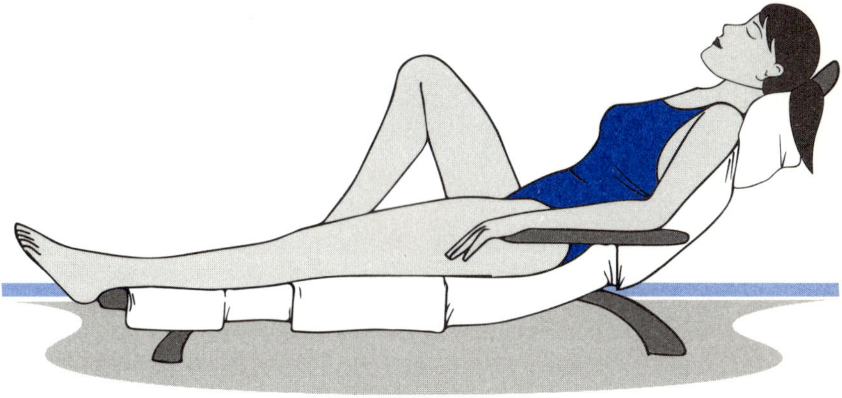

»Frauenstimme aus der Küche Richtung Wohnzimmer: ›Was tust du gerade?‹ Antwort: ›Ich sitze.‹ – ›Schaust du gerade Fernsehen?‹ – ›Nein, ich sitze.‹ – ›Liest du gerade ein Buch?‹ – ›Nein, ich sitze.‹ – ›Willst du nicht mit dem Hund rausgehen?‹ – ›Nein, ich möchte hier sitzen.‹ … « So und noch viel länger geht der von *Loriot* erfundene Dialog über die unglaubliche und für viele unverständliche Tätigkeit des Nichtstuns. Wollen wir sie Müßiggang nennen. Was ist schlimm an der Muße? Nichts. Denn gibt es keine Aktivität, heißt das noch lange nicht, dass sich nichts verändert.

Nichtstun kann ein Vorlauf, ein Sich-Sammeln für sinnvolle Tätigkeiten sein. Der buddhistische Zen-Meister *Thich Nhat Hanh* gibt folgenden Rat: **»Statt zu sagen: ›Sitz nicht einfach nur da; tu irgendetwas‹, sollten wir das Gegenteil fordern: ›Tu nicht einfach irgendetwas; sitz nur da.‹«**

In den USA gilt *Nichtstun* als Verschwendung und Leere. Darum wird auch die Freizeit verplant, und die Menschen erkranken an Hurry-Sickness, der Hetzkrankheit. In Kulturen wie Nepal und Indien dagegen sind Tätigsein und Nichtstun nicht so weit voneinander entfernt. Dort trifft man sich mit Freunden, sitzt einfach nur da und schweigt – ohne die Untätigkeit und Stille als bedrückend zu empfinden. Bis sich vielleicht eine spontane Unterhaltung entfacht. Und man wieder schweigt. Im Buddhismus und Hinduismus strebt man das (göttliche) Nichts als höchste Existenzform an: das *Nirwana*, die völlige Zeit- und Bedürfnislosigkeit. In Japan wird das Nichtstun als etwas Wertvolles betrachtet, als eine produktive und kreative Kraft. In seinem Buch »Eine Landkarte der Zeit« beschreibt der amerikanische Psychologe *Robert Levine* das Konzept des *ma,* den Zwischenraum zwischen Gegenständen oder Aktivitäten. In Japan ist der Raum zwischen Stuhl und Tisch »Voll von Nichts« – für uns ist er nur leer. »Für Japaner ist das, was nicht geschieht, oft wichtiger als das, was geschieht. … Wenn man zum Beispiel die Bedeutung eines Gesprächs in Japan voll erfassen will, muss man auch aufmerksam verfolgen, was nicht gesagt wird.« So heißt eine Pause vor dem Ja: Nein.

**Parkticket-No. 10**

Der Stress lässt einen nicht so einfach los.

**Broadway**

***Testen Sie Ihr Zeitgefühl***

*Ist Ihr Zeitgefühl in Balance? Oder arbeiten Sie am laufenden Band und rotieren deshalb zu schnell durchs Leben? Schauen Sie auf die Uhr.*

Und nun schließen Sie die Augen. Machen Sie die Augen erst wieder auf, wenn Sie meinen, 1 Minute sei um. Sind weniger als 55 Sekunden vergangen? Dann läuft Ihr Zeitempfinden Amok.

## 3.2 In welchem Augenblick leben Sie?

Es war einmal ein Suchender. Er suchte nach einer Lösung für sein Problem, konnte sie aber nicht finden. Er suchte immer heftiger, immer verbissener, immer schneller und fand sie doch nirgends. Die Lösung ihrerseits war inzwischen schon ganz außer Atem. Es gelang ihr einfach nicht, den Suchenden einzuholen, bei dem Tempo, mit dem er hin und her raste, ohne auch nur einmal zu verschnaufen oder sich umzusehen. Eines Tages brach der Suchende mutlos zusammen, setzte sich auf einen Stein, legte den Kopf in die Hände und wollte sich eine Weile ausruhen. Die Lösung, die schon gar nicht mehr daran geglaubt hatte, dass der Suchende einmal anhalten würde, stolperte mit voller Wucht über ihn! Und er fing auf, was da so plötzlich über ihn hereinbrach, und entdeckte erstaunt, dass er seine Lösung in Händen hielt.

1 Sekunde vergeht in 1 Sekunde. Nur ist das relativ – im physikalischen und emotionalen Sinn. Eine Kirchturmuhr läuft an der Spitze des Kirchturms schneller als unten auf dem Boden. Das hat mit Masse zu tun, mit der Anziehungskraft. Im Weltall, im schwarzen Loch, ist die Masse so groß, dass die Zeit stehen bleibt, sagt *Stephen Hawking.* Seit *Einstein* wissen wir: Könnte ein Raumschiff mit der Lichtgeschwindigkeit von 300.000 Kilometern pro Sekunde fliegen, bliebe die Besatzung jünger als die Daheimgebliebenen. Denn dann stünde die Zeit still dort oben. Die Sekunde wäre in die Ewigkeit gedehnt.

> **Parkticket-No. 11**
>
> Wenn wir lernen, Zeit zu erleben, statt sie totzuschlagen, können wir sie vermehren.
>
> **Broadway**

Unser Gefühl sagt zum Fluss der Zeit sehr Verschiedenes: 5 Minuten beim Zahnarzt sind 1 Stunde. 1 Stunde auf dem Pferd wenige Minuten. Und je älter wir werden, desto schneller rast die Zeit dahin. Wenn wir etwas betrachten, was ein anderer tut, empfinden wir 30 Minuten länger, als wenn wir selbst aktiv sind.

***Wenn wir lernen, Zeit zu erleben, statt sie totzuschlagen, können wir sie vermehren.*** Dafür brauchen wir nur das, was uns die Natur mitgegeben hat: unsere fünf Sinne und Muße. Vieles sollte langsamer werden, aber manches könnte ruhig schneller geschehen. *Michel de Montaigne* hat aus diesem Grund vorgeschlagen, man solle die gute Zeit nicht vertreiben, sondern festhalten und auskosten.

***Der Augenblick ist der Maßstab für die Kunst des Lebens.*** Wer sein Leben liebt oder lernen will, das zu tun, muss sich deshalb wieder häufiger dem Augenblick zuwenden. Jeder Einzelne zählt. Der geniale Regisseur *Rainer Werner Fassbinder* sagte einmal, als er tief in einer Depression steckte: »Das Leben ist zu kostbar – sogar gerade jetzt.«

> **Parkticket-No. 12**
>
> Der Augenblick ist der Maßstab für die Kunst des Lebens.
>
> **Broadway**

Wer die Lebenskunst zwischen Muss und Muße beherrscht, jongliert souverän mit den Zeitebenen Vergangenheit, Gegenwart, Zukunft. Denn zwischen zu früh und zu spät liegt der Augenblick – das Einzige, was wirklich zählt. Und dem sollte man sich ab und zu einfach wieder widmen. *Leo Tolstoi* sagte: »Denke immer

daran, dass es nur eine wichtige Zeit gibt: Heute. Hier. Jetzt.« Mein Motto: Wenn nicht jetzt, wann dann? Der *Dalai Lama* dazu: »Wenn Sie Ihre Vergangenheit kennen wollen, dann schauen Sie auf Ihre aktuelle Situation. Wenn Sie Ihre Zukunft kennen wollen, schauen Sie sich Ihre jetzigen Taten an.«

Die meisten Menschen machen den Fehler, dass sie viel zu lange in den Rückspiegel blicken: »Was habe ich gedacht, was habe ich gemacht, was haben die anderen darüber gedacht?« Gewiss, man kann und soll aus Fehlern lernen, Erkenntnisse sammeln, Erlebtes kurz analysieren und genauso schnell wieder ablegen unter der Rubrik Erfahrung. Nur: Viele Menschen nehmen die Vergangenheit viel zu wichtig, grübeln über Dinge, die nicht mehr zu ändern sind. Seltener tanken sie Kraft aus schönen Erinnerungen, meist machen sie sich selbst nieder: »Was habe ich wieder mal falsch gemacht? Typisch für mich …« Damit blockieren sie die Gegenwart, den Augenblick. Wer nicht den Augenblick wahrnehmen kann, erlebt nicht das Aufgehen im Hier und Jetzt, das Glück pur.

**Parkticket-No. 13**

Der Mensch hat Angst, weil er seine Zukunft nicht kennt.

**Broadway**

Ein Shaolin-Mönch sagte einmal: »Lebe immer für den Augenblick – die Zukunft wird sich von selbst ergeben.« Viele Menschen sind auf die Zukunft fixiert. Aus dem einfachen Grund: Sie haben Angst. Das Morgen ist unbestimmt. ***Der Mensch hat Angst, weil er seine Zukunft nicht kennt.*** Angst um den Job, Angst vor dem Alter, Angst um den Verlust des Partners …

Und diese Angst lässt uns die Gegenwart verpassen, die Gunst des Augenblicks. Fragen Sie doch mal ein paar Menschen, wie viele Stunden das Jahr hat. Geben Sie Größenordnungen von etwa 10.000, 50.000 und 100.000 vor. Alle werden spontan auf eine hohe Zahl tippen. Und ganz erstaunt sein, wenn auf dem Taschenrechner nur 8.760 rauskommt. Deshalb: Schärfen Sie Ihr Gegenwartsbewusstsein.

24 x 365 = 8.760

***Immer ist jetzt!***

*Eine Volksweisheit sagt: »Vergangene Liebe ist bloße Erinnerung. Künftige Liebe ist ein Hirngespinst. Nur im Hier und Jetzt können wir lieben.«*

*Und nun ersetzen Sie das Wort »Liebe« durch Leben, Genuss, Freundschaft, Erfolg, Glück …*

Richten Sie jetzt Ihren Blick auf das Schöne: Schauen Sie in das Leuchten der Augen Ihres Partners, wenn Sie ihm ein Kompliment machen. Ein unvergesslicher Augenblick. Freuen Sie sich über den fertigen Brief, den erledigten Job. Feiern Sie das. Konzentrieren Sie sich auf die Struktur, den Duft einer Rose. Genießen Sie das Jetzt.

## 3.3 Wann haben Sie das letzte Mal nichts getan?

Und mit nichts meine ich: gar nichts. Nichtstun spart Energie. Lebensenergie, mit der Sie Lebenszeit tanken. Ab und zu muss man den Fuß einfach vom Gaspedal nehmen, um vorwärtszukommen. Und manchmal muss man kräftig drauftreten. Das Leben ist ein Fluss. Seine Ufer mit all den interessanten Schönheiten ziehen schnell vorbei, wenn Sie mit dem Strom schwimmen und dazu noch kraulen. Sie kommen zwar voran, nehmen aber nicht viel mit.

Manchmal sollte man sich einfach treiben lassen und alle Sinne einsetzen. Alles mitnehmen, was einem das Ufer zu bieten hat. Und manchmal sollte man sogar gegen den Strom schwimmen – Energie investieren – damit man eine Weile an der Stelle verharren kann, wo sich das Ufer von seiner schönsten Seite zeigt. »Go slow and win the race!«, sagte ein Fahrer nach seinem Sieg bei der Autorallye Paris–Dakar über sein Erfolgsgeheimnis.

In dem Film »Smoke« von Wayne Wang (nach einer Kurzgeschichte von *Paul Auster*) besucht der Schriftsteller Paul den Zigarettenverkäufer Auggie zu Hause, und sie schauen Auggies Fotoalben an. Seit Jahren verfolgt er ein Konzept: Jeden Morgen um 8 Uhr baut er sein Stativ vor dem Tabakgeschäft auf und schießt ein Bild von der Straßenkreuzung. Belustigt huscht Paul über die monotonen Blätter hinweg, und es entspinnt sich folgendes Gespräch:

»Du kommst nie dahinter, wenn du nicht langsamer machst, mein Freund«, sagt Auggie.

»Wie meinst du das?«, wundert sich Paul.

»Ich meine, du bist zu schnell, du siehst die Fotos nicht richtig an.«

»Ich finde, sie sind alle gleich … «

»Sie sind alle gleich, aber trotzdem unterscheiden sie sich. Es gibt die hellen Morgen und die dunklen Morgen, es gibt das Sommerlicht und das Herbstlicht, die Wochentage und die Wochenenden, du siehst Leute in Mänteln und Gummistiefeln und welche in Shorts und T-Shirts.

Manchmal sind es die gleichen Leute, manchmal andere. Und manchmal werden die Neuen zu Alten. Und die Alten verschwinden. Die Erde dreht sich um die Sonne, und jeden Tag trifft das Licht der Sonne in einem anderen Winkel auf die Erde auf.«

»Langsamer – was?«

»Das würde ich dir empfehlen. Du kennst es doch: Morgen, morgen und wieder morgen – so kriecht in kleinen Schritten die Zeit voran.«

Diesen wunderbaren Dialog, zauberhaft zart gespielt von *William Hurt* und *Harvey Keitel*, findet man schon nach 10, 11 Minuten auf dem Video – ein Höhepunkt des intimen Kinos und eine Ode an Langsamkeit und Bedächtigkeit, an Aufmerksamkeit und Eigensinn, an die Muße und ans Nichtstun. Übrigens nicht ohne Zeitzünder: Die erst verwunderte, dann spöttisch-interessierte Miene Pauls verzerrt sich unversehens in tödlichem Schmerz, als er auf einem der Fotos seine kürzlich verstorbene Frau entdeckt – plötzlich sind die Bilder auf dramatische Weise gar nicht mehr gleich, Auggies Banal-Konzept bekommt einen tief persönlichen Sinn. Und der Zuschauer lernt: Wenn man nicht langsamer macht, kommt man nie dahinter.

**Parkticket-No. 14**

Je langsamer das Lebenstempo, desto mehr Jahre. Je mehr Muße, desto mehr Energie.

**Broadway**

Jedes Lebewesen hat ein feststehendes Energiekonto, und zwar 2.500 Kilojoule pro Gramm Körpergewicht. Dem Menschen könnte das 120 Jahre lang reichen. Leben ist Energieverbrauch. Und je rascher diese Energie verrinnt, je mehr Briketts wir von unserem Lebensenergiekonto verfeuern, desto schneller verschleißt der Organismus, desto eher stirbt man. Leben heißt also Energie verbrennen. Wir tun das in den kleinen Kraftwerken der Körperzellen, in den Mitochondrien. Und unser Stoffwechsel ist der Motor. Je schonender er arbeitet, desto länger tut der Körper seine Dienste. Übersetzt heißt das: ***Je langsamer das Lebenstempo, desto mehr Jahre. Je mehr Muße, desto mehr Energie.***

***Eine Stunde Nichtstun***

*Setzen Sie sich an einen ruhigen, gemütlichen Ort. Idealerweise im Halbschatten unter einen Baum. Nehmen Sie ein Blatt Papier und schreiben Sie auf, wie eine Stunde aussehen könnte, in der Sie nichts tun. Einfach gar nichts.*

Und dann denken Sie ein bisschen darüber nach, was Ihnen entgangen sein wird. Sie werden feststellen: Sie haben nichts tuend nichts versäumt. Und wenn Sie diese Stunde dann wirklich nichts tun, dann haben Sie viel gelernt.
Den ersten Schritt in Richtung Müßiggang.

## 3.4 Heute schon entschleunigt?

Im Tempoland sind unsere Sinne überfordert. Nehmen Sie einfach einen Kaufhausbesuch: Sie werden beschallt von Musik, die Sie nicht mögen, das Licht ärgert das Auge – und meist auch noch die Seele, wenn man sich neonbeleuchtet im Spiegel sieht. Im Gedrängel wird man angerempelt. Schweiß mischt sich unter Billigparfümaromen. Nach einer halben Stunde ist man fertig. Ausgelaugt. Ohne Energie. Die Stresshormone tanzen.

***Jagen Sie nicht länger nach dem Glück, sondern entschleunigen Sie Ihr Leben.*** Der Mystiker *Bernhard von Clairvaux* hat gesagt: »Wenn du dein ganzes Leben und Erleben ins Tätigsein verlegst und keinen Raum mehr für die Besinnung vorsiehst, wie kannst du dann voll und ganz Mensch sein?« Hetzen Sie sich nicht länger bis zur Besinnungslosigkeit, kommen Sie zur Besinnung. Entdecken Sie Ihre Sinne wieder. Entdecken Sie die Langsamkeit und den Müßiggang. Denn das schärft die Sinne.

**Parkticket-No. 15**

Jagen Sie nicht länger nach dem Glück, sondern entschleunigen Sie Ihr Leben.

**Broadway**

Wir bewegen uns auf abstrakten Landkarten und vergessen die Landschaft, die Realität, das Leben. Der Sinn der Sinne ist, dass wir die Welt erleben. Und wenn wir unsere Sinne bewusst einsetzen, erleben wir. Nur über die Sinne entsteht in Ihrem Körper Glück. Alles, was mit den Sinnen zu tun hat – riechen, hören, lieben, fühlen, schmecken, schauen –, gewinnt an Tiefe und Qualität, wenn Sie es *langsam* tun. Ihre Sinne sind die Kanäle für Glück. Denn wenn Sie intensiv an einer Rose riechen, Ihren Partner betrachten, Mozart hören, den Hund streicheln, einen Stein befühlen, Erdbeeren genießen, Schokolade naschen, Rotwein schmecken oder einem Goldfisch zusehen, antwortet Ihr Körper mit mehr Serotonin, den Botenstoffen des Glücks in unserem Gehirn. Und schauen Sie doch einmal hinter das Bild. Hinter die Struktur der Rosenblätter. Wie beim »Magischen Auge«. ***Wenn Sie sich auf »Sehen« konzentrieren, dann verschwinden lärmende Gedanken*** – und man ist nur noch »Auge«. Sinn pur. Man meditiert.

**Parkticket-No. 16**

Wenn Sie sich auf »Sehen« konzentrieren, dann verschwinden lärmende Gedanken.

**Broadway**

***Machen Sie mal halblang***

*Probieren Sie doch mal diese Übung aus: Verlangsamen Sie alle Bewegungen auf die doppelte Zeit. Bewegen Sie sich wie ein Pantomime, der seinem Publikum das Hantieren unter Wasser demonstriert. Halten Sie die »Entschleunigung« mindestens 3 Minuten durch, bis Sie merken, wie der Druck allmählich von Ihnen weicht. Künftig sollten Sie immer, wenn Sie sich dabei ertappen, in arg hektische Betriebsamkeit zu geraten, »Stopp!« sagen und diese Übung machen.*

Entschleunigen heißt auch, nie mehrere Dinge gleichzeitig zu tun. Richten Sie Ihre ganze Aufmerksamkeit auf das, was Sie gerade tun. Essen Sie. Dann lesen Sie die Zeitung. Und dann hören Sie Musik. So erleben Sie jede Situation getrennt für sich – also viel intensiver. Und: Schreiben Sie mal wieder mit der Hand, langsam, am besten mit Füllfederhalter. Wer so schreibt, kann seine Ideen und Gefühle besser, authentischer ausdrücken.

# Broadway

**Parkticket-No. 8**
*Denken Sie um: vom Zeitverbrauch*
*hin zum Zeitgenuss.*

**Parkticket-No. 9**
*Sich Freiraum zu nehmen braucht Mut.*
*Denn es heißt, anders als andere zu sein.*

**Parkticket-No. 10**
*Der Stress lässt einen nicht so einfach los.*

**Parkticket-No. 11**
*Wenn wir lernen, Zeit zu erleben,*
*statt sie totzuschlagen,*
*können wir sie vermehren.*

**Parkticket-No. 12**
*Der Augenblick ist der Maßstab*
*für die Kunst des Lebens.*

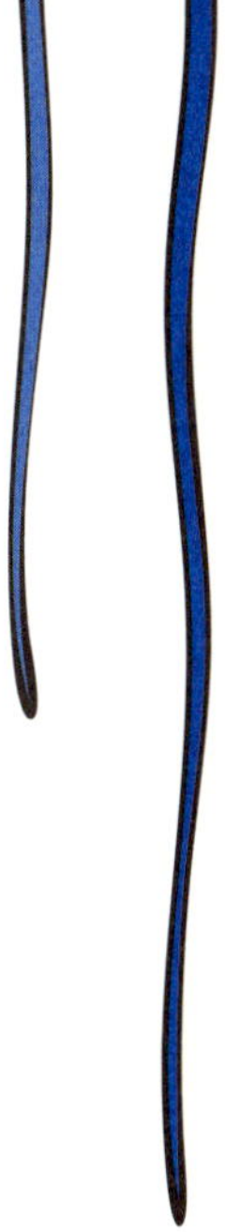

**Parkticket-No. 13**

*Der Mensch hat Angst, weil er seine Zukunft nicht kennt.*

**Parkticket-No. 9**

*Je langsamer das Lebenstempo, desto mehr Jahre. Je mehr Muße, desto mehr Energie.*

**Parkticket-No. 15**

*Jagen Sie nicht länger nach dem Glück, sondern entschleunigen Sie Ihr Leben.*

**Parkticket-No. 16**

*Wenn Sie sich auf »Sehen« konzentrieren, dann verschwinden lärmende Gedanken.*

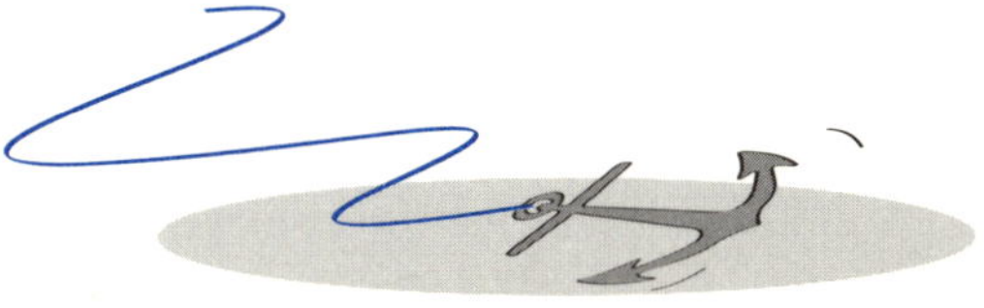

***Lebenskunst ist die Kunst***  
***des richtigen Weglassens.***  
***Das fängt beim Reden an und***  
***endet beim Dekolleté.***

Coco Chanel

***Der große Weg ist sehr einfach,***  
***aber die Menschen lieben die***  
***Umwege.***

Laotse

***Das Leichte ist richtig.***  
***Beginne richtig, und es ist leicht.***  
***Fahre leicht fort, und es ist richtig.***

Tschuang-Tse

# 4. EINFACHHEIT

## 4.1 Sind Sie Jäger und Sammler?

Sicher kennen Sie den berühmten Kyniker *Diogenes* in der Tonne. »Kyon« bedeutet im Griechischen »Hund«, und wie ein Hund lebte nach Auffassung seiner Zeitgenossen Diogenes von Sinope (412–323 v. Chr.). Er richtete sich in einer Tonne häuslich ein. Die Kyniker formulierten sozusagen als Erste die Lebensmaximen der Aussteiger und Konsumkritiker: Abhängigkeit – materielle ebenso wie geistige – macht unglücklich und unfrei. Wer nichts hat und nichts braucht, dem kann auch nichts genommen werden. Als Diogenes sah, wie ein Knabe mit bloßen Händen Wasser aus einer Quelle schöpfte, warf er seinen Becher als überflüssiges Besitztum fort.

Eines Tages fragte ihn der Feldherr *Alexander der Große,* welchen Wunsch er ihm erfüllen könne. Diogenes antwortete aus seiner Tonne heraus: »Geh mir aus der Sonne.« Nun fragt man sich: Wer von beiden hat sein Leben besser genutzt? König Alexander, der in wenigen Jahren ein Weltreich eroberte und bis nach Indien vorrückte? Der wegen seines meuternden, stark dezimierten Heeres umkehren musste und beim Rückmarsch in Babylon mit 33 Jahren an einem Fieber starb – und nur wegen des frühen Todes nicht mit ansehen musste, wie sein Riesenreich innerhalb weniger Jahre wieder zerfiel? Oder Diogenes, der das für seine Zeit außergewöhnliche Alter von 89 Jahren erreichte und mit seinen provokanten Sprüchen ebenso berühmt wurde wie sein König für seine Kriegszüge – ohne den Tod eines einzigen Menschen verschuldet zu haben?

> **Parkticket-No. 17**
>
> Ballast abwerfen lohnt sich schon, denn dann lebt es sich wirklich leichter.
>
> **Sesamstraße**

Noch heute übt sein Vorbild Faszination auf freiwillige Aussteiger aus. Nun, man muss ja nicht übertreiben und in eine Tonne ziehen. Aber: ***Ballast abwerfen lohnt sich schon, denn dann lebt es sich wirklich leichter.*** Das ermöglicht weitere federnde Schritte in Richtung Müßiggang.

Dass der Mensch ein Jäger und Sammler ist, kann jeder nachvollziehen, der durch unsere Büros geht und die Schreibtische anguckt. Was sich da so alles in, um und auf dem Schreibtisch ansammelt … Ist der Schreibtisch das Zentrum Ihres Arbeitslebens? Wenn Sie ihn in den Griff

bekommen, läuft alles andere wie von selbst. Neben dem Hang zum »kreativen Chaos« gibt es eigentlich nur einen triftigen Grund, einen Schreibtisch zur Müllhalde verkommen zu lassen: die Angst, etwas, das noch zu erledigen ist, zu vergessen (»aus dem Auge – aus dem Sinn«). Nach dem Motto: Alles, was ich um mich herum auf dem Tisch gestapelt habe, kann nicht verloren gehen.

Nur: Menschen, deren Schreibtische voll sind, haben's nicht leicht. Jedes Blatt Papier, Poststück, jede Postkarte, jedes Magazin, jede Notiz auf dem Arbeitsplatz stellt einen unmittelbaren Umweltreiz dar, auf den unser Gehirn reagiert. Auch wenn wir alle diese Dinge bewusst nicht wahrnehmen, so werden sie doch registriert und verarbeitet. Es werden sogenannte Aufmerksamkeitseinheiten gebunden, die unsere Arbeitsenergie, sprich unsere Motivation und Konzentrationsfähigkeit, blockieren. Wir »verzetteln« uns.

Hinzu kommt das *Maulwurf-Syndrom:* Man erstickt in Papierbergen, ist ständig auf der Suche nach Notizen und Informationen, die in irgendeinem Papierstapel verborgen sind, und beginnt, seine Hügel immer wieder durchzuwühlen, umzuschichten und neues Material aufzuwerfen. Wichtige Aufgaben werden oft nur hektisch und meist in letzter Minute erledigt.

Auf die Arbeitsplatte gehören nur die Unterlagen des Vorgangs, an dem gerade aktiv gearbeitet wird. Strenge Verfechter der Methode »Leerer Tisch« postulieren sogar, dass auf dem Schreibtisch selbst Telefon, Organizer, Büro-Butler oder Zettelkasten nichts zu suchen haben. Diese werden auf ein Sideboard oder in die Schubladen verbannt. Ist der Vorgang erledigt, findet der staunende Betrachter eine blanke Platte vor. Nur: Wie gelangt man vom überhäuften Schreibtisch zum Zustand eines freien Arbeitsplatzes?

### *SECHS GOLDENE REGELN, DIE DAS LEBEN EINFACHER MACHEN*

1. Wenn du etwas herausnimmst, lege es wieder zurück.
2. Wenn du etwas öffnest, schließe es wieder.
3. Wenn dir etwas heruntergefallen ist, hebe es wieder auf.
4. Wenn du etwas heruntergenommen hast, hänge es wieder auf.
5. Wenn du etwas nachkaufen willst, schreibe es sofort auf.
6. Wenn du etwas reparieren musst, tue es innerhalb einer Woche.

Hindernis Nummer eins gegenüber einer dringend notwendigen Aufräumaktion ist der *Zeitdruck*. Damit startet ein verhängnisvoller Teufelskreis: Sie räumen nicht auf, weil Sie so viel zu tun haben. Sie haben aber immer mehr zu tun, weil Ihnen im Durcheinander die Arbeit immer langsamer und mühsamer von der Hand geht. Viele Menschen kriegen die Kurve zum Ordnungmachen nicht, weil sie ein übertrieben perfektes Bild vom aufgeräumten Schreibtisch haben. Deswegen überschätzen sie den erforderlichen Zeitaufwand.

Professionelle Aufräumer veranschlagen für einen seit zwei Jahren nicht mehr aufgeräumten Schreibtisch einen (manchmal allerdings langen) Tag Arbeit. Mehr ist es nicht. Denn am Ende soll ja nicht ein Neubau stehen, sondern ein Arbeitsplatz, der funktioniert. Das Verschönern und Verfeinern können Sie getrost auf später verschieben.

Eine der größten mentalen Bremsen beim Aufräumen: Sie stochern dabei in Ihrer eigenen Vergangenheit. Sie finden unerledigte Vorgänge und vergessene Aufgaben. Machen Sie sich klar, dass sich Ihre Umwelt längst weiterentwickelt hat und sich viel weniger um das Vergangene kümmert, als Sie denken. Wollen Sie den Teufelskreis durchbrechen?

**Weg damit!**

*Geben Sie sich das Kommando: »Alle Maschinen stopp!« Starten Sie Ihren Aufräum-Tag so früh wie möglich: kurzes Frühstück, keine lange Zeitungslektüre, kein Telefonat, weder Post noch E-Mails anschauen, keine sonstigen Ablenkungen.*

Gehen Sie diesmal direkt ran. Schalten Sie alle möglichen Störungen aus und den Anrufbeantworter ein. Heute ist der Tag. Denken Sie nicht daran, was dadurch heute alles unerledigt bleibt. Denken Sie nur daran, wie wunderbar Ihr Arbeitsplatz morgen aussehen wird.

Als Sofortmaßnahme schlage ich den totalen Rundumschlag nach dem 3-Stufen-Prinzip vor. Das kann durchaus mehrere Stunden oder länger dauern. Reservieren Sie einen freien Nachmittag oder Samstag – eventuell mit einem Büro- oder Lebenspartner. Dann legen Sie los. Und zwar ackern Sie sich durch alles, was um den Schreibtisch herum, in und auf ihm liegt. Dies können sein: unvollendete oder aufgegebene Projekte, unerledigte Ablage, unbearbeitete E-Mails, ungelesene Zeitschriften, Prospekte, Papierkram, Notizen, Post, Schokolade, Ansichtskarten, Nippes … Stellen Sie einen großen, besser zwei Papierkörbe bereit.

1. Gehen Sie Stapel für Stapel, Papier für Papier, Zettel für Zettel nach dem gleichen Verfahren durch. Stellen Sie dabei jedes Mal die Aktionsfrage: Wie lange wird es dauern, diesen Vorgang abschließend zu erledigen? Und: Wann könnte bzw. werde ich es tun? Alles, was weniger als 5 Minuten dauert, erledigen Sie sofort! Es wäre sehr uneffektiv, diesen Vorgang wieder wegzulegen und später noch einmal anzufangen. Dauert es länger als 5 Minuten, legen Sie konkret fest, wann Sie es tun werden (Termin). Alles, was Sie in den nächsten Tagen erledigen wollen, notieren Sie in Ihrem Kalender an dem entsprechenden Tag. Alles, was Sie in den nächsten Wochen erledigen wollen, schreiben Sie in Ihre monatliche Prioritätenliste (Monatsplan, Aktivitäten-Checkliste).

Erledigen Sie Liegengebliebenes unperfekt. Was auf dem »Sofort erledigen«-Stapel gelandet ist, erledigen Sie in den nächsten drei Tagen – und zwar mehr schlecht als recht. Trennen Sie sich von der fixen Idee, dass Sie lange aufgeschobene Arbeiten zum Ausgleich ganz besonders sorgfältig zu Ende führen müssen. Diese Idee war ja der tiefere Grund für Ihre hohen Stapel. Stellen Sie um auf »zack und weg«.

2. Daneben können Sie auf einem Sideboard einen Stapel für Papiere einrichten, die Sie gelegentlich einmal in Ruhe lesen wollen. Lesen Sie während Ihrer Aufräumaktion bei Zeitschriften höchstens das Inhaltsverzeichnis. Ansonsten ist Lesen verboten. Heben Sie keine kompletten Zeitschriften auf. Schneiden Sie aus, was unbedingt aufgehoben werden muss, und sammeln Sie es, am besten in einer Archiv-Hängeregistratur oder in Aktenordnern. Bedenken Sie jedoch: Fast alle Zeitschriftenartikel können Sie im Internet kostenlos oder gegen eine geringe Gebühr abrufen. Werfen Sie Magazine daher im Zweifelsfall lieber komplett weg.
3. Alles, was nicht in Ordnern oder Hängemappen archiviert werden muss, sollte in den Papierkorb. Geben Sie sich einen Ruck, es kann mehr weg, als Sie meinen. Machen Sie Schluss mit dem Neandertaler in Ihnen, der alles sammeln will. Sie können auch ohne das viele Papier überleben, und das sehr gut. Fragen Sie einmal, was im schlimmsten Fall passieren könnte, wenn Sie diesen Vorgang endlich wegwerfen würden – die Antwort lautet meistens: Nichts Schlimmes! Bitte beherzigen Sie deshalb grundsätzlich: Was älter ist als 6 Monate, wird weggeworfen. Ausnahmen sind steuerlich relevante Unterlagen (Quittungen, Rechnungen, Bescheinigungen). Aber »Zu erledigen«-Dinge von vor über einem halben Jahr sind meist keine Träne mehr wert.

Genießen Sie das Gefühl, endlich auf einen leeren Schreibtisch zu blicken. Sie werden entspannter und mit weniger Stress arbeiten. Sie können sich besser konzentrieren. Sie werden bewusster und freier im Denken und können effektiver arbeiten. Und das Beste ist: Sie haben keinen Grund mehr, Dinge auf dem Schreibtisch zu stapeln. Sie haben alle Vorgänge bereits nach der 3-Stufen-Methode erfasst. Auf diese Weise können Sie jederzeit eine Schreibtisch-Inventur machen und vor allem alle neuen Vorgänge gleich abarbeiten.

## 4.2 Sehnen Sie sich nach den einfachen Dingen?

Oder auch nach Genuss pur? Ein schönes Glas Rotwein mit Oliven und Brot. Einen unverstellten Blick auf ein Mohnfeld. Barfuß über eine Wiese laufen. Ein altes Haus in der Toskana, wo man sich nicht mit der Bedienungsanleitung für elektrische Trüffelhobel herumschlagen muss, im Freien duschen unter dem Sternenhimmel, Kerzen auf dem Nachttisch … Dann befinden Sie sich wahrscheinlich gerade in einer verwirrenden und komplexen Phase Ihres Lebens. Sie werden täglich mit unzähligen Aufgaben konfrontiert, jonglieren sehr viele Beziehungen zu den unterschiedlichsten Menschen. Wie hektisch und vollgepackt Ihr Leben auch sein mag: Ziel unseres Lebens ist letztlich die Einfachheit, in der sich die Summe eines erfüllten und gereiften Lebens gelassen widerspiegelt. Auf dem Höhepunkt der Kompliziertheit ist die *Sehnsucht nach Einfachheit* am größten.

> **Parkticket-No. 18**
>
> Je komplexer unser Leben, desto größer unsere Sehsucht nach Einfachheit.
>
> **Sesamstraße**

Ein schönes altes Telefon mit einer runden Wählscheibe – ohne den Technikfirlefanz, der einen wahnsinnig macht. Ein schön geordneter Kleiderschrank, aus dem einem der Inhalt nicht entgegenquillt. ***Je komplexer unser Leben, desto größer unsere Sehnsucht nach Einfachheit.*** Sie wirkt auf uns unglaublich befreiend, weil wir so viel Ballast um uns anhäufen, dass er uns den Atem nimmt.

Kurioserweise entspringen so gut wie alle komplizierten Tätigkeiten, Erfindungen und Ansprüche in unserem Leben dem Urbedürfnis nach Einfachheit. Die komplizierte Spülmaschine wurde erfunden, damit wir die Zeit des lästigen Abwaschs mit etwas Entspannendem verbringen können. Die E-Mail, damit wir die Briefe nicht mehr zukleben und zur Post bringen müssen. Altersversorgung, Grunderwerb, Haushaltsgeräte, Bürokratie und viele Dinge aus unserer komplizierten Welt wurde geschaffen, damit wir es einfacher haben.

Aber die gute Absicht ist aus dem Blick geraten. Das schwer verdiente Eigenheim, in dem wir uns Rückzug, Ruhe und Nichtstun erhofften, entpuppt sich als Vollbeschäftigungsmaschine. Technische Errungenschaften können eine verhängnisvolle Eigendynamik entwickeln: Wer die neue Telefonanlage nicht versteht, ist abgehängt.

Aus dem Streben nach Einfachheit ist eine Geschichte nachwachsender Komplexität geworden. Der *Simplify-Weg* versucht, die Dynamik umzukehren, in jedem Lebensbereich eine Schneise zu schlagen mit dem Effekt: Es geht auch einfach. Dabei ist diese Umkehrung kein Weg zurück »zur guten alten Zeit«. Der Simplify-Weg deckt die Einfachheit auf, die vor uns und in uns liegt. Simplify ist keine Modeerscheinung und nicht fertig zu kaufen. Es ist das Ergebnis eines spannenden und unverwechselbaren individuellen Weges jedes Einzelnen. Die Reise verläuft dabei vom Äußeren zum Inneren.

*Sokrates* (469–399 v. Chr.), einer der bedeutendsten antiken Philosophen, wusste auch, dass nur der entspannt genießen kann, der aus den Gegebenheiten des Lebens weniges, Wesentliches auswählt. Beim Gang über den Markt von Athen soll er gesagt haben: **»Ich sehe mit Freude, wie viele Dinge es gibt, die ich nicht benötige.«**

*Entsorgen Sie Ihr Leben.* Beginnen Sie mit den Besitztümern, für die Sie nur schuften müssen, die Ihnen vielleicht irgendwann mal Spaß gemacht haben, aber jetzt nicht mehr. Das beginnt beim Nippes, den Sie abstauben müssen, und endet bei der Eigentumswohnung, die beim Fiskus kaum mehr was bringt, dafür aber ständig für Ärger mit den Mietern sorgt.

Viele Konsumgüter haben zwei Seiten. Zum Beispiel das Auto: Es verschafft Ihnen unabhängige Mobilität. Aber es kostet viel Geld und einiges an Zeit, von der Anschaffung über Werkstatt-Termine bis hin zur Versicherung und zum Tanken ... Stellen Sie gedanklich eine Nutzen-Kosten-Bilanz auf, die nicht nur die finanzielle Belastung, sondern auch Zeitaufwand, Sorgen und Ärger dem tatsächlichen Nutzen gegenüberstellt. Geben Sie sich dann eine ehrliche Antwort, ob das Konsumgut sich für Sie wirklich rentiert. Eine solche Bilanz lohnt nicht nur für technische Geräte, Garten und Wochenendhäuser, sondern auch für jeden anderen Aufwand – freiwillige Überstunden für die Karriere, Treffen mit anstrengenden Freunden, Abonnements von Zeitungen, Theaterkarten, Fitness-Vertrag und vieles mehr.

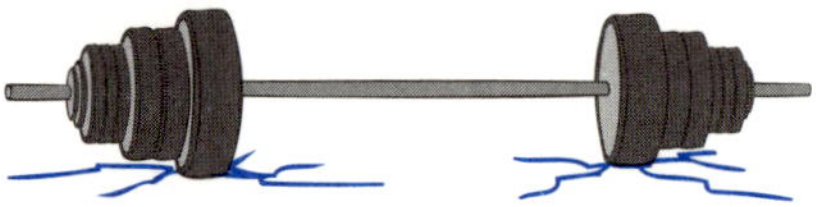

Was bringt Ihnen wirklich Entspannung und Genuss? Den meisten Menschen fällt es schwer, diese Frage ehrlich zu beantworten, weil sie den Genuss dort suchen, wo nach üblicher Meinung jedermann Genuss finden sollte. Etwa beim Mallorca-Urlaub, beim Erwerb eines Eigenheims oder bei rauschenden Partys bis früh um vier.

Beobachten Sie sich und finden Sie heraus, ob Ihnen andere Dinge nicht viel mehr Freude bereiten. Zum Beispiel stundenlang auf dem Sofa vor sich hin träumen, in alten Fotos kramen, zaubern oder in einem Zug ans Herz gehende Liebesromane schmökern. Was es auch sei: Nehmen Sie sich viel Zeit dafür. So viel, dass Sie nicht wegen des nächsten Termins dauernd auf die Uhr schauen müssen.

Alle anderen Dinge, die Sie nur tun, weil »man« sie eben tut, lassen Sie wenigstens für eine Woche ausfallen. Beobachten Sie, wie Sie sich dabei fühlen. Wenn Ihnen die Veränderung guttut, verändern Sie Ihre Prioritäten auf Dauer.

### *Ent-sorgen Sie Ihr Leben täglich*

*Betrachten Sie künftig Wegwerfen als etwas ebenso Selbstverständliches wie Kaufen. Vereinbaren Sie mit sich selbst, ab heute jeden Tag konsequent ein, zwei oder drei Dinge aus Ihrer Wohnung oder Ihrem Büro in den Abfall zu verbannen – so wie Sie bisher fast jeden Tag etwas gekauft haben.*

Auch wenn es Ihnen anfangs schwerfällt – die meisten Menschen gewöhnen sich sehr schnell daran. Es ist normal, wenn Sie beim Wegwerfen gelegentlich Gefühle von Unsicherheit oder Wehmut spüren. Trennungsschmerz gehört zu Ihrem Leben wie die Freude über neu erworbene Dinge. Betrachten Sie das nicht als Zwang, sondern als natürliche Lebenseinstellung.

## 4.3 Wie viel Müll belastet Ihre Seele?

Das Gehirn hindert uns daran, einfach entspannt zu sein. Sobald wir auf der Couch niedersinken, quält es uns mit Unruhe. Mit nagenden Sorgen, mit schlechtem Gewissen. Mit negativen Gedanken. Denn unser Gehirn arbeitet nicht anders als vor 20.000 Jahren. Es will einfach nur Ereignisse verknüpfen. Früher simpel: Es knackt im Gebüsch – Säbelzahntiger kommt. Und heute: Es hupt, das Kind brüllt, das Radio erzählt von Schmiergeldaffären, das Handy spielt Beethovens Neunte, der Staubsauger spricht …

Sie können die Welt nicht per Knopfdruck ausschalten. Aber Sie können Ihr Gehirn im Problemfall wenigstens ab und zu ein wenig entlasten. Wer grübelt oder mit dem Schicksal hadert, kommt auf keinen grünen Zweig, der Alltag wird nur noch grauer. Lenken Sie sich lieber erst einmal ab. Am besten eignen sich simple Tätigkeiten, auf die Sie bewusst Ihre ganze Aufmerksamkeit richten: Putzen, Gärtnern, Holzhacken, Autowaschen. Hauptsache, gleichförmige, automatische Bewegungen. Wie eine Art Meditation beruhigen sie das aufgewühlte Gemüt.

Sagen Sie sich lieber: Ich stecke zwar in einer schwierigen Lage, aber wenn ich überlegt vorgehe, werde ich die Probleme meistern, so wie früher auch. Zwei typische Überreaktionen führen in eine Sackgasse: *Jammern.* Wehklagen und sich als Opfer zu fühlen hilft gar nichts. Selbstmitleid versperrt den Blick auf Auswege. Sie können die Probleme auch einfach ignorieren und hoffen, dass sie sich von selbst erledigen. Gelingt manchmal. Meistens aber werden kleine Probleme mit der Zeit größer. Die bessere Strategie: *die Dinge beherzt in Angriff nehmen.*

Oder Sie öffnen Ihre Sinne der Natur, wandern Sie eine halbe Stunde durch einen Park oder Wald. Lauschen Sie den Vögeln, lassen Sie die Farben der Bäume und Wiesen auf sich wirken. Atmen Sie den Duft des Grases, spüren Sie das Knirschen des Bodens unter Ihren Sohlen. Richten Sie alle Sinne auf die Natur. Sie wissen ja: Wenn Sie sich vornehmen: »Ich werde jetzt nicht mehr an meinen Ärger denken«, dann bekommen Sie ihn erst recht nicht aus dem Kopf. Konzentrieren Sie sich auf Ihre Sinneseindrücke, dann tritt der Alltag in den Hintergrund und Sie gewinnen Abstand.

***Eine alte Volksweisheit empfiehlt, Probleme zu überschlafen. Die moderne Forschung hat das bestätigt.*** Unser Gehirn braucht eine gewisse Zeit, um Katastrophenmeldungen zu ordnen. Wenn Sie ihm Gelegenheit dazu geben, verrichtet es diese Arbeit von allein und

ohne dass Sie sich mit heiklen Entscheidungen herumquälen müssen. Vertrauen Sie der Kraft Ihrer Intuition. Verschieben Sie alle Reaktionen auf den nächsten Tag.

Wer viel zu erledigen hat, besitzt einen Terminkalender und macht die Dinge nacheinander, nach Plan. Bewältigen Sie Ihre Probleme nach der gleichen Methode. Wenn fünf (oder mehr) Ärgernisse Sie zugleich belasten, sagen Sie sich: »Über Problem eins denke ich heute Nachmittag um fünf nach, über Problem zwei morgen früh um neun …« Ein terminiertes Problem ist schon viel kleiner. Lässt Ihnen Zeit für Müßiggang. Fällt Ihnen zwischendurch etwas Wichtiges zu Ihren Problemen ein, das Sie unbedingt in Ihre Überlegungen einbeziehen wollen, machen Sie sich einfach schnell eine kurze Notiz.

Sobald Sie sich Ihrem Problem stellen, fragen Sie sich als Erstes: »*Was kann schlimmstenfalls passieren?*« Malen Sie sich die größtmögliche Katastrophe aus. Wenn Sie in der Firma Ärger hatten: Was ist, wenn man Ihnen kündigt? Wenn Sie keinen neuen Job finden? Wenn Ihr Einkommen schrumpft – worauf würden Sie dann verzichten müssen? Wie würden Sie nach der maximalen Katastrophe weiterleben? Nehmen wir nun an, die Katastrophe wäre eingetreten. Wie würden Sie leben? Richten Sie sich gedanklich in der neuen Situation ein. Was würden Sie nun unternehmen, um Ihre Situation zu verbessern? Um sich allmählich wieder emporzuarbeiten? Nach diesem Gedankenspiel werden Sie gelassener an die Lösung Ihrer Schwierigkeiten herangehen. Es kann nur noch besser ausgehen, als Sie es sich ausgemalt haben …

**Parkticket-No. 19**

Eine alte Volksweisheit empfiehlt, Probleme zu überschlafen. Die moderne Forschung hat das bestätigt.

**Sesamstraße**

Sie können Ihr Problem auch probeweise aus der Sicht der anderen Beteiligten sehen. Wie nehmen Ihre Kollegen, Ihr Partner, Verwandte und Freunde Ihre Situation wahr? Genauso dramatisch wie Sie? Oder als eher harmlos? Betrachten Sie sich mit den Augen der anderen. Durch den ungewöhnlichen Blickwinkel sehen Sie, inwieweit Ihre eigene Sicht realistisch ist. Und Sie erkennen, wie Sie sich Unterstützung holen können.

Natürlich wünschen wir uns im Problemfall alle, der Ärger wäre niemals eingetreten. Und dennoch hat alles immer auch seine guten Seiten. Entdecken Sie das Positive. Haben Sie mehr über Ihre Mitmenschen

gelernt? Wurden Sie zu Veränderungen gezwungen, die Sie ohnehin einmal hätten in Angriff nehmen müssen? Haben Sie mehr über Ihre eigenen Grenzen erfahren? Könnte man aus diesen Fehlern nicht lernen? Und haben Sie vielleicht jetzt mehr Zeit für Mußestunden?

Schließlich hätte es noch viel schlimmer kommen können. Seien Sie dankbar für das, was Ihnen bleibt. Das ist mehr als ein bloßes Gedankenspiel für billigen Trost. Dankbarkeit verrät Ihnen, über welche Ressourcen Sie noch verfügen, um aus dem Tal der Tränen wieder ans Licht emporzusteigen. Im Moment mögen Sie alles schwarzsehen. Aber wie werden Sie in einem Jahr darüber denken? Wenn die Angelegenheit schon seit Monaten ausgestanden ist, wenn neue Ereignisse sich in den Vordergrund geschoben haben? Schlüpfen Sie gedanklich in die Zukunft und bewerten Sie die Gegenwart. Heute lächeln Sie doch auch über vieles, was Ihnen früher Schreckliches passiert ist. Ob Sie es glauben oder nicht: Mit Ihren gegenwärtigen Sorgen wird es Ihnen einmal genauso ergehen.

Fazit: Schlagen Sie sich nicht bloß mit Ihren Schwierigkeiten herum. Entwickeln Sie vielmehr ein positives Gegenbild. Nehmen Sie sich ein paar Minuten *Zeit zum Tagträumen.* Visionen schenken Ihnen kreative Ideen. Sie zeigen Ihnen nicht nur, welche Schwierigkeiten Sie hinter sich lassen wollen, sondern vor allem, auf welch bessere Zukunft Sie zustreben.

***Das Entlastungsprogramm für die Seele***

**1. Ein Spaziergang der Sinne**

Gehen Sie hinaus in die Natur und machen Sie einen Spaziergang der Sinne – riechend, hörend, fühlend, sehend … Was riechen Sie? Pilze, Laub, Regen? Konzentrieren Sie sich auf jedes einzelne Aroma und spüren Sie, welche Gefühle, Erinnerungen in Ihnen aufsteigen.

Schauen Sie genau hin. Ergötzen Sie sich an der Vielfalt der Farben und Formen. Stellen Sie sich auch ein Blümchen auf den Schreibtisch. Und wenn es stressig wird, tauchen Sie einfach kurz ab in die entspannende und Kraft gebende Schönheit der Natur.

Den Hörsinn vernachlässigen Sie häufig. Sie lassen sich beschallen, erleben selten die Töne der Natur. Hören Sie genau hin: auf das Surren der Insekten, das Singen der Vögel, das Murmeln des Wassers. Übrigens gibt es solche Töne auf CD zum Entspannen.

Auch das Tasten erschließt Ihnen die Kräfte der Natur. Zerreiben Sie einen Grashalm zwischen den Fingern. Fühlen Sie die Rinde eines Baumes.

Je häufiger Sie einen Spaziergang der Sinne machen, desto besser trainieren Sie Ihre Kanäle gegen den Gedankenmüll – und für mehr Zufriedenheit und Glück.

## 2. Schreibend entmüllen

Was für ein Problem belastet Ihre Seele? Wer hat Sie geärgert? Schreiben Sie sich ruhig mal den Frust von der Seele, am besten in einem fiktiven Brief an sich selbst. Ein Freund von mir brachte, als es ihm richtig schlecht ging, diese Briefe sogar zur Post und las sie dann mit etwas Abstand. Da hatte sich schon viel geändert. In mehreren Studien wurde festgestellt, dass das Schreiben wie ein therapeutisches Gespräch wirkt und die Seele von aufgestautem Kummer entlastet. Der Effekt tritt jedoch nur ein, wenn man nicht nur jammert, sondern mit dem Füllhalter in der Hand ehrlich über Problemlösungen nachdenkt. Also: Nicht lange über schöne Formulierungen grübeln, sondern spontan loslegen, als ob Sie einem vertrauten Menschen Ihr Herz ausschütten würden.

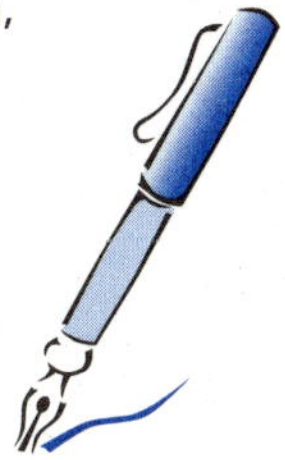

## 4.4 Was wollen Sie nicht loslassen?

Die meisten Menschen streben in irgendeiner Form nach Erfolg, Reichtum, Beliebtheit und Anerkennung. Was wir unternehmen, um diese Ziele zu erreichen, gehört zu den gefährlichsten Stressfaktoren unserer Zeit. Eine Studie in der USA zeigt, dass die Leute dort dreimal so viel verdienen wie vor 40 Jahren. Glücklich fühlen sich aber nur etwa 30 Prozent – heute genauso wie damals.

Arbeit, Freizeit, Familie, Erledigungen, soziale Pflichten ... Zwischen diesen Aufgaben reiben wir uns auf. Und fragen uns, wie wir das alles unter einen Hut kriegen sollen. Meine Antwort: Gar nicht! Dafür ist kein Hut groß genug. Jetzt geht es darum, *Ballast abzuwerfen.* Nur das Wichtigste bleibt übrig. Und Zeit für Muße.

Manchmal kommt mir das Leben vor wie ein englisches Landschloss mit zahllosen Zimmern, für jede Tätigkeit eines: Esszimmer, Rauchzimmer, Boudoir, Bibliothek ... Früher wurde so ein Schloss von Butlern, Dienern, Chauffeuren bewirtschaftet. Heute kann sich das kaum einer leisten, die Kinder sind aus dem Haus, die Räume stehen leer – was bleibt Seiner Lordschaft übrig? Sosehr man sich auch bemüht, das Anwesen in Gang zu halten: Die Vorhänge vermodern, das Tafelsilber erblindet, alles verkommt. Bis die verzweifelte Herrschaft sich entschließt, nur noch jene Räume in Betrieb zu halten, die für ihr heutiges Leben wirklich wichtig sind – die anderen werden in Ordnung gebracht und abgesperrt. Und auf einmal können Mylady und Mylord ihr Gemäuer wieder genießen; der Flügel, den sie bewohnen, lebt auf.

**Parkticket-No. 20**

Weniger äußerer Erfolg bringt oft mehr Glück, wenn Sie dafür die Möglichkeit gewinnen, Ihr Leben frei zu gestalten und nur Dinge zu tun, die Ihnen wirklich Spaß machen.

**Sesamstraße**

So geht es uns mit den vielen Verpflichtungen, die wir übernommen haben und mit denen wir uns übernehmen: Dutzende von Leuten, die Raum beanspruchen, Dutzende von Aufgaben, die unser Bestes fordern, keiner werden wir wirklich gerecht. Wir möchten unser Lebenshaus mit unserer Persönlichkeit erfüllen – und schaffen es, gerade so zurechtzukommen, weit unter unserem Niveau. Kommt Ihnen das bekannt vor? Nie das Gefühl, Herr des Geschehens zu sein, nie die Befriedigung, wirklich das Beste zu leisten, oft aber die Sorge, geschätzte Menschen zu enttäuschen? Unsere Zeitprobleme im Leben entstehen nie aus der Sache, sondern weil wir zu viele Räume gleichzeitig bewirtschaften wollen.

Die Kunst heißt: loslassen. ***Weniger äußerer Erfolg bringt oft mehr Glück, wenn Sie dafür die Möglichkeit gewinnen, Ihr Leben frei zu gestalten und nur Dinge zu tun, die Ihnen wirklich Spaß machen.***

***Ein Schloss fürs Leben***

*Wenn Sie ein Schloss erbten, würden Sie nicht erst prüfen, was Sie brauchen nach Ihren heutigen Bedürfnissen? Und sich des Restes entledigen – stilllegen, verpachten, abreißen? Das Gleiche sollte für das Schloss Ihres Lebens gelten.*

- Lernen Sie Ihren Lebensraum kennen

Zuerst einmal schauen Sie sich nüchtern um: Wo tragen Sie Verantwortung? Was wird Ihnen zu viel? Schon im Beruf können das mehrere Räume sein: Verkaufsleiter, Mitarbeiter, Führungskraft, Arbeitskreismitglied, Verbandsfunktionär ... Auch im Privatleben springen Sie zwischen einzelnen Räumen hin und her: (Ehe-)Partner, Mutter/Vater, Freund, Nachbar, (Ver-)Mieter, Nachhilfelehrer ... Notieren Sie minutiös jeden Raum, in dem Sie sich abrackern.

- Verdichten Sie Ihren Lebensraum

Nun definieren Sie das Raumprogramm neu: Sperren Sie all die überflüssigen Zimmer ab, in denen Sie sich nicht wohlfühlen und aus denen Sie sich relativ leicht zurückziehen können. Prüfen Sie einzeln: Was passiert, wenn ich hier einfach aussteige? Und legen Sie diese Aufgabe binnen der nächsten 72 Stunden vernünftig ab.

- Entfalten Sie Ihren Lebensraum neu

Wählen Sie höchstens sieben Räume aus, die Sie aktiv beleben wollen. Die Zahl 7 ist schnell voll – und jeder dieser Räume hat mit Menschen zu tun. Und Sie ahnen: Jeden Raum optimal zu nutzen, wird nicht einfach sein – aber sehr befriedigend. Eiserne Regel: Eines dieser Zimmer sollte für Sie persönlich reserviert sein. Notieren Sie Ihre sieben Lebensräume auf einem Blatt Papier.

- Füllen Sie Ihren Lebensraum

Nun mischen Sie sich ins Konzept jedes Raumes ein, bestimmen die Einrichtung selbst. Wie wollen Sie zukünftig leben? Betrachten Sie im Geiste sich und die anderen Leute in jedem Zimmer: Was wäre das Beste, was Sie jetzt, in einem Monat, in einem Jahr zur Verbesserung beitragen können?

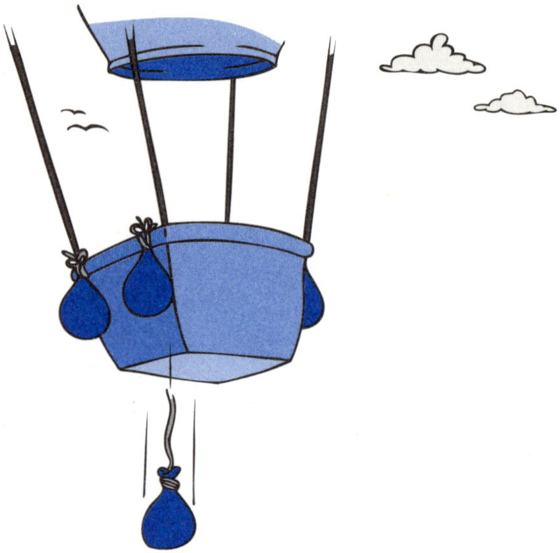

schloss sesam

HOF-FLOHMARKT
EINGANG SESAMSTRASSE

## Sesamstraße

**Parkticket-No. 17**
***Ballast abwerfen lohnt sich schon, denn dann lebt es sich wirklich leichter.***

**Parkticket-No. 18**
***Je komplexer unser Leben, desto größer unsere Sehsucht nach Einfachheit.***

**Parkticket-No. 19**
***Eine alte Volksweisheit empfiehlt, Probleme zu überschlafen. Die moderne Forschung hat das bestätigt.***

**Parkticket-No. 20**
***Weniger äußerer Erfolg bringt oft mehr Glück, wenn Sie dafür die Möglichkeit gewinnen, Ihr Leben frei zu gestalten und nur Dinge zu tun, die Ihnen wirklich Spaß machen.***

***Man entdeckt keine neuen Kontinente,***
***wenn man nicht bereit ist, für lange Zeit***
***die Küste aus den Augen zu verlieren.***

André Gide

***Folge der Arbeit und lass dich***
***nicht von ihr verfolgen.***

Japanische Weisheit

***Wenn du immer das tust,***
***was du möchtest,***
***ist wenigstens schon mal***
***ein Mensch glücklich.***

Katharine Hepburn

# 5. SELBSTBESTIMMUNG

## 5.1 Wie clever arbeiten Sie?

Ein alter Indianer saß mit seinem Enkelsohn am Lagerfeuer. Es war schon dunkel geworden und das Feuer knackte, während die Flammen in den Himmel züngelten. Der Alte sagte nach einer Weile des Schweigens: »Weißt du, wie ich mich manchmal fühle? Es ist, als ob da zwei Wölfe in meinem Herzen miteinander kämpfen würden. Einer der beiden ist rachsüchtig, aggressiv und grausam. Der andere hingegen ist liebevoll, sanft und mitfühlend.« – »Welcher der beiden wird den Kampf um dein Herz gewinnen?« fragte der Junge. »Der Wolf, den ich füttere«, antwortete der Alte.

Das Erfolgsgeheimnis souveräner und selbstbestimmter Menschen formulierte *Moshé Feldenkrais* so: »Wenn man weiß, was man tut, kann man tun, was man will.« Auch dafür gibt es ein neudeutsches Wort: *Working smart.* Das beinhaltet Zuhören, Nachdenken und dann Agieren, anstatt aus der Gewohnheit heraus zu reagieren. Working smart heißt auch, Vertrauen zu haben in seine Instinkte, das Richtige zu tun. Weil man sich auf sein Wissen und seine Erfahrungen verlassen kann. Es heißt auch, mit anderen Menschen in ständigem Gedankenaustausch zu bleiben, weil im Team die Arbeit bessere Früchte trägt. Working smart bedeutet zudem: In jedem Moment das Leben am Schopf packen – ein Ding nach dem anderen erledigen, mit vollem Bewusstsein und in einer Gangart, die zur Balance im persönlichen und beruflichen Leben führt.

Wer weniger arbeitet, muss überhaupt kein schlechtes Gewissen haben, im Gegenteil, das könnte viele Probleme lösen. Dieser Meinung war auch der englische Philosoph und Nobelpreisträger *Bertrand Russell* (1872–1970). Im »Lob des Müßiggangs« schrieb er 1957 (!): »Ich glaube, dass in der Welt viel zu viel gearbeitet wird, dass die Überzeugung, Arbeiten sei an sich schon vortrefflich und eine Tugend, ungeheuren Schaden anrichtet. (…) Die Unterhaltung der Stadtbewohner ist überwiegend passiv geworden: man sieht sich Filme an, geht zu Fußballspielen, hört Radio und so fort. Das ergibt sich aus der Tatsache, dass ihre aktiven Kräfte völlig von der Arbeit absorbiert werden; bei mehr Muße würden sie auch wieder an Unterhaltungen Vergnügen finden, bei denen sie aktiv mitwirken.«

*Russell* sagt: »Ohne die Klasse der Müßiggänger wären die Menschen heute Barbaren.« Es war die Klasse der Müßigen, die das geschaffen haben, was wir Zivilisation nennen. Die die Künste förderten, die Wissenschaften entdeckten, die Bücher schrieben, Philosophien entwickelten. »Wenn auf Erden niemand mehr gezwungen wäre, mehr als vier Stunden täglich zu arbeiten, … würde es wieder Glück und Lebensfreude geben statt der nervösen Gereiztheit, Übermüdung und schlechten Verdauung«, schlussfolgert er. Jeder könne Muße genießen, seine Zeit aktiv gestalten. Maler könnten malen, ohne zu verhungern, Lehrer und Ärzte sich weiterbilden …

**Parkticket-No. 21**

Die Devise lautet: Smart work statt Hard work. Wir sprechen von Menschen, die wissen, was sie wollen und danach handeln.

**Walk of Fame**

Und es gäbe keine Kriege mehr. Weil die Menschen weniger misstrauisch und viel toleranter wären – und Krieg harte lange Arbeit bedeute. Russell wirft uns Menschen vor: »Mit den modernen Produktionsmethoden ist die Möglichkeit gegeben, dass alle Menschen behaglich und sicher leben können; wir haben es stattdessen vorgezogen, dass sich manche überanstrengen und die anderen verhungern. Bisher sind wir immer noch so energiegeladen arbeitsam wie zur Zeit, da es noch keine Maschinen gab; das war sehr töricht von uns, aber sollten wir nicht auch irgendwann einmal gescheit werden?«

Wie steht es mit Ihnen? Sie sind etwa 10 Stunden im Büro, vielleicht sogar mehr? Und machen Sie Ihre Arbeit superschnell? Mittagspause – nur wenige Minuten für ein Sandwich? Abends gehen Sie später als die anderen und nehmen Unerledigtes oft mit nach Hause? Am nächsten Tag sind Sie vor den anderen im Job? Und auch am Wochenende trifft man Sie dann und wann dort an? Klingt doch ganz danach, als ob man sich keinen besseren Mitarbeiter wünschen kann – oder? Tut man aber.

*Workaholics* sind out. Viel Arbeit heißt noch lange nicht viel Erfolg. Heutzutage ist Selbstbestimmung angesagt. ***Die Devise lautet: Smart work statt Hard work. Wir sprechen von Menschen, die wissen, was sie wollen, und danach handeln.*** Menschen, die langsamer und besser arbeiten. Menschen, die sich regelmäßig ihre Auszeit nehmen und Freizeit als Freizeit genießen. Denn das feit vor Fehlern – bewiesenermaßen: Eine McKinsey-Studie bescheinigt Teilzeitkräften eine bis zu

20 Prozent höhere Produktivität als Round-the-clock-Schuftern. In den USA sind clevere Chefs längst dazu übergegangen, ihre Manager nach 8 Stunden Arbeit in die Freizeit zu jagen, damit sie am nächsten Tag wieder leistungsfähig und zufrieden sind. Denn nur wer die Balance hält zwischen Leistung und Müßiggang, taugt auch im Job.

*Denken beim Gehen, Reden beim Gehen – Sokrates* und die alten Philosophen haben uns das vorgemacht. Sie kennen das, wenn man mit einem guten Freund zwei Tage in die Berge geht. Man kommt zu Gesprächen, die sonst nicht stattfinden. Warum eine solche Gelegenheit auf die Freizeit beschränken? Und warum zum Arbeiten immer im Büro sitzen? Ist denn Herumsitzen immer noch der sichtbare Beweis des Fleißes? Also, jedes Mal, wenn ein Mitarbeiter oder Kollege sagt: »Ich muss mal mit Ihnen reden«, sagen Sie: »Machen wir Pause, eine halbe Stunde an der frischen Luft!« Sie werden staunen, wie verblüfft

Ihr Gegenüber sein wird. Sie werden sehen, dass er das als eine ganz besondere Intensität von ausschließlicher Zuwendung erlebt. Und Sie werden überrascht sein, was dabei herauskommt. Vielleicht nicht im Sinne von zählbarem Ergebnis. Gewiss aber im Sinne dessen, was der andere Ihnen alles mitteilt.

Aber wirkt das nicht peinlich, wenn man jedes Mal aufspringt, den Mantel zückt und den Gesprächspartner zum Gehen drängt? Machen Sie es einfach andersherum: Machen Sie es sich zur Gewohnheit, jeden Tag einen Spaziergang zu machen, und zwar zu der Zeit, in der Sie sowieso nicht so produktiv sind im Büro. In diese Zeit packen Sie persönliche Gespräche unter vier Augen. Also: »Ich muss mal mit Ihnen reden.« – »Ja, gerne, wie wär's heute Nachmittag um halb vier? Und nehmen Sie Ihren Mantel mit!«

Es tut Ihnen beiden gut, das Gehen und das Sauerstofftanken; Sie können frei reden ohne Mithörer, ohne geschlossene Tür, ohne, dass das Telefon klingelt. Und es wird zum gemeinsamen Erlebnis – der Weg, das Wetter, kleine Vorfälle oder Dinge, die es zu sehen gibt, auch die kleinen Ablenkungen geben so einem Gespräch Farbe. Vielleicht hält man bei einem Biergarten an und trinkt eine Apfelschorle. Oder macht einen Zwischenstopp im Café.

***Smart arbeiten hat Strategie***

- **Machen Sie Pausen.**

  Sie horchen in sich hinein und wissen, wann Körper und Geist eine Auszeit brauchen.

- **Lassen Sie sich nicht unter Zeitdruck setzen.**

  Denn Sie wissen, dass Druck hausgemacht ist, immer Stress verursacht und Ihre Energie verbraucht. Wenn Sie stärker sind als der Druck, behalten Sie Oberwasser und gelangen dorthin, wo Sie hinwollen: an Ihr Ziel.

- **Entschlacken Sie Ihren Terminkalender.**

  Sie gewinnen der Langsamkeit produktive und kreative Seiten ab und canceln unwichtige Termine – natürlich wohlüberlegt.

- **Nehmen Sie sich Zeit.**

  Sie haben das Wort »schnell« aus Ihrem Vokabular verbannt. Ihre Kunden, Kollegen und Mitarbeiter werden es Ihnen danken. Sie wollen ja auch, egal ob im Supermarkt oder Sportfachgeschäft, gut beraten werden – und das dauert. Da die Zahl selbstbestimmter Menschen wächst, besteht die Chance, dass Sie auf Ihrer Karriereleiter immer häufiger einem solchen begegnen. Sei es der Kunde im Laden, sei es der Chef, der Ihnen einen Job gibt. Und dieser Mensch erwartet, dass Sie ihm Zeit schenken. Und das Beste daran: Die Karriere entschleunigt sich nicht durch ein langsameres Tempo.

- **Üben Sie sich in Geduld.**

  Ungeduld treibt den Puls nach oben und schafft Frustration. Die Fehlerquote erhöht sich. Geduldige Menschen sind, so wissen Sie, meist kreativer, fröhlicher und erfolgreicher – und genießen ihr Leben auch in hektischen Zeiten.

- **Respektieren Sie Ihr eigenes Tempo.**

  Sie wissen, wie viel Stress Sie brauchen, um optimal zu funktionieren. Und um das Einssein mit der Tätigkeit zu genießen, das Sie in einen Glücksrausch versetzt.

- **Stellen Sie sich die Sinnfrage.**

  Sie hinterfragen immer wieder, welche Tätigkeiten Ihnen Spaß machen. Diese delegieren Sie nicht, weil Ihnen das sonst die Lust an der Arbeit abnimmt. Auch das Abarbeiten eines Poststapels kann Sinn machen, wenn man sich dabei entspannt. Alles, was Sie tun, wird von der Frage geleitet: Ist das wirklich sinnvoll – für mich und die anderen?

## 5.2 Lust auf kreative Freiheit?

Kreativität ist Ordnung, über das Chaos gestülpt. Und Chaos ist die Quelle der Kreativität. Das sagt nicht nur der Physik-Nobelpreisträger *Gerd Binnig*. Der chaotischste Schreibtisch, den ich je gesehen habe, steht in einer Hamburger Redaktion. Diesem ist nicht anzusehen, dass vor langer, langer Zeit »Chaos« einmal »klaffende Leere« bedeutete. Hinter meterhohen Papierstapeln, Fotobergen, Ansichtskarten, leeren Zigarettenschachteln, CDs, Nippes, verhedderten Telefonkabeln und Unmengen gelber Post-its verschwindet der Wuschelkopf eines, ich möchte sagen, ziemlich kreativen Menschen. Ein Redakteur, der Woche für Woche neue Themen ins Heft bringt und nebenbei noch Bücher schreibt. Wie macht er das in diesem unglaublichen Chaos nur? Ganz einfach: In diesem Menschen brennt das Feuer der Begeisterung.

**Parkticket-No.22**

Erfolgreiche, kreative Menschen sind erfüllt von schöpferischem Geist, be-geist-ert.

**Walk of Fame**

»Du kannst nur das in anderen entzünden, was in dir selbst brennt!«, sagte der Kirchenvater *Augustinus* (354–430 n. Chr.). Ein anderes Wort für Begeisterung ist Enthusiasmus. Das kommt aus dem Griechischen: »entheos« bedeutet »gotterfüllt« oder »Einssein mit Gott«. ***Erfolgreiche, kreative Menschen sind erfüllt von schöpferischem Geist, be-geist-ert.*** Und wie Gott im biblischen Schöpfungsmythos die Erde aus dem Tohuwabohu schuf, so schaffen sie aus der »Ursuppe« von Wörtern, Farben, Tönen: Bestseller, Kunstwerke, Ohrwürmer. Kreativität und Schöpfung, Chaos und Ordnung gehören zusammen.

**Parkticket-No. 23**

Chaos ist eng verwoben mit Ordnung.

**Walk of Fame**

*Am Anfang war das Chaos.* Sie kennen diesen Satz ... Lange bevor Naturwissenschaftler mit ihrer Chaos-Theorie die Entstehung der Weltordnung erklärten und auch deren Untergang durch Chaos für wahrscheinlich hielten, stellte sich der Mensch die Frage nach dem Ursprung der Welt. Wie ist sie entstanden, warum ist sie so, wie sie ist? In all den Erklärungsmythen wird auf die eine oder andere Weise Ordnung im Chaos geschaffen. Nehmen wir

den, der uns am nächsten liegt: Im jüdisch-christlichen Schöpfungsmythos (Genesis 1,1–3) kann man nachlesen: »Am Anfang schuf Gott Himmel und Erde; die Erde aber war wüst und leer, Finsternis lag über der Urflut und Gottes Geist schwebte über dem Wasser. Gott sprach: Es werde Licht. Und es wurde Licht.« Wüst und leer (hebräisch: tohu wa-bohu) heißt nichts anderes als chaotisch. Und Licht macht die Dinge sichtbar und damit das Ordnen erst möglich.

Was ich damit sagen will: ***Chaos ist eng verwoben mit Ordnung.*** Das eine ist ohne das andere nicht denkbar. Manchmal schlägt das Chaos um in Ordnung – und umgekehrt. Und am fröhlichsten und souveränsten lebt es sich, wenn das Ganze in Balance ist. Und dann ist auch der Weg nicht weit. Disziplin, Logik, Ordnung. Sie wissen bereits: Ohne Ordnung existiert keine wahre Kreativität. Nur Perfektionismus ist ein Kreativitätskiller.

*Perfektion* ist die Feindin der Selbstbestimmung, denn sie macht uns unfrei. Wer perfekt sein will, wird nie fertig, ist ständig im Stress und unter Druck. Perfektionisten neigen dazu, intolerant zu sein, zu sich selbst und zu anderen. Sie sind unrealistisch – das Leben ist auch nicht perfekt, Leben ist immer ein Kompromiss. Perfektionisten sind zudem chronisch unzufrieden. Sie konzentrieren sich auf das, was sie nicht erreichen, statt auf das, was sie erreichen. Sie finden den Druckfehler, und die Schönheit des Gedichtes geht ihnen dabei verloren. Perfektion weckt Aggression.

**Parkticket-No. 24**

Perfektionismus hat einen hohen Preis, nämlich Freiheit und Entwicklung.

**Walk of Fame**

## *DIE PERFEKTIONISTISCHEN WARNSIGNALE – WAS DAVON TRIFFT AUF SIE ZU?*

- Schämen Sie sich, anderen zu erzählen, dass Sie einen Fehler gemacht haben?
- Hält Sie ein kleines Versagen die ganze Nacht wach?
- Es heißt von Ihnen in der Arbeit, dass Sie schwer zufriedenzustellen sind?
- Erwarten Sie, dass etwas schiefgeht, und machen Sie sich oft Selbstvorwürfe, wenn es dann tatsächlich misslingt?
- Bemühen Sie sich stets um Fehlerlosigkeit?
- Sie lesen das Kleingedruckte in Standardverträgen oder studieren stundenlang Gebrauchsanleitungen?
- Ihre Briefe und Faxe sind stets länger als eine Seite?
- Machen Sie lieber alles allein, auch wenn Sie so manches delegieren könnten, weil Sie sichergehen wollen, dass Sie das gewünschte Resultat bekommen?

- Neigen Sie dazu, einen Sachverhalt mit unzähligen detaillierten Informationen anzureichern, wenn Sie etwas erklären?
- Arbeiten Sie häufig auch länger und nehmen Aufgaben mit nach Hause, um ihnen den perfekten Schliff zu geben?

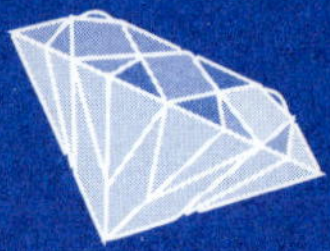

Natürlich ist nichts falsch daran, sein Bestes geben zu wollen. Nur: ***Perfektionismus hat einen hohen Preis, nämlich Freiheit und Entwicklung.*** Perfektionisten setzen sich oft unrealistische Ziele und Normen. Mit dem Resultat, dass sie Überstunden machen, unnötige Mehrarbeit, die niemand würdigt, dass sie Stress produzieren und ein allgemeines Gefühl haben, niemals »anzukommen«. Perfekt zu sein heißt: anhalten, analysieren, überlegen, wo verbessert werden kann. Perfektsein ist Stillstand. Doch Leben ist Bewegung, Veränderung, auch mal Rumwursteln – aber alles im Fluss. ***Wenn man etwas verändern will, andere mitreißen will, muss man sich bewegen und selbst bestimmen, was gut und richtig ist.***

**Parkticket-No. 25**

Wenn man etwas verändern will, andere mitreißen will, muss man sich bewegen und selbst bestimmen, was gut und richtig ist.

**Walk of Fame**

Wer seinen Perfektionismus aufgibt, begrüßt das Chaos im Leben – die Quelle der Kreativität. Und kreativ zu sein, wünscht sich doch jeder. Einfach dasitzen – und die Gedanken fließen, das Geld, das Glück …

### *Die Prinzipien der Selbstbestimmung*

- **Gut ist besser als perfekt.**

  Setzen Sie sich nicht so unter Druck. Seien Sie nachsichtiger mit sich und anderen. Riskieren Sie ein Stück Sicherheit – und gewinnen Sie Lebendigkeit und Lebensfreude.

- **Fehler Fehler sein lassen.**

  Wenn kleine Fehler oft an Ihrem Selbstbewusstsein kratzen, dann verlieren Sie an Freude und Enthusiasmus. Konzentrieren Sie sich auf Dinge, die Sie gut können. Und tun Sie sie gut und nicht perfekt. Die Erfolge der Menschen entstanden aus einer langen Reihe von Fehlversuchen.

- **Sich Luft zum Atmen verschaffen.**

  Überprüfen Sie die Ziele, die Sie sich selbst setzen. Sind sie realistisch, sinnvoll? Wenn Sie sie regelmäßig nicht erreichen, dann ist es an der Zeit, Ihre Pläne zu revidieren.

- **Sich mehr auf andere verlassen und delegieren.**

  Das stärkt auch das Selbstwertgefühl der anderen Menschen. Vertrauen Sie Kollegen, wenn Sie wissen, dass sie eine Sache zu 80 Prozent so gut wie Sie erledigen können.

- **Keine Stechuhr sein.**

  Pünktlichkeit ist nicht aller Dinge Maßstab. Regen Sie sich nicht 10 Minuten auf, weil andere 5 Minuten zu spät kommen.

- **Jeden Tag etwas unperfekt tun.**

  Das heißt nicht, dass Sie ein Schlamper werden sollen, aber zügeln Sie Ihren Perfektionismus. Zum Beispiel: Ordnung ja, Pedanterie nein – wie groß ist Ihr innerer Meister Proper? Räumen Sie Ihren Schreibtisch mal ganz schnell auf, ohne »jeden Bleistift gerade zu rücken«.

- **Anderen Fehler zugestehen.**

  Perfektionisten legen an andere die gleichen Maßstäbe wie an sich selbst. Und das kommt selten gut an. Das Resultat: Die Menschen in Ihrer näheren Umgebung fürchten Ihre Kritik, riskieren weniger, verstecken Fehler vor Ihnen und zweifeln an ihrem eigenen Urteilsvermögen und an ihrer eigenen Kompetenz.

- **Sich Zeitlimits setzen.**

  Verlieren Sie keine Zeit mit unwichtigen Dingen, um sie zu perfektionieren. Sagen Sie sich: »Damit möchte ich in 30 Minuten fertig sein, dann ist es gut. In 60 Minuten wäre es perfekt.« Und arbeiten Sie keine Minute länger als 30 Minuten daran.

- **Unperfekte Vorbilder suchen.**

  Perfektionismus hat nichts mit Größe zu tun. Einige der erfolgreichsten Menschen hatten Schwächen: Hunderte Ideen von Thomas Edison haben nie funktioniert; Abraham Lincoln versagte im Geschäftsleben, bevor er Präsident wurde.

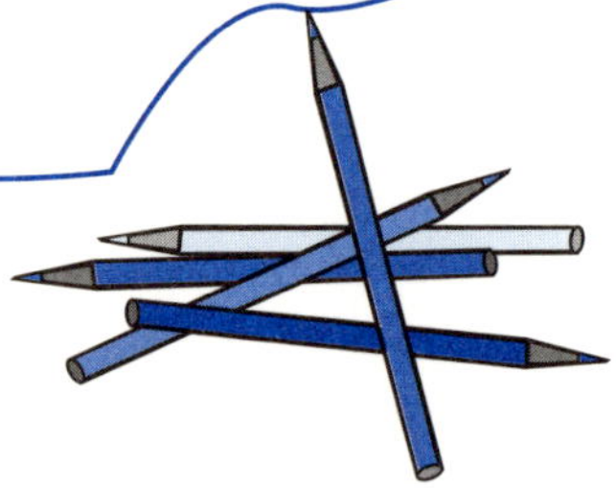

## 5.3 Noch Fragen an sich selbst?

Wer *fremdbestimmt* lebt, steht sich oft selbst im Weg, weil er gefangen ist in den Ketten alter Verhaltensmuster. Gefangen in Glaubenssätzen, den Gitterstäben im Gehirn, die die Freiheit der Gedanken, Kreativität und auch ein glückliches, zufriedenes Leben unmöglich machen. Es ist ganz einfach: Wer seine grauen Zellen negativ programmiert, schöpft auch das Wasser des Lebens aus einem trüben Tümpel. Aber was haben Fragen damit zu tun?

**Parkticket-No. 26**

Wer die Dinge immer in gleicher Art und Weise betrachtet, wird auch immer nur dieselben Antworten bekommen und in seinem gewohnten Schema verharren.

**Walk of Fame**

»Wer dumm fragt, kriegt eine dumme Antwort«, sagt der Volksmund. Wer intelligent fragt, kriegt eine intelligente Antwort. Das bestätigt US-Erfolgstrainer *Anthony Robbins.* Er stellte fest: Erfolgreiche Menschen bekommen die besseren Antworten, weil sie die besseren Fragen stellen. Erfolgreiche Menschen sammeln Antworten, die es ihnen ermöglichen, in allen Situationen die richtigen Entscheidungen zu treffen und die gewünschten Ergebnisse zu erzielen.

Wer sein Leben – privat und im Job – selbst bestimmen will, muss einfach andere Fragen stellen als gewohnt. ***Wer die Dinge immer in gleicher Art und Weise betrachtet, wird auch immer nur dieselben Antworten bekommen und in seinem gewohnten Schema verharren.***

»Unerschütterliche« Ansichten haben die fatale Eigenschaft, unsere Ziele, unsere Vorgehensweisen und damit unser Leben so zu beeinflussen, als würden wir selbst keine entscheidende Rolle mehr darin spielen. Statt uns zu fragen, ob es auch anders, vielleicht sogar sehr viel besser geht, haben wir unser Gehirn auf »Autopilot« geschaltet. Veränderungen oder gar Verbesserungen lassen sich damit nicht zuwege bringen.

Die wichtigste Technik auf dem Weg zu einem selbstbestimmten Leben heißt: *Fragen stellen.* Dieser Technik bediente sich auch der griechische Philosoph *Sokrates* (470–399 v. Chr.). Er stellte seinen Schülern ausschließlich Fragen. Und lenkte mit diesen die Wissbegierigen in eine bestimmte Richtung, lehrte sie eigene Antworten zu finden.

Bitte berücksichtigen Sie: Stellen Sie sich selbst keine destruktiven Fragen, wie zum Beispiel: Warum muss das ausgerechnet mir passieren? Warum muss die ganze Verantwortung immer nur an mir hängen? Solche Bewertungsmuster begrenzen die emotionalen Lebenserfahrungen und führen zu einschränkenden Antworten. Etwa: Selbst schuld. Das hast du nun davon. Wann immer wir etwas Negatives aus unserem mentalen Computer herauskitzeln wollen – wir werden es sicher bekommen.

Stellen Sie sich nach dem Aufwachen keine *K.-o.-Fragen* mehr wie: Warum muss ich ausgerechnet jetzt aufstehen? Ob es wohl heute wieder Stau gibt? Denn mit einer solch lähmenden Ohnmachtsstimmung ist der Tag doch schon gelaufen. Und wenn Ihnen das schwerfällt: Notieren Sie eine konstruktive Guten-Morgen-Frage auf einem Kärtchen, legen Sie es neben das Bett. Und schauen Sie es morgens früh als Erstes an.

Fragen Sie konstruktiv: also nicht nur nach dem Warum, sondern auch nach dem Wie (etwas zu verändern, zu verbessern ist). Damit verändern Sie zugleich Ihren Blickwinkel und Ihre Gefühle, weil Ihre grauen Zellen nicht nach negativen Referenzerlebnissen suchen, sondern sich auf echte Problemlösungen konzentrieren. Die erste konstruktive Frage, die Sie sich sofort stellen sollten, muss demnach lauten: ***Wie kann ich meinen Zustand so verändern, dass ich selbstbestimmt leben und arbeiten kann?***

Stellen Sie sich Fragen nach Ihren Wünschen, damit machen Sie sich Ihre eigenen Sehnsüchte bewusst und decken alte, eingrenzende Denk-, Gefühls- und Verhaltensmuster auf. Erzeugen Sie einen inneren Druck mit der Frage: Wie hoch wird der Preis meines Lebens sein, wenn ich mich nicht ändere? Und fragen Sie sich dann, welche Konsequenzen es für sämtliche Bereiche Ihres Lebens hätte, wenn Sie Ihr Vorhaben jetzt in die Tat umsetzen würden. Finden Sie Musterfragen, die Ihnen als Leitfaden dienen: Wer hilft mir? Wem kann ich was anvertrauen?

**Parkticket-No. 27**

Wie kann ich meinen Zustand so verändern, dass ich selbstbestimmt leben und arbeiten kann?«

**Walk of Fame**

Wenn Sie Fragen stellen, die Sie beflügeln, haben Sie den *Schlüssel zur Selbstbestimmung* in der Hand, der Sie zu Ihren Zielen und Visionen führt. Denn es ist nicht entscheidend, ob Sie Probleme haben, sondern wie Sie künftig damit umgehen. Mit konstruktiven Fragen legen Sie in Ihrem Gehirn Rennpisten an zu Gefühlen wie Glück, Erregung, Stolz, Dankbarkeit, Freude, Engagement und Liebe – Gefühle, die Sie antreiben und Ihnen Freiheit schenken.

### *Finden Sie Ihre eigenen Antworten*

*Nehmen Sie ein Blatt Papier und beantworten Sie schriftlich die folgenden Fragen:*

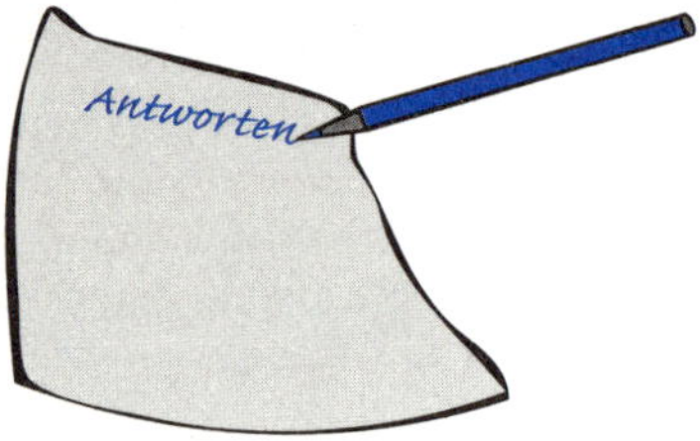


- Wie sähe mein Leben aus, wenn ich nur noch 3 Monate zu leben hätte?
- Was sind die wichtigsten Dinge für mich?
- Welche Ziele habe ich?
- Auf welchem Grund stehe ich?
- Wer sind die wichtigsten Menschen für mich?
- Welche Rolle habe ich im Leben?
- Was ist mir in den vergangenen 3 Jahren gelungen – beruflich und privat?
- Was ist mir in diesen 3 Jahren misslungen – beruflich und privat?
- Was habe ich daraus gelernt, welche Konsequenzen habe ich gezogen?
- Welche Ziele möchte ich im kommenden Jahr erreichen?
- Wie lautet mein Lebensmotto, meine Lebensphilosophie?

## 5.4 Spielen Sie mit Ihrem Leben?

Drei Kinder spielen im Sandkasten. Sagt das erste: »Mein Papa ist Manager und arbeitet jeden Tag bis in die Nacht hinein.« Darauf das zweite: »Mein Papa ist Manager und fährt einen roten Porsche.« Das dritte Kind antwortet: »Mein Papa ist ein Manager, fährt einen roten Porsche und spielt jeden Abend mit mir.« Dieses Kind hat übrigens seinen Vater in der Arbeit besucht und den Eindruck gehabt: Er spielt …

***Zeit ist das, was Menschen vorgeben, nicht zu haben.*** Was uns die Biologie begrenzt mitgegeben hat. Zeit ist das Luxusgut unserer Gesellschaft. Man kann sich keine zusätzliche Zeit kaufen, wohl aber die vorhandene verschwenden – oder sinnvoll nutzen. Man kann sie erfüllen, indem man sie bewusst und selbstbestimmt erlebt.

Ein Tag hat 1.440 Minuten. Jede Minute ist kostbar. Also entscheiden Sie aufmerksam und umsichtig, welche Dinge Sie tun wollen. Wenn Sie das Gefühl haben, dass andere über Ihre Zeit bestimmen, ist das allein Ihre Verantwortung, und es liegt allein in Ihrer Macht, dies zu ändern.

»Die Kleinen schaffen, der Große erschafft.« *(Marie von Ebner-Eschenbach)* Und: »Man kann niemanden überholen, wenn man in seine Fußstapfen tritt.« *(François Truffaut)* Wen, glauben Sie, wird ein Firmenboss heutzutage lieber einstellen: den Musterschüler mit geradliniger, erstklassiger BWL-Laufbahn – oder den Quereinsteiger mit mittelmäßigen Noten, der seine Semesterferien ständig auf Abenteuerreisen im Ausland verbrachte? Kommt drauf an: den Ersten wahrscheinlich eher fürs Controlling. Den Zweiten vielleicht eher als Leiter der Marketingabteilung. Er verspricht mehr Originalität, er hat in seinem Leben bereits die eingefahrenen Spuren verlassen, er überholt den Musterstudenten von rechts. Er hat seinen Geist geschult mit Bildern, Erkenntnissen, Gefühlen, die Bücher nicht vermitteln. Und diese Erfahrungen sind eine wunderbare Basis in einer Zeit grassierender Einfallslosigkeit, in der nicht Routine Lösungen verspricht, sondern Selbstbestimmung und Souveränität gepaart mit Flexibilität und Kreativität. In unserer Gesellschaft kommt ein Mensch nicht weit, der reproduziert.

**Parkticket-No. 28**

Zeit ist das, was Menschen vorgeben, nicht zu haben.

**Walk of Fame**

***Nur wer spielerisch denkt, produziert Originelles. Und Originalität sprudelt aus Kreativität.*** Das Beste daran: Man kann lernen spielerisch zu sein. Dafür ist es nie zu spät. Doch tagein, tagaus dasselbe tun lähmt den Geist und auch den Körper. Das Gefühl der Langeweile, kombiniert mit äußerem Druck, macht depressiv und erstickt jeglichen Spieltrieb und jegliche Kreativität, schnürt einen immer fester ein, äußerlich gleichmütig, innerlich verzweifelt – von Tag zu Tag scheint es schwieriger zu werden, aus dem Korsett von Unzufriedenheit und Dumpfheit auszubrechen.

Verstehen Sie bitte richtig: *Die Kunst des Spielens* ist etwas außergewöhnlich Schönes in unserer hektischen Zeit – und nur den wenigen klugen Menschen vorbehalten, die sie wohldosiert genießen. Aber eine das Leben ergreifende Routine erzeugt eine chronische Form der Langweile, die wie ein Nervengift lähmt. Man stagniert im Beruf, in der Beziehung, in der Freizeit, im Leben.

***Ohne Chaos gibt es kein Spiel und ohne Spiel keine Entwicklung.*** Bauen Sie *eine Prise Chaos* in Ihr Leben ein. Denn nichts verläuft linear, nicht einmal die Zeit. Die Entstehung des Kosmos war auch kein geradliniger Vorgang, sondern geordnete und chaotische Phasen wechselten sich ab. Ohne Chaos entsteht auch in Ihrem Leben nichts Neues, Aufregendes, Erfolgreiches. Integrieren Sie in Ihren Tages- und Lebensplan »*Chaos-Inseln*«. Zeiten, in denen Sie die Normalität verlassen, sich erlauben zu spielen und ein bisschen ver-rückt sind. Diese Chaos-Inseln sollten Sie offen gestalten. Nicht chaotisch überfüllen mit Festen, Kontakten, Terminen, sondern ohne Zeitdruck einplanen. Und für Verrücktheiten nutzen.

**Parkticket-No. 29**

Nur wer spielerisch denkt, produziert Originelles. Und Originalität sprudelt aus Kreativität.

**Walk of Fame**

Forscher fanden heraus, dass der Hamster im Rad klüger ist als der Hamster, dem man das Rad wegnimmt. Das Gleiche gilt für den Menschen. Durch *Bewegung* bilden sich mehr Datenautobahnen im Gehirn. Mehr Nervenleitungen, die Gedanken, Ideen, Schlagfertigkeit und Kreativität erst möglich machen. Und das Beste daran: Das hört nie auf. Diese IQ-Kabel im Gehirn können Sie auch noch mit 80 bilden, wenn Sie sich bewegen. Bauen Sie jede Woche 3, besser 4 Stunden Bewegung in Ihren Terminkalender ein. Und bewegen Sie sich auch

tagsüber sooft Sie können. Stehen Sie vom Schreibtisch auf, gehen Sie beim Denken. Trippeln Sie am Stehpult. Ich habe zum Beispiel ein Mini-Trampolin im Büro stehen. Knacke ich an einem Problem, ziehe ich die Schuhe aus und hüpfe. In-Bewegung-Sein fördert den Spieltrieb und lockt Lösungen.

Doch wie macht man das? Einfach mal ver-rückt sein? Spielend die Grenzen verschieben? Indem man sich an Neues wagt, sich zu tun traut, was man sich nicht zutraut, äußere Schranken überwindet, die innere Blockade wegblasen. Das können Sie zum Beispiel beim Marathon, am Bungee-Seil, am Fallschirm – oder im Hochseilgarten aus Sprossen, Balken, Schlingen, Seilen vom Um-die-Welt-Radler *Hubert Schwarz* (Infos unter www.hubert-schwarz.com).

**Parkticket-No. 30**

Ohne Chaos gibt es kein Spiel und ohne Spiel keine Entwicklung.

**Walk of Fame**

»Power of Mind« heißt das Motto seiner Seminare. »Wer körperliche Grenzen überwindet, verschiebt auch die Grenzen im Kopf: Ich kann das, ich tu das. Das Erfolgserlebnis, sich etwas Neues zu trauen, auf einem gespannten Seil in 4,5 Meter Höhe 6 Meter zu überwinden, gibt einem auch Power, Neues im beruflichen und privaten Bereich auszuprobieren.«

Wer solche Hindernisse überwindet, findet einen Schlüssel zu mehr Eigenverantwortung und Selbstbestimmung, weil er lernt zu vertrauen und sich auf sich selbst und auf andere zu verlassen. Solche spielerischen Erfahrungen machen uns Gefühlswelten zugänglich, die verschüttet waren.

*Eine Spielanleitung fürs Leben*

Führen Sie eine Woche lang ein Tagebuch, in dem Sie notieren, wann Sie sich lebendig fühlen und selbstbestimmt leben. Entdecken Sie mit allen Sinnen die Augenblicke, in denen Sie Ihr Leben selbst in der Hand haben. Sie werden stauen, wie selten Sie so richtig lebendig und frei sind. Ändern Sie das, indem Sie über Los gehen!

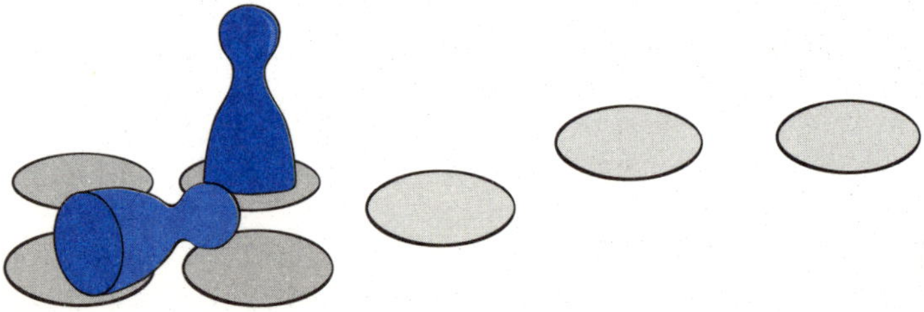

BESTIMMEN SIE
IM VORÜBERGEHEN
IHR GLÜCK SELBER!
LOS

## Walk of Fame

**Parkticket-No. 21**
*Die Devise lautet: Smart work statt Hard work. Wir sprechen von Menschen, die wissen, was sie wollen, und danach handeln.*

**Parkticket-No. 22**
*Erfolgreiche, kreative Menschen sind erfüllt von schöpferischem Geist, be-geist-ert.*

**Parkticket-No. 23**
*Chaos ist eng verwoben mit Ordnung.*

**Parkticket-No. 24**
*Perfektionismus hat einen hohen Preis, nämlich Freiheit und Entwicklung.*

**Parkticket-No. 25**
*Wenn man etwas verändern will, andere mitreißen will, muss man sich bewegen und selbst bestimmen, was gut und richtig ist.*

**Parkticket-No. 26**

***Wer die Dinge immer in gleicher Art und Weise betrachtet, wird auch immer nur dieselben Antworten bekommen und in seinem gewohnten Schema verharren.***

**Parkticket-No. 27**

***Wie kann ich meinen Zustand so verändern, dass ich selbstbestimmt leben und arbeiten kann?***

**Parkticket-No. 28**

***Zeit ist das, was Menschen vorgeben, nicht zu haben.***

**Parkticket-No. 29**

***Nur wer spielerisch denkt, produziert Originelles. Und Originalität sprudelt aus Kreativität.***

**Parkticket-No. 30**

***Ohne Chaos gibt es kein Spiel und ohne Spiel keine Entwicklung.***

***Glück ist: das mögen, was man muss,***
***und das dürfen, was man mag.***

Henry Ford

***Die wahren Lebenskünstler***
***sind bereits glücklich,***
***wenn sie nicht unglücklich sind.***

Jean Anouilh

***Es geschieht zu jeder Zeit***
***etwas Unerwartetes;***
***unter anderem ist auch deshalb***
***das Leben so interessant.***

Marie von Ebner-Eschenbach

# 6. GLÜCK

## 6.1 Ist Ihr Leben im Fluss?

Stellen Sie sich vor, Sie fragen jemanden auf der Straße nach der Zeit. »Zehn vor zwölf«, antwortet der Uhrzeit-Getriebene nach einem Blick auf das Handgelenk. Wenn dieser Mann, den Sie zufällig auf der Straße nach der Zeit fragen, der griechische Philosoph *Heraklit* wäre, würde er antworten: »Ruhe ist eine Illusion, alles fließt. Man kann nicht zweimal in den selben Fluss steigen, das Wasser ist immer ein anderes.« Für ihn war die Zeit der Herrscher der Welt. Der deutsche Philosoph *Arthur Schopenhauer* bliebe stehen, grübelte ein wenig und hielte in etwa folgenden Vortrag: »Zeit ist wie Raum einzigartig und unendlich. Zeit ist die Form des inneren Sinnes, Raum die des äußeren. Die gesamte Wirklichkeit ist unsere Vorstellung, wahrgenommen durch Zeit und Raum. Raum und Zeit haben also nur eine Bedeutung in Verbindung mit unserer Erfahrung. Außerhalb unserer Erfahrung zählt Zeit nichts.«

*Stephen Hawking* würde, nach der Zeit gefragt, sagen: »Eine kleine Geschichte.« Und *Albert Einstein* würde die Stirn runzeln: »Wenn man mit einem netten Mädchen 2 Stunden zusammen ist, hat man das Gefühl, es seien 2 Minuten; wenn man 2 Minuten auf dem heißen Ofen sitzt, hat man das Gefühl, es seien 2 Stunden. Das ist Relativität.« Der amerikanische Staatsmann *Benjamin Franklin* würde im Vorbeihetzen rufen: »Time is money!« Ein Einwohner aus Burundi würde schauen, was die nächstbeste Kuh tut. In Burundi herrscht nämlich die Kuhzeit. Morgens ist: Wenn die Kühe auf die Weide gehen. Mittags: Wenn die Kühe zum Fluss trinken gehen. Und fragten Sie einen Physiker, würde er zurückfragen: »Wollen Sie es genau wissen? Die Atomsekunde entspricht 9.192.631.770 Schwingungen von Licht einer bestimmten Frequenz. Wir messen Zeit so präzise wie nie zuvor – und können die Uhrzeit gar nicht so schnell nennen, wie sie vergeht.« Und wenn Sie einem modernen Zeitmanager begegnen, antwortet er: »Luxus pur. Unbezahlbar. Vergeht und kommt nicht wieder. Haben Sie schon mal berechnet, wie viele Sekunden noch auf Ihrem Lebenszeitkonto liegen?« *Momos* Graue Herren von der Zeitsparkasse würden zischeln: »Spare Zeit, so viel du kannst, und stell dir vor, was du später damit alles anfangen kannst!«

Sie sehen: Zeit ist relativ. Noch vor 500 Jahren lebten wir nach der Ereigniszeit. Die Natur und die Aktivitäten bestimmten den Tagesab-

lauf – und nicht umgekehrt. Der Hahn krähte, der Mensch stand auf. Die Sonne ging unter, mit ihr schlüpften wir unter die Decke. Man lebte nach der Sonne und auch nach ihrer Uhr. Den Klerikern, die auch nachts beten wollten, zeigte die Wasseruhr die verflossene Zeit: Aus einem Topf mit Wasser tropfte es, eine Skala im Inneren des Topfes zeigte das Dahinfließen der Zeit an. Am Ende des 13. Jahrhunderts kreiste der erste Zeiger über das Zifferblatt kraft eines von der Erdanziehungskraft getriebenen Gewichts. Es folgten Minutenzeiger, Sekundenzeiger, Atomsekunde.

Der Existentialist *Martin Heidegger* (1889–1976) bemerkte, worin die Ursache der heutigen Zeitnot liegt: in der Herrschaft der mechanischen, äußeren Zeit über das Zeitempfinden. Er fragte: Warum sagt »gerade das Dasein, das mit der Zeit rechnet, mit der Uhr in der Hand lebt: Ich habe keine Zeit«? Seine Antwort: Weil wir unsere Zeit in eine Folge austauschbarer Sekunden, Tage und Jahre verwandelt haben, eine äußere Zeitmacht in Gestalt einer endlosen, unendlich teilbaren Linie. Jede Zeit, die der Sekundenjäger spare, biete sich ihm sofort als leeres Gefäß an, das erneut mit Arbeit auszufüllen sei. Nicht mehr unsere konkreten Besorgungen und Wünsche bestimmten unseren Zeitplan. Vielmehr verlange die leere Zeit unerbittlich danach, »sinnvoll« genutzt zu werden.

**Parkticket-No. 31**

Menschen, die den Flow erleben, haben realistische, sehr konkrete und selbst gewählte Ziele.

**Unter den Linden**

Was *Heidegger* noch als Ausnahme wahrnahm, als »uneigentliche Zeitlichkeit«, ist für uns zum Normalfall geworden. Wir haben uns angewöhnt, uns der Tyrannei einer objektiven »Weltzeit« zu unterwerfen. Dabei hat *Albert Einstein* sie schon 1905 auf den Müllhaufen der Geschichte geworfen, als er erklärte, es gebe keine absolute Weltzeit, sondern nur relative Zeiten der Beobachter.

Wir nehmen alles viel zu ernst und gehen verbissen statt begeistert an die Arbeit. Wir schuften mit Sorgenfalten statt mit einem Pfeifen auf den Lippen. Nur das, was Schweiß kostet, kann auch etwas bringen. Das Gegenteil ist der Fall. *Dale Carnegie*, Autor des Weltbestsellers »Sorge dich nicht, lebe!« sagte: »Wirklichen Erfolg werden Sie nur erreichen, wenn Sie Interesse und vor allem Freude an dem haben, was Sie tun.«

Der ungarisch-amerikanische Psychologe und Bestsellerautor *Mihály Csikszentmihályi* (sprich: Tschiksentmihai) fasste das Ganze in den viel beschriebenen vier Buchstaben zusammen: *Flow*. So nennt man das Glücksgefühl, das sich dann einstellt, wenn ein Mensch ganz aufgeht in einer Sache, die er gerade tut. Und dreimal dürfen Sie raten, welches Hormon bei Flow im Körper regiert. Klar: Serotonin.

Flow kann jeder haben – vom Fließbandarbeiter bis zum Komponisten. Der Glücksforscher *Csikszentmihályi* befragte über Jahrzehnte hinweg Tausende von Menschen unterschiedlicher Herkunft, Religion, Bildung, verschiedenen Alters und Geschlechts – und fand bei Chirurgen, Künstlern ebenso wie bei Fließbandarbeitern ähnliche Muster, die zu einem Glücksempfinden führen, zu einem unbeschreiblich schönen Gefühl, außerhalb der Zeit zu stehen, von Selbstvergessenheit und Versunkenheit in eine Aufgabe.

Jeder von uns kennt diesen Zustand. Der eine vom Segeln in den Sonnenuntergang, der andere von der Skipiste, vom Golfen, auf dem Rücken eines Pferdes. Die Mutter erlebt ihn, wenn sie ihr Baby badet. Die Sekretärin, wenn sie eine Herausforderung meistert. *Ludwig van Beethoven* hat unter Flow komponiert.

Vielleicht haben Sie ihn auch schon in der Arbeit gespürt. Selbstvergessen versinken Sie in einer Aufgabe, Ihre Aufmerksamkeit ist voll auf die Arbeit fokussiert. Sie spüren Ihren Körper nicht, merken nicht, wie die Zeit verfliegt. Energie berauscht Seele, Geist und jede Körperzelle. Sie haben das Gefühl zu schweben, als würde eine Welle Sie tragen – und das Ergebnis ist einfach exzellent. Es macht Sie zufrieden, stärkt Ihr Selbstwertgefühl. Flow stellt sich dann ein, wenn Balance herrscht zwischen Herausforderung und Können. Und wenn Sie ein Ziel haben.

***Menschen, die den Flow erleben, haben realistische, sehr konkrete und selbst gewählte Ziele.*** In diese Ziele stecken sie all ihre psychische Energie. Das führt zum Erfolg, daran wachsen sie. In der Arbeit hat also nur ein Flow-Erlebnis, wer mit Spaß, Begeisterung und den richtigen Zielen bei der Sache ist. Diese Menschen arbeiten, weil es sie glücklich macht, weil es sie erfüllt. Weil sie eins sind mit ihrer Tätigkeit – weil Arbeiten ihnen das Glück namens Flow beschert.

Auch in der *Freizeit* stecken die Glücksmomente. Aber nicht vor dem Fernseher. Voraussetzung für Glück und Befriedigung ist die sogenannte Aktivierungsenergie. Passivität vor der Glotze erzeugt selten Flow. Wer joggt, reitet, ein Musikinstrument spielt, ein gutes Buch liest oder auch eine Sprache lernt, der weiß, wie er sich seine Glücksmomente verschafft.

Menschen, die viel Zeit mit ihren Freunden verbringen, sind motivierter und glücklicher. Freunde verbinden gemeinsame Ziele und Interessen, sorgen ein Leben lang für Anregung. Nicht jeder ist so ein Freund. Wie viel Zeit verbringen Sie mit Menschen, die Ihnen nicht wirklich wichtig sind, die in Ihnen nicht Flow, sondern den Flow-Killer Langeweile erzeugen? Suchen Sie sich die Freunde aus, mit denen Sie Glück erleben.

Egal in welchem Lebensbereich Sie Flow erleben – es rüstet Sie fürs Leben. Dazu das schöne Beispiel eines bekannten Bergsteigers, den *Mihály Csikszentmihályi* in seinem Buch »Flow« befragte: »Es stimmt heiter, sich selbst immer vollkommener in der Disziplin zu halten. Du treibst deinen Körper an, und alles schmerzt. Dann schaust du zurück, voller Ehrfurcht vor dem Selbst, du überblickst, was du getan hat, und es haut dich fast um. Es führt zur Ekstase, zur Selbsterfüllung. Bist du in deinen Kämpfen gegen dich selbst genügend erfolgreich, … dann gewinnst du auch Kämpfe im Alltag leichter.« Suchen Sie also den Flow und tun Sie das nicht nur in der Arbeit.

### *Step by step zum Flow*

1. Finden Sie Tätigkeiten, die Sie voll und ganz einnehmen. Erkennen Sie, was Sie wollen – nicht Ihr Chef, Ihr Partner, Ihre Freunde oder Kinder, sondern Sie!

2. Nutzen Sie Ihre Zeit bewusst. Schreiben Sie über zwei Wochen alle 15 Minuten genau auf, was Sie gerade tun, vom Aufstehen bis zum Schlafen. Und schreiben Sie Ihre Gefühle dazu auf. Spüren Sie die Zeiten auf, die Sie mit unnützem Kram verbringen. Und die, in denen Sie besonders glücklich sind.

3. Gestalten Sie Ihre Freizeit aktiv: Die Stunden vor dem Fernseher führen nicht zum Flow, sondern zu Langeweile. Wohl aber Musizieren, Sport, Spiele, Hobbys.

4. Kümmern Sie sich um Ihren Körper: Wenn es zwickt und zwackt, Sie sich aufgrund von Mangel an Schlaf, Bewegung, Vitalstoffen nicht wohlfühlen, erfahren Sie auch keinen Flow.

5. Setzten Sie sich realistische Ziele. Stecken Sie Ziele gerade so hoch, dass Sie zum Erreichen Ihre Fähigkeiten voll einsetzen können, aber werden Sie nicht unrealistisch. Denn Sie müssen die Herausforderung gerade noch bewältigen können.

6. Schreiben Sie auf, was Sie an Ihrer Arbeit lieben. Studien zeigen: Flow taucht häufiger in der Arbeit auf als in der Freizeit. Viele Menschen sind sich gar nicht bewusst, wie sehr sie ihre Arbeit lieben.

## 6.2 Kommen Sie zur Be-Sinnung?

Ein hinduistischer Mönch im Himalaja steigt jeden Morgen zum Fluss hinunter, zur Göttin Ganga, die er als Ma, als Mutter, anredet. Er taucht in den Fluss ein, macht Gesten der Verehrung, schöpft heiliges Wasser und spendet es mit Blütenknospen allen Götterfiguren am Wegesrand. Für westlich Denkende mag eine solche scheinbar sinnlose, sich täglich wiederholende Handlung Zeitverschwendung sein. Der Mönch ist nicht produktiv, sondern gibt sich einfach der Zeit hin. Auch er nutzt die *Kraft der Rituale.*

Das kennen wir auch: Firmung, Hochzeit, Beerdigung. Nur eben nicht jeden Tag. Wer sich Rituale in den Alltag holt, vereinfacht das Leben, schafft Sicherheit, verjagt Routine, schenkt Freude und lebt sein kulturelles Erbe. Auch alltägliche Rituale, die scheinbar nichts Religiöses an sich haben, vermitteln »Höheres« wie Zeitlosigkeit, Unveränderlichkeit und Unsterblichkeit. Sie haben also durchaus einen Sinn.

Das Wort kommt vom lateinischen »ritus«: feierlicher, religiöser Brauch, Zeremoniell. Jede Kultur hat ihre Rituale. In unserer Zeit erlebt der Begriff eine Inflation. Wir sprechen von Ritual, obwohl wir Routine oder Gewohnheit meinen. Ein Ritual ist aber mehr. Es bedeutet, etwas mit großer Achtsamkeit zu tun, etwas Wichtiges zu zelebrieren – statt es halb bewusst, automatisch zu absolvieren.

Für ein Ritual braucht es einen Anlass, einige Regeln, ein Motiv. Und es schafft eine Verwandlung, die unwiderruflich ist. Ein kleines Beispiel: Eine Frau liebt ihre Rosen. Jeden Morgen um 8 Uhr geht sie hin, schneidet liebevoll die verwelkten Blüten ab, versinkt in der Natur der Farben und Düfte. Sie spricht mit ihnen, nimmt eine schöne Blüte mit ins Haus, stellt sie in eine Vase. In dieser Zeit verwandelt die Frau die Natur – und diese sie. Sie tankt Gelassenheit, Freude, Zufriedenheit – und sie ist glücklich.

Rituale sind keine Zeitverschwender, sie bannen vielmehr die Übermacht »Zeit«. Durch das Immer-Wiederkehrende und Gleichförmige der Handlung wird Ereignis- oder Konsumzeit zum zeitlosen Fluss. Sie können aus allem ein Ritual machen. Aus dem Kaffee-Kochen, aus dem Rotwein-Trinken, aus dem Zu-Bett-Bringen des Kindes. Aus allem, was Ihnen wirklich wichtig ist. ***Rituale sind dazu da, zur Be-Sinnung zu kommen und Handlungen mit allen Sinnen zu genießen.***

Rituale dürfen allerdings nicht zum Zwang werden. Dann nämlich verlieren sie sämtliche positiven Eigenschaften. Nutzen Sie Rituale bei Ihrer Verwandlung zum Müßiggänger, aber hinterfragen Sie auch ab und zu, ob Sie mit einem Ritual Unangenehmes verdrängen. Rituale sollen Spaß machen, nicht einschränken!

*Csikszentmihályi* hat beobachtet, dass »Flow«, das glückselige Aufgehen in einer Tätigkeit, auch bei rituellen Feiern entsteht. Auf einer Hochzeit tanzen, der Kapelle beim 60. Geburtstag lauschen, den Weihnachtsbaum schmücken … Wir tun das aus Freude, aus Spaß und sind glücklich dabei.

Wenn ein Angehöriger stirbt, ist der Schmerz groß. Totenklagen gibt es in vielen Kulturen, das stundenlange Singen und Rezitieren von alten Texten lindert die Trauer. Andere Rituale fördern Heilung und Versöhnung nach Krisen, wie das Genesungsmahl oder die Friedenspfeife.

Das Zeitlose der Rituale verbindet Vergangenheit, Gegenwart und Zukunft. Ihr tägliches Morgenritual ähnelt vielleicht sehr dem Ihrer Großmutter. Sie brühen den Kaffee auf wie sie. Und behalten sie dadurch in besonderer Erinnerung. Sie fühlen sich durch die rituelle Handlung weniger allein, mehr als Teil der Familie.

Wer jeden Freitag mit Freundinnen zum Weintrinken geht oder morgens im Wald laufend Sauerstoff tankt oder immer um 5 Uhr nachmittags seinen Lieblingstee aufgießt, der baut einen besonderen Bezug zu Menschen oder Dingen auf. Als Teil der rituellen Handlung wird das Gegenüber unersetzlich und wertvoll.

**Parkticket-No. 32**

Rituale sind dazu da, zur Be-Sinnung zu kommen und Handlungen mit allen Sinnen zu genießen.

**Unter den Linden**

Die *Teezeremonie* ist ein Ritual aus dem Zen-Buddhismus. Die spezielle Ästhetik soll den Geist aus dem Alltag herauslösen. Die Konzentration auf die Zubereitung lässt einen neue Kraft schöpfen. In unsrem Kulturkreis gibt es ebenso Riten, die den täglichen Rhythmus unterbrechen. Bei den Südeuropäern ist es beispielsweise die Siesta. Aber auch, wer abends immer abwäscht, um abzuschalten, oder Musik hört, der folgt einem individuellen Ritual, das ihn aus dem Arbeitstrott in die Freizeit holt. Angewohnheiten wie Fernsehen nach der Arbeit verstärken die Gleichheit des Rhythmus und haben nicht die entspannende Wirkung des Rituals.

Festliche Rituale sprechen den Instinkt in uns an. Wer an Ritualen teilhat, der hat auch das Gefühl von Kontrolle über das um ihn herum ablaufende Leben. Regeln strukturieren den Alltag, geben Schutz und Sicherheit. Alltägliche Rituale schwächen die Übermacht der unaufhaltbar ablaufenden Zeit. Sie schenken uns sichere Inseln in der Informationsflut. Sie bannen die Urangst vor dem Neuem.

Wer täglich mit Krawatte ins Büro geht, stellt sich nicht mehr die Frage nach dem Warum. Es vereinfacht schlicht das morgendliche Anziehen und hilft bei der Kommunikation im Geschäft. Nach dem Anthropologen *Arnold Gehlen* ist der Mensch zwar intelligent, kann

aber die ungeheure Komplexität der Außenwelt schwer verarbeiten. Deshalb sei er fürs Überleben auf Normen und Rituale angewiesen (in »Der Mensch, seine Natur und seine Stellung in der Welt«). ***Rituale geben Orientierung.***

Hochzeit, Geburt und Tod sind mit Ritualen verbunden, mit Festen oder Gottesdiensten. Rituale symbolisieren den Schritt in einen neuen Lebensabschnitt. Sie helfen, Veränderungen und biografische Übergänge leichter zu bewältigen. Bestimmte Handlungen bei Ritualen veranschaulichen die Wertekultur eines Volkes. Heilsrituale der Hindus weisen beispielsweise symbolisch Gewalt zurück. Die jungen Mönche lernen daraus, dass sie Gewalt ablehnen sollen. Wer bei uns kirchlich heiratet, muss vor Gott und der Kirche einen Treueschwur leisten. Dies vermittelt Willensstärke und Beständigkeit als wichtige familienerhaltende Tugenden.

Warum klagen viele Führungskräfte darüber, dass viele gute Ideen nicht nachhaltig umgesetzt werden? Warum scheitern viele Fusionen und Übernahmen? Ganz einfach: Es fehlen Rituale, Ankerpunkte für Zugehörigkeit und Rollenidentität im Team ebenso wie für den Umgang mit den oft unvermeidlichen Misserfolgen. Unser Gehirn und erst recht unsere Seele brauchen mehr als dürre Rationalität, sie brauchen Gefühl, Farbe, Bewegung, Gemeinsamkeit und Begeisterung – sie brauchen Rituale.

**Parkticket-No. 33**

Rituale geben Orientierung.

**Unter den Linden**

Geben Sie Meetings einen speziellen Ablauf vor oder drücken Sie Dank und Wertschätzung aus und feiern Sie Teilerfolge. Organisieren Sie Willkommens- und Abschiedsfeiern, wenn Mitarbeiter und Kollegen von einem anderen Unternehmen übernommen werden oder ganz ausscheiden. Etablieren Sie Flurgespräche zum informellen Austausch, warum nicht mit einer bequemen Sitzecke und einem Getränkeautomaten? Machen Sie Betriebsausflüge: Ein kleiner Betrieb kann einmal im Monat gemeinsam zum Essen gehen. Ich besuche mit meiner Mannschaft jedes Jahr ein schönes Musical. Spendieren Sie Fröhlichkeit. Aus dem Radio tönt: Hitzefrei! Sie bestellen eine Runde Eiskaffee für die Mannschaft. Das tun Sie immer an Hitzefrei-Tagen. Was tun Sie an Misserfolgstagen, an Erfolgstagen, an stressigen Tagen …?

### *Be-sinnen Sie sich in Ritualen*

*Das gilt für alle vier Lebensbereiche: »Arbeit«, »Körper«, »Beziehungen«, »Sinn«. Beantworten Sie dazu die folgenden Fragen schriftlich:*

**Was ist Ihnen in der Arbeit so wichtig, dass Sie ein Ritual daraus machen möchten?**

Ist es die Beziehung zu Ihren Kollegen, dann bringen Sie jeden Mittwoch Gebäck zur Kaffeerunde mit. Ist es das Vorantreiben eines künftigen Projektes, legen Sie wöchentlich 2 Stunden dafür fest.

**Wie verankern Sie für sich Wesentliches in Ihrem Alltag?**

Wenn Sie mehr »helfen« wollen, dann planen Sie jeden Tag eine kleine gute Tat ein. Wenn Sie bewusster leben wollen, dann meditieren Sie jeden Morgen 20 Minuten.

**Was könnten Sie Ihrem Körper Gutes tun?**

Wenn Sie sich zu wenig bewegen, dann machen Sie einen Morgenlauf zum Ritual – oder nehmen wenigstens jede Treppe, die Sie gehen müssen. Auch die tägliche Schüssel Obstsalat könnte zum Ritual für glückliche 70 Billionen Körperzellen werden.

**Welche Beziehung könnten Sie mit welchem Ritual festigen?**

Der Spieleabend mit den Kindern, der jährliche Honeymoon mit dem Partner, der wöchentliche Ausritt mit der Freundin – alles Rituale, die Stabilität in Beziehungen bringen. Es fällt Ihnen sicherlich vieles ein.

Beginnen Sie jeden Tag mit einem Ritual. Begrüßen Sie jedes erste Tier, dem Sie begegnen, ob Ameise oder Hund. Und lächeln Sie den ersten Menschen an, der Ihnen begegnet. Suchen Sie sich ein Lieblingscafé. Machen Sie dort sooft Sie können eine Pause, lesen eine Zeitung, die es nur dort gibt. Je regelmäßiger der Cafébesuch ausfällt, desto besser.

## 6.3 Wie bewerten Sie das Glück?

*Glück* könnte so einfach sein – wenn wir uns nicht ständig durch unrealistische Ansprüche selbst ein Bein stellen würden. Wer von uns glaubt nicht insgeheim, die Welt sei verpflichtet, ihn froh und zufrieden zu machen? Was aber, wenn unsere Mitmenschen die gleiche Einstellung haben? Wenn sie sich nicht um mein Glück kümmern, sondern nur um ihr eigenes? Dann warte ich vergeblich auf ihre Unterstützung. Sinnfragen in Gedanken hin und her zu wenden hilft nicht weiter. Glückliche Menschen beantworten sie durch ihr Handeln. Aktivität bringt Glück. Doch das braucht Einsicht und Erkenntnis.

Der Amerikaner *Albert Ellis* begründete die **Rational-Emotive-Therapie (RET)**, eine der erfolgreichsten Therapieformen der Gegenwart. Sie hat es sich zum Ziel gesetzt, mit den unbewussten, irrationalen Überzeugungen aufzuräumen, die uns am Glücklichsein hindern. Denn Lebenskunst ist Selbsterkenntnis. Dazu gehört als Erstes die Einsicht, dass äußere Ereignisse nicht unmittelbar unser Verhalten bestimmen – dazwischen steckt immer ein in unserem Gehirn programmiertes Gesetz.

Ein Fremder tritt einer jungen Frau im Bus auf den Fuß. Wie wird sie reagieren? Beschimpft sie den Rüpel? Oder nimmt sie seine Entschuldigung und seine Einladung in ein Café an? Zwischen Ereignis und Reaktion steht die Bewertung im Kopf der jungen Frau: »Er wollte mir ja nichts Böses« über »Immer passiert mir so etwas« bis zu »Dieser Riesen-Armleuchter!«.

Ellis analysiert Situationen nach dem **ABC-Modell des Handelns**:

**A** Auslösende Ereignisse *(activating events)*
**B** Bewertungen, Glaubenssätze *(belief systems)*
**C** Konsequenzen: Körper, Gefühle, Verhalten *(consequences)*

Die programmierten Bewertungen zwischen Ereignis und Konsequenz können realistisch oder irrational, also völlig an den Haaren herbeigezogen und einfach nicht wahr sein. In zahlreichen Studien belegten Psychologen, dass Menschen, die sich depressiv, ängstlich oder gestresst fühlen, solchen irrationalen Bewertungen anhängen. Ellis

entdeckte, dass sich die unrealistischen Überzeugungen dieser Unzufriedenen auf *drei irrationale Glaubenssätze* zurückführen ließen. In die Umgangssprache übersetzt lauten sie:

- **Ich muss perfekt sein.**
  Nur wenn ich eine perfekte Leistung erbringe und Anerkennung bekomme, darf ich mit mir zufrieden sein.
- **Du musst lieb zu mir sein.**
  Wer mich nicht jederzeit fair und rücksichtsvoll behandelt, ist eine böse Person und muss bestraft werden.
- **Du musst mich glücklich machen.**
  Nur wenn mir die Welt meine Wünsche erfüllt und mich vor Unheil bewahrt, kann ich glücklich werden.

Diese Überzeugungen führen geradewegs ins Unglück. Die überzogenen Erwartungen müssen zwangsläufig enttäuscht werden. Da niemand ständig perfekt ist, fair behandelt und besonders begünstigt wird, öffnen diese drei Sätze Ärger und depressiven Stimmungen Tür und Tor. Glücklich kann nur werden, wer die Welt nicht schwarz und weiß sieht, sondern sich in der Grauzone einrichtet und toleriert, dass seine Mitmenschen so unvollkommen sind wie er selbst. Die Kunst besteht darin, die irrationalen Glaubenssätze in rationale umzuformulieren.

**Parkticket-No. 34**

Irrationale Überzeugungen aufzudecken hilft, Un-Glück in Glück zu verwandeln.

**Unter den Linden**

Ein Beispiel: Ein Student steht vor der Abschlussprüfung. Mit welchen Gedanken bereitet er sich vor? »Ich muss diese Prüfung unbedingt bestehen. Wenn ich durchrassle, bin ich ein Versager, und dann wird aus mir nie etwas.« Eine typische irrationale Überzeugung. Sie entspricht dem Muster von Satz 1: Ich muss perfekt sein. Aus ihr kann ein rationaler Satz geformt werden, wenn die »Muss«-Formulierung durch ein »Ich möchte gern« ersetzt wird: »Ich möchte diese Prüfung gern bestehen! Schaffe ich es nicht, kann ich es später noch einmal versuchen. – Sollte ich sie nie bestehen, suche ich mir einen anderen Beruf, der meinen Fähigkeiten entspricht. Ich kann in einer anderen Tätigkeit Erfolg haben und glücklich werden.« Hier geht es nicht um eine »Alles egal«-Haltung, sondern um »Ich will und werde ….« Das motiviert zu optimalem Einsatz und zu Höchstleistungen. Übergroßer Erfolgsdruck wirkt kontraproduktiv.

***Irrationale Überzeugungen aufzudecken hilft, Un-Glück in Glück zu verwandeln.*** Manchmal genügt das, um ein Verhalten von Misserfolg auf Erfolg umzustellen. Manchmal aber auch nicht – wenn Ängste und Hemmungen Menschen veranlassen, gegen ihre Überzeugung zu handeln. So mancher wäre zum Beispiel gern kontaktfreudiger, traut sich aber nicht, auf Fremde zuzugehen. Wie lernt man es, seinen Überzeugungen Taten folgen zu lassen?

Die Methode der Reizkonfrontation beruht auf einer Empfehlung von *John B. Watson,* einem der Väter der Verhaltenstherapie: Leugnen Sie Ihre Angst nicht, aber zwingen Sie sich, genau das zu tun, wovor Sie Angst haben. Sprechen Sie Unbekannte an. Immer wieder. Sie merken

sehr schnell, dass nichts Schreckliches geschieht. Kein Beschimpfen, kein Davonlaufen, kein Herbeirufen der Polizei. Vielleicht ein verwunderter Blick oder ein ärgerliches Kopfschütteln, viel öfter aber ein interessantes Gespräch. Mit wenigen positiven Erfahrungen schwindet die Angst.

### Spüren Sie Ihr inneres Un-Glück auf

*Welche Ihrer Alltagssituationen machen Sie unzufrieden? Wie verhalten Sie sich in solchen Momenten? Aufgrund welcher Ansichten?*

1. Listen Sie mindestens zehn Überzeugungen bzw. Bewertungen auf, von denen Sie sich bei Grundsatzentscheidungen leiten lassen.
2. Finden sich darunter welche, die Ellis' drei irrationalen Glaubenssätzen ähneln?
3. Formulieren Sie »Muss«-Sätze in »Ich möchte gern«-Sätze um.
4. Wenn Sie sich von dem Zwang befreien, um jeden Preis Erfolg haben zu müssen – was wären die Konsequenzen? Würde Ihnen Ihr Lebenssinn verloren gehen? Oder wären sie glücklicher als vorher?

**RATIONAL EMOTIVE THERAPIE**

## Unter den Linden

**Parkticket-No. 31**
*Menschen, die den Flow erleben, haben realistische, sehr konkrete und selbst gewählte Ziele.*

**Parkticket-No. 32**
*Rituale sind dazu da, zur Be-Sinnung zu kommen und Handlungen mit allen Sinnen zu genießen.*

**Parkticket-No. 33**
*Rituale geben Orientierung.*

**Parkticket-No. 34**
*Irrationale Überzeugungen aufzudecken hilft, Un-Glück in Glück zu verwandeln.*

**Parkticket-No. 35**
*Jetzt gebe ich dem Glück täglich einen Termin …*

## Fazit: Geben Sie dem Glück einen Termin

Heute wird man viel später alt. Es ist fast normal, dass eine Frau mit 40 ein Kind bekommt. Und ein Mann mit 45 ist auch noch lange nicht in seinen besten Jahren. Früher galt man zwischen 21 und 65 als erwachsen. Es gab nur einen Lebensabschnitt als Erwachsener. Die Amerikanerin *Gail Sheehy* hat als Erste eine neue Grenze beschrieben: Und zwar beginnt mit 45 das zweite Erwachsenenalter – ein neues Leben. Das nennt die Amerikanerin »mastery«, Überlegenheit. Vorher sterben wir zwar einen kleinen Tod, den man als frühe Midlife-Krise bezeichnen kann. Weil wir uns Gedanken über die Endlichkeit des Lebens machen. Und weil wir uns fragen, ob das, was hinter uns liegt, in der gleichen Art und Weise so weitergehen soll. Aber dann machen wir uns – geläutert und wie neugeboren – auf zum Gipfel, zur Spitzenleistung. Denn in diesem Alter haben wir die beste Möglichkeit, unser Leben nach den eigenen Vorstellungen neu zu gestalten: Wir verfügen über einen Schatz an Erfahrung und über das meiste Geld in unserem Leben. Beides hilft oft auch, das Leben neu anzugehen. Manche satteln in diesem Alter um und erfüllen sich den beruflichen Wunsch, den sie schon immer hatten. Andere gehen auf die Universität, studieren Philosophie oder Medizin. Oder wollen endlich etwas Sinnvolles tun: Sie kaufen einen Biobauernhof, züchten vom Aussterben bedrohte Rinder. Und wieder andere ziehen sich zurück auf die Insel. Aber müssen wir so lange warten, um unser Glück zu realisieren?

Im Internet kursiert folgende Geschichte: Ein Mann öffnet die Kommodenschublade seiner Ehefrau und holt ein in Seidenpapier verpacktes Päckchen heraus. Es ist nicht irgendein Päckchen, sondern ein Päckchen mit Unterwäsche darin. Er wirft das Papier weg und betrachtet die Seide und die Spitze. »Das habe ich ihr gekauft, als wir zum ersten Mal in New York waren. Das ist jetzt acht oder neun Jahre her. Sie hat es nie getragen, sie wollte es für eine besondere Gelegenheit aufbewahren. Und jetzt, glaube ich, ist diese besondere Gelegenheit gekommen.« Er nähert sich dem Bett und legt die Unterwäsche zu den anderen Sachen, die das Bestattungsinstitut abholen wird. Seine Frau ist gestern gestorben.

Warum diese Geschichte sich durchs Internet bewegt, weiß ich nicht. Wahrscheinlich bewegt ihre Moral viele Menschen so, dass sie sie einfach von Server zu Server mailen: Bewahre nichts für einen besonderen Anlass auf; jeder Tag, den du lebst, ist ein besonderer Anlass. Seit ich diese Worte gelesen habe, kann ich sie nicht vergessen.

Heute lese ich viel mehr als früher und putze weniger. Ich setze mich auf meine Terrasse und genieße die Landschaft, ohne auf das Unkraut im Garten zu achten. Ich verbringe mehr Zeit mit meiner Familie und meinen Freunden und weniger Zeit bei der Arbeit. Ich habe begriffen, dass das Leben eine Sammlung von Erfahrungen ist, die es zu schätzen gilt. Von jetzt an bewahre ich nichts Minderwertiges mehr auf. Ich benutze täglich meine Kristallgläser. Wenn mir danach ist, trage ich mein neues hochwertiges Jackett, um in den Supermarkt zu gehen. Auch meine Lieblingsdüfte trage ich dann auf, wenn ich Lust darauf habe, anstatt sie für Festtage aufzuheben. Formulierungen wie »Irgendwann mal« oder »Wenn ich erst mal …, dann« oder »Bei Gelegenheit« oder »Ich muss unbedingt mal wieder« verbanne ich eine nach der anderen aus meinem Vokabular. Wenn es sich lohnt, will ich die Dinge hier und jetzt sehen, hören und machen.

**Parkticket-No. 35**

Jetzt gebe ich dem Glück täglich einen Termin …

**Unter den Linden**

Ich bin mir nicht ganz sicher, was die Frau aus der Geschichte getan hätte, wenn sie gewusst hätte, dass sie morgen nicht mehr sein wird (ein »Morgen«, das wir oft zu leicht nehmen). Ich glaube, dass sie noch ihre Familie und enge Freunde angerufen hätte. Vielleicht hätte sie versucht, ein paar alte Freunde zu treffen, um sich zu versöhnen oder sich zu bedanken für ihre Freundschaft. Der Gedanke, dass sie vielleicht noch zu ihrem Lieblingsitaliener essen gegangen wäre, gefällt mir sehr.

Es sind diese kleinen unerledigten Dinge, die mich sehr stören würden, wenn ich wüsste, dass meine Tage gezählt sind. Ich würde es bedauern, Freunde nicht mehr gesehen zu haben, mit denen ich mich »unbedingt mal wieder« in Verbindung hätte setzen wollen. Es täte mir leid, nicht die Briefe geschrieben zu haben, die ich »bei Gelegenheit« schreiben wollte, und meinen Nächsten nicht oft genug gesagt zu haben, wie sehr ich sie liebe.

*Liebe Leserin, lieber Leser,*

*Mae West* hat einmal gesagt: »Man lebt nur einmal,
aber wenn man es richtig tut, ist einmal auch genug.«
Jetzt verpasse, verschiebe und bewahre ich nichts mehr,
was mir Freude und Lächeln in mein Leben bringen könnte.
***Jetzt gebe ich dem Glück täglich einen Termin***
und sage mir, dass jeder Augenblick –
jeder Tag,
jede Stunde,
jede Minute –
etwas Besonderes ist.

# Register

# Weiterführende Literatur

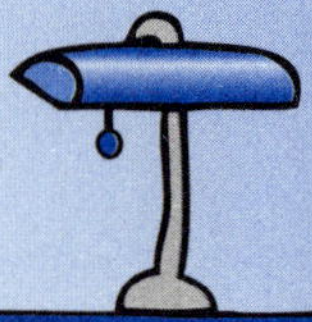


*Bandler, Richard* und *Grinder, John:*

**Neue Wege der Kurzzeittherapie. Neurolinguistische Programme.**
14. Aufl. Paderborn: Junfermann, 2007

*Beck, Don Edward* und *Cowan, Christopher C.:*

**Spiral Dynamics – Leadership, Werte und Wandel. Eine Landkarte für Business und Gesellschaft im 21. Jahrhundert.**
Bielefeld: Kamphausen, 2007

*Brand, Markus* und *Ion, Frauke (Hrsgg.):*

**Die 16 Lebensmotive in der Praxis.**
Offenbach: Gabal, 2011

*Alexander Christiani:*

**Weck den Sieger in dir. In 7 Schritten zu dauerhafter Selbstmotivation.**
Wiesbaden: Gabler Verlag, 2000

*Csikszentmihályi, Mihály:*

**Flow. Das Geheimnis des Glücks.**
15. Aufl. Stuttgart: Klett-Cotta, 2010

*Ellis, Albert:*

**Grundlagen und Methoden der Rational-Emotiven Verhaltenstherapie.**
2. Aufl. Stuttgart: Klett-Cotta, 2008

*Ellis, Albert:*

**Training der Gefühle.**
**Wie Sie sich hartnäckig weigern, unglücklich zu sein.**
Neuausg. München: mvg, 2006

*Ferris, Timothy:*

**Die 4-Stunden-Woche.**
**Mehr Zeit, mehr Geld, mehr Leben.**
Berlin: Ullstein, 2011

*Grün, Anselm:*

**Das große Buch vom wahren Glück.**
2. Aufl. Freiburg/Basel/Wien: Herder, 2010

*Hirschhausen, Eckart von:*

**Glück kommt selten allein …**
Reinbek bei Hamburg: Rowohlt, 2011

*Küstenmacher, Werner Tiki* und *Seiwert, Lothar:*

**Simplify your Life.**
**Einfacher und glücklicher leben.**
12. Aufl. München: Knaur, 2012

*Reiss, Steven:*

**Das Reiss Profile: Die 16 Lebensmotive.**
**Welche Werte und Bedürfnisse unserem**
**Verhalten zugrunde liegen.**
Offenbach: Gabal, 2009

*Reiss, Steven:*

**Wer bin ich und was will ich wirklich? Mit dem Reiss Profile die 16 Lebensmotive erkennen und nutzen.**
München: Redline, 2009

*Robbins, Anthony:*

**Das Robbins Power-Prinzip.**
**Wie Sie Ihre wahren inneren Kräfte sofort einsetzen.**
Berlin: Allegria, 2004

*Russell, Bertrand:*

**Lob des Müßiggangs.**
München: dtv, 2002 (nicht mehr lieferbar)

*Schnabel, Ulrich:*

**Muße. Vom Glück des Nichtstuns.**
München: Pantheon, 2012

*Seiwert, Lothar:*

**Ausgetickt: Lieber selbstbestimmt als fremdgesteuert.**
**Abschied vom Zeitmanagement.**
2. Aufl. München: Ariston, 2011

*Seiwert, Lothar:*

**Balance Your Life.**
**Die Kunst, sich selbst zu führen.**
4. Aufl. München: Piper, 2010

*Seiwert, Lothar:*

**Die Bären-Strategie:**
**In der Ruhe liegt die Kraft.**
7. Aufl. München: Ariston, 2011

*Seiwert, Lothar:*

**Lass los und du hast zwei Hände frei.**
**Mit Konfuzius zum Meister der Zeit werden.**
München: Gräfe und Unzer, (Herbst) 2013

*Seiwert, Lothar:*

**Wenn du es eilig hast, gehe langsam.**
**Mehr Zeit in einer beschleunigten Welt.**
16. Aufl. Frankfurt / New York: Campus, 2012

*Sheehy, Gail:*

**New Passages.**
**Mapping Your Life Across Time.**
New York: Ballantine, 1996

*Stack, Laura:*

**SuperCompetent.**
**The Six Keys to Perform at Your Productive Best.**
Hoboken, NJ: Wiley, 2010

# *Wöchentlicher Newsletter*

**(kostenlos!)**

**SEIWERT-TIPP:**

**1 Minute für 1 Woche in Balance**

Ihr persönliches Erfolgscoaching mit jeweils einem konkreten Tipp zu den vier Lebensbereichen Job, Kontakt, Body & Mind. Kurzer, knapper e-Newsletter mit praktisch umsetzbarem Sofort-Nutzen (kostenlos, erscheint wöchentlich), zu abonnieren unter:

www.seiwert.de

**Social Media**

Follow me on **twitter:**
www.twitter.com/Seiwert und
www.twitter.com/TimeTip

Become a fan on **Facebook:**
www.facebook.com/Lothar.Seiwert

LEBEN IST ZEIT

ZEIT IST LEBEN

LEBEN IST ZEIT

ZEIT IST LEBEN